図解版

日本史は逆から学べ

河合敦

ATSUSHI KAWAI

Learn Japanese History from the Other side

光文社

はじめに

日本史が苦手だという人は、歴史の勉強をひたすら暗記だと思い込んできた方が多い。でも、それは誤りだし、もったいない。

歴史上の大事件や偉人たちからは、学ぶべきことが非常に多いのだ。それなのに、苦手意識から歴史に背を向けてしまうことは、とても大きな損失だと思う。

ぜひ知っていただきたいのは、過去と全く同じ出来事は決して起こらないが、同じようなことは、これまでに何度も起こっているということ。だからこそ、歴史を知ることは、これから起こるであろう災難を避けたり、成功や幸福をつかむことにつながるのである。

ただ、いくら歴史に学ぶといっても「縄文時代や弥生時代の暮らしなんて、今の自分と関係があるとは思えない」――そう考える人も多いだろう。

そう、じつはそこが、日本の歴史教育の失敗なのである。

歴史の授業は、かならず古いほうから新しい時代へと時系列に学んでいく。だから歴史を身近に感じることができないし、どう現代社会とつながっているかもわからないのだ。

そこで私が考えついたのが、日本史をさかのぼって学んでいくという手法だった。

自分の子供時代、両親の時代、祖父母の時代というように、逆さから歴史を理解していこうというわけだ。もちろん、単にさかのぼるだけではまったく意味がない。何でもそうだが、出来事には必ず原因や背景がある。その原因を探り、背景を理解しながら学んでいくことが大事なのだ。つまり、現代から「なぜ」、「どうして」をつき詰めていくことで、過去の原因となった出来事や事件につきあたる。しかし、こうして知った原因自体にも、やはりまた原因になるものが存在する。

一つ具体例をあげよう。

「なぜ日本はアメリカと戦争をしたのか？」についてさかのぼってみよう。

なぜ日本は、戦力差のあるアメリカと戦争を始めたのか?
→日中戦争の泥沼化を打破するため
→なぜ日本は中国と、泥沼化する全面戦争を始めたのか?
→満州国建国に満足できず、その後も日本軍が中国を侵略し続けたから
→なぜ日本は、中国を侵略して満州国をつくったのか?
→国民の多くが拡大路線をとる軍部を支持したから
→なぜ国民の多くは軍部を支持するようになったのか?
→経済を好転させられない政党政治に失望したから
→なぜ日本で、政党政治がおこなわれるようになったのか?
→国民が薩長中心の藩閥政治に不満を持ったから

これなら、クイズの謎を解くように理解できるはず。

こうして誕生したのが、『日本史は逆から学べ』である。

おかげ様で本書は読者の好評を博し、たびたび増刷をかさねることができた。そこで今回、新たに『図解版　日本史は逆から学べ』を出版させていただくことにした。文章で全体像がつかみにくい場合でも、図を目にすれば瞬時に理解できることも多いと考え、本書には非常に多くの図解を入れた。しかも判型を大きくしてカラフルになっているので、文庫本よりずっと読みやすくなっているはず。

本書を紐解いて、原因を次々と掘り下げながら時代をさかのぼっていくことによって、あなたの日本史全体に対する理解力は、格段に高まるはずだ。

ぜひ本書によって日本史を学び直し、これからの人生に役立てていただければ幸いである。

2021年1月
河合 敦

CONTENTS

第2章 江戸時代～戦国時代末期

第3章 戦国時代～平安時代末期

第4章 平安時代～旧石器時代

巻末付録｜現代～古代

※本書は『日本史は逆から学べ』（2017年、光文社知恵の森文庫）を加筆修正のうえ、図版を加えて再編集したものです。

第1章

近現代

幕末

01 なぜ日本は、経済大国に成り上がることができたのか？

アメリカが戦後日本の経済成長を後押ししたから

きっかけは朝鮮戦争がもたらした好景気

1964年10月、日本の首都・東京においてオリンピックが華やかに開催された。

そのわずか20年前、太平洋戦争で日本の諸都市は空爆のために壊滅的打撃を受けた。オリンピック東京大会は、そんな日本の復興を象徴する一大イベントだった。それから4年後の1968年には、なんと日本の国民総生産（GNP）は、アメリカに次ぐ世界第2位（資本主義国のみ）になった。

まさに、戦禍からの奇跡的な復興を遂げたのである。

ただ、敗戦から数年間は、壊滅した日本経済はまったく回復しなかった。ようやく1950年に上を向いていくのだが、そのきっかけとなったのが朝鮮戦争である。

1950年6月、いきなり北朝鮮が半島の統一に乗り出し、国境の北緯38度線を越えて韓国へ侵攻を始めた。すると、アメリカ軍を中心とする国連軍が戦争に介入し、日本各地のアメリカ軍基地から多くの兵士が出撃していった。

この戦争でアメリカ軍は、日本企業に必要物資を大量に注文した。こうした需要が日本に好景気をもたらしたのである。これを特需景気と呼び、約3年間続いた。なかでも繊維・金属業界がたいへん潤(うるお)い、1950年代の初めには、日本の鉱工業生産は戦前の水準まで回復する。

戦後の日本の景気動向

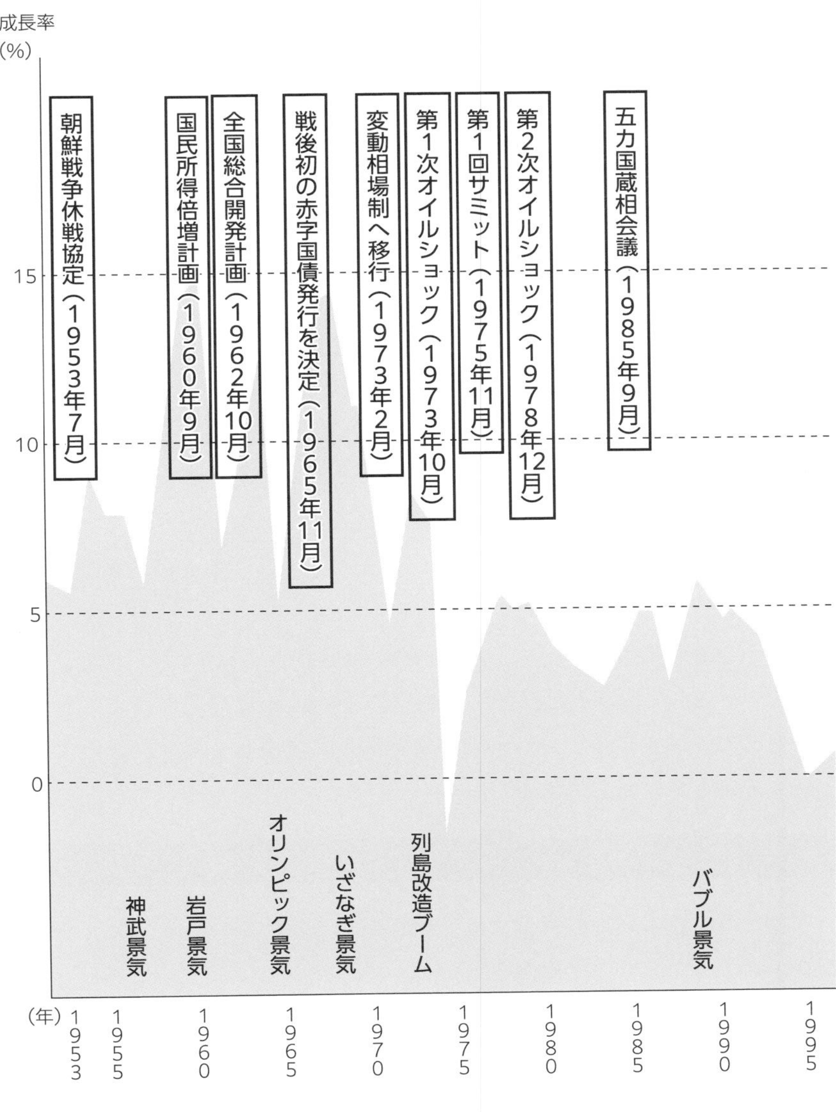

▶戦後、何度もの好景気の波に乗って、日本は経済大国へとのし上がっていった。

特需景気後も断続的におとずれた好景気

翌1951年以降、日本政府は、造船や鉄鋼など重要な産業部門に資金を投入する。これらの分野では、新しい工場の建設、最新機械の導入など、大規模な設備投資がなされ、良い品物を大量に生産できるようになった。

その結果、輸出が急激に伸び、特需景気に続いて1955年には大型の好景気が訪れる。それが、神武景気(じんむけいき)だ。初代の神武天皇以来の良い景気という意味である。1956年の『経済白書』(経済企画庁の発行)には、「もはや戦後ではない」という刺激的な言葉も記されるほどになった。

1960年に成立した自民党総裁の池田勇人(いけだはやと)を首班とする内閣は、国民所得倍増計画を閣議決定する。簡単にいえば「10年間で給料を倍にします」という国民への約束だ。

そして経済成長をうながすため、海岸線を埋め立てて首都圏から九州に及ぶ工業地帯(太平洋ベルト地帯)をつくり、道路や港湾などのインフラを整備した。また、政経分離をかかげて、国交のない中華人民共和国(中国)との貿易拡大をはかった。

こうした経済対策もあって、岩戸(いわと)景気(1958年～1961年)、いざなぎ景気(1965年～1970年)といった好景気が到来、1955年から1973年までの20年近く、経済成長率が年平均10％前後の奇跡的な高度成長を見せ、経済大国へと成り上がっていくのである。

石油ショックも乗り越えて経済大国に

この一連の経済成長の背景には、朝鮮戦争の特需以外にも、アメリカからのさまざまな面での支援があった。

たとえば鉄鋼や造船、自動車、電気機械、化学といった重化学工業分野は、いずれもアメリカ企業の技術革新の成果を取り入れ、最新式の設備を備えて業績を伸ばした。新しい石油化学や合成繊維部門も同様だった。

また、日本製品が海外で人気になったのは、品質の良さに加え、その価格が安かったからだが、その一番の要因は円安である。

当時は1ドル＝360円という、1949年にアメリカが設定した単一為替(かわせ)レートだった。固定相場制だったから、ドルと円の相場は変動しない。**360円というレートは、当時の円の実力からいって非常に安い。だからこそ日本は、輸出を急速に拡大できたのである。**

こうして重化学工業製品を輸出の主力とし、日本は1960年代後半から大幅な貿易黒字になっていった。戦後の壊滅的な経済状況から、日本は、

- **アメリカ軍が介入した朝鮮戦争による特需**
- **アメリカ経済の技術革新の恩恵**
- **アメリカが設定した1ドル＝360円という円安の固定相場**

という絶大な協力のもとで、短期間で経済大国になれたのである。

だが1973年、日本の経済成長に大打撃を与える世界的な危機が起こる。それは石油ショックだ。第4次中東戦争が起こると、アラブ諸国で結成されたOAPEC（アラブ石油輸出国機構）が、戦争相手のイスラエルに好意的な欧米や日本の態度に怒り、石油輸出を制限し、その価格を4倍に引き上げたのだ。

エネルギーを石油に依存していた日本は大打撃を受け、1974年に日本経済は戦後初めてのマイナス成長（経済成長率がマイナスになる）を経験。さらに、1978年にも第2次石油ショックが発生する。

しかし日本は、こうした経済危機を人件費の削減や生産性の向上など、減量経営と呼ばれる手法で切り抜け、その後も安定的な経済成長を続けることに成功した。

このように日本は、戦後の復興期を経て、アメリカのバックアップを受けながら1980年代後半には、世界一ともいわれる経済大国へと成り上がっていったのである。

Go back

ではなぜ、アメリカは日本経済の成長を後押ししたのだろうか？

02 なぜアメリカは、戦後日本の経済成長を後押ししたのか？

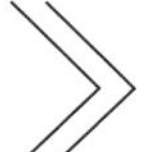

冷戦が激化するなか、日本を西側陣営の防壁にしようとしたから

自由主義陣営に組み込まれる

アメリカは、敗戦で大きなダメージを受けた日本に対し、さまざまな支援をおこなって経済の回復と成長をはかった。

それは、国際情勢が大きく変化したからである。

第2次世界大戦後、自由主義国家のアメリカと社会主義国家のソビエト連邦（ソ連）は、国際社会で強大な影響力を持つようになった。

ソ連は、大戦中に併合したバルト三国（エストニア、ラトビア、リトアニア）、さらにポーランドやルーマニアといった東欧諸国を影響下において**社会主義陣営**（東側）をつくりあげた。

一方アメリカは、イギリス・フランスなど西欧諸国との関係を強化し、**自由主義陣営**（西側）を成立させた。

そんなアメリカとソ連は、ドイツをはじめとする敗戦国の処理をめぐって対立、1947年から互いに激しい軍拡競争に励み、それぞれの陣営を率いて主導権争いを始める。こうした状態を**冷たい戦争**（冷戦）と呼ぶ。

冷戦は当然、東アジアにも影響を与えた。

日本の植民地だった朝鮮半島は、北緯38度線を境に北部をソ連が、南部をアメリカが占領していた。しかし1948年になると、ソ連の占領地には金日成（キムイルソン）を首相とする朝鮮民主主義人民共和国（北朝鮮）が誕生、一方アメリカの占領地には李承晩（イスンマン）を大統領とする大韓民国（韓国）が成立した。

さらに1949年、毛沢東（もうたくとう）を主席とする共産主義国家、中華人民共和国が成立する。同国は翌年、ソ連と中ソ友好同盟相互援助条約を結んで東側陣営の一員となった。

こうした**東アジアの共産・社会主義化を危険視したアメリカは、それまでの対日占領方針を大きく転換することにしたのだ。**

アメリカが日本経済にテコ入れ

当時アメリカは単独で日本を占領統治していた。その統治方針は、日本が二度とアメリカに逆らえないよう弱い国にすることであった。だから経済についても、財閥や大企業を細かく分割するといった政策を進めていた。

しかしここにきてアメリカは、**日本を東アジアにおける西側（自由主義陣営）の強力な防壁にしようと決めた**。そして、これまでとは正反対ともいえる政策を次々と打ち出すことにしたのだ。

まずは経済を弱体化させる財閥解体を不徹底に終わらせ、1948年、GHQは日本経済の自立と安定をはかるため、第2次吉田茂(よしだしげる)内閣に対して**経済安定九原則**の実行を命じた。それが、以下の9つである。

①予算の均衡　②徴税の強化　③資金貸出の制限　④賃金の安定　⑤物価の統制　⑥貿易の改善　⑦物資割当の改善・増産　⑧国産原料・製品の増産　⑨食糧集荷の改善

そして、これらの政策を推進させるため、アメリカは特別公使としてドッジを日本へ派遣した。ドッジは日本政府に対し、赤字を許さない超均衡予算を編成させた。当時、日本政府は企業に多額の補助金を出しており、それがすさまじいインフレを助長していた。だから政府の支出を大幅に減らす緊縮予算をつくらせたのだ。

さらに先述のとおり、1ドル＝360円の単一為替レートを設定し、日本経済をアメリカを中心とするドル経済圏に連動させ、輸出を振興させようとしたのである。こうしたドッジの一連の経済施策を**ドッジ・ライン**と呼ぶ。

また、**シャウプ**を団長とする税制使節団が来日し、その勧告により、直接税を中心とし、企業にかかる法人税を安くする税制改革が断行された。

経済安定九原則が導入される経緯

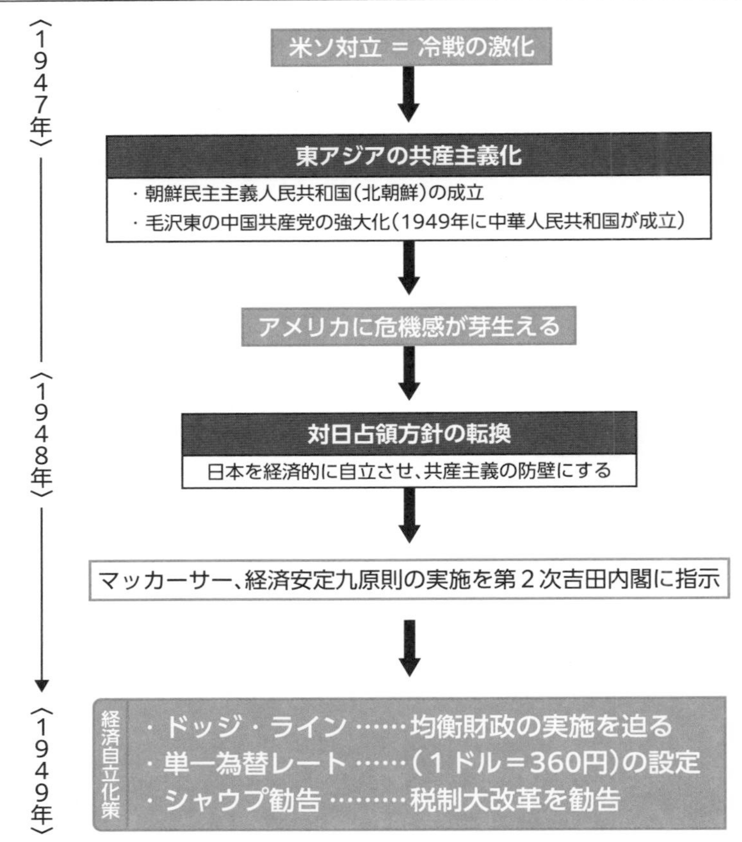

▶アメリカの思惑が働いて、日本は国を立て直すきっかけとなる経済政策を導入する。

こうしたアメリカ主導の経済政策により、ひどいインフレ状態は収まり、物価は安定する。さらに翌1950年、朝鮮戦争が勃発すると特需景気が始まり、日本経済はようやく上向いていくのである。

Go back

ではなぜアメリカは、短期間で日本を西側陣営の防壁にできたのだろうか?

03 なぜアメリカは、日本を西側陣営の防壁にできたのか？

太平洋戦争に敗れて、アメリカに占領統治されていたから

日本を民生化させるための、アメリカの統治方針

アメリカは冷戦が激化するなかで、日本経済の自立と安定をはかり、日本を西側陣営の防壁にしようとしたことは前項で述べた。

他国を自分の思うとおりに改変する。それが可能だったのは、アメリカが第2次世界大戦に勝利し、さらに世界に大きな影響を与える超大国になったこと、そして当時、日本を占領し統治下においていたからである。

1945年8月14日、大日本帝国は、アメリカ・イギリス・中国（国民政府）が出したポツダム宣言を受け入れ、連合国に無条件降伏した。

降伏後、すぐに連合国軍が進駐し、日本は占領された。ただ、連合国軍がほとんどアメリカ軍だったことから、**アメリカに単独統治された**というのが正確だろう。

日本の統治機関としてマッカーサー元帥（げんすい）を最高司令官とする連合国軍最高司令官総司令部（GHQ）が東京に設置された。その支配は、GHQが日本政府に指令や勧告をおこない、それにもとづいて日本政府が国内の政治をおこなう間接統治方式だった。

アメリカは統治方針として、日本の非軍事化と民主化をかかげた。

すみやかに日本軍を解体するとともに、社会制度を改変して民主主義国家に改造し、二度とアメリカに逆らわぬ国にしようというのである。

600万人もいた日本軍は、武装解除されて復員となり、急速に消滅した。

1945年10月、幣原喜重郎（しではらきじゅうろう）内閣が成立すると、GHQは五大改革指令を

出した。①婦人の解放　②労働組合の奨励　③教育の自由主義化　④圧政的諸制度の撤廃　⑤経済の民主化の5つで、これが日本を民主化させるためのアメリカの基本方針である。詳しく見ていこう。

五大改革と新憲法の施行

指令は、幣原内閣とそれに続く吉田茂内閣によって実現されていった。

1946年からA級戦犯容疑者の裁判（東京裁判）も始まり、東条英機、広田弘毅、板垣征四郎ら7名が絞首刑、小磯国昭、木戸幸一、平沼騏一郎ら16名が終身禁錮などに処されることになった。

GHQは、財閥と寄生地主制の存在が日本の軍国主義の温床と考え、**財閥解体**と**農地改革**を日本政府に命じた。

1947年には、独占的な巨大企業を分割する法律（過度経済力集中排除法）が制定され、分割対象として325社が指定された。しかし、冷戦激化による対日政策の転換により、実際に分割されたのは日本製鉄や三菱重工など11社にとどまった。

ただ、寄生地主制は、農地改革によって1950年までに徹底的に解体され、自作地が多数生まれ、半分を占めていた小作地も1割程度に減り、寄生地主（大地主）は経済力だけでなく社会的な威信も失ったのである。

軍国主義教育も禁じられ、それをあおった教師も教育界から追放された（教職追放）。軍国主義を助長した修身・日本歴史（国史）・地理の授業も停止された。修身は現代の道徳のような教科で、当時は忠君愛国思想を育成していた。

1947年には教育基本法が制定され、教育の機会均等、男女共学の原則が定められ、民主的で文化的な国家をつくり、世界の平和と人類の福祉の向上に貢献する国民の育成が目指されることになった。

労働者の権利も保障され、労働者の団結権・団体交渉権・ストライキ権を認める労働組合法、政府が労資間の紛争を斡旋・調停・仲裁する労働関係調整法、労働条件の最低基準を定めた労働基準法など、**労働三法**が制定された。

1945年には衆議院議員選挙法も改正され、女性にも選挙権が与えられ、翌年の衆議院議員総選挙（戦後初）では39名の女性代議士が誕生した。また、政党政治も復活した。

民主化の総仕上げとなったのが、1947年5月3日に施行された日本国憲法である。**主権在民・基本的人権の尊重・平和主義を三原則とし、戦争の放棄が明記**された前例のない平和憲法であった。

このようにアメリカの単独統治のもと、わずか数年で日本は民主主義国家へと生まれ変わったのである。

GHQがかかげた五大改革（1945年から1947年）

❶婦人の解放
・婦人が参政権を獲得
・選挙改正法の成立

❷労働組合の奨励
〈労働三法〉
・労働組合法の成立
・労働関係調整法の成立
・労働基準法の成立

❸教育の自由主義化
・修身、国史、地理など軍国主義教育を停止
・教育基本法の成立
・学校教育法の成立

❹圧政的諸制度の撤廃
・治安維持法の廃止
・特高警察の廃止

❺経済の民主化
〈財閥の解体〉
・持株会社整理委員会の発足
・独占禁止法の成立
・過度経済力集中排除法の成立
〈農地改革〉
・第一次農地改革の実施
・第二次農地改革の実施

▶民主国家として生まれ変わるよう、教育から労働まで改革のメスを入れられる。

Go back

ではなぜ、日本はアメリカに単独統治（占領）されることになったのか？

04 なぜ日本は、アメリカに占領されることになったのか？

圧倒的な戦力差のあるアメリカと戦い、負けたから

日本がこてんぱんに敗れたのはアメリカだけだった

日本が太平洋戦争後、アメリカに単独統治されたのには理由がある。

日本が戦闘を交えたのは、主にアメリカ、イギリス、オランダ、中国、ソ連の5カ国と、その植民地の人びとであった。ただ、イギリスやオランダは、太平洋戦争の緒戦で日本が撃退している。泥沼化していたとはいえ、中国との戦いは、終戦まで一貫して日本軍が優勢だった。中立条約を結んでいたソ連は、終戦の数日前に参戦してきただけだ。

つまり、**日本が全面的に戦って、こてんぱんに敗れたのはアメリカなのである。だからこそ戦後、日本はアメリカの全面的支配を受けることになったのだ。**

1941年12月8日、日本の連合艦隊は、ハワイのオアフ島にある真珠湾基地を奇襲攻撃①し、大戦果をあげた。これが、アメリカとの戦争の始まりであった。

その後すぐに日本軍はマレー沖海戦②でイギリス東洋艦隊を全滅させ、米英が支配する香港、マニラ、シンガポールなどを次々に落とし、わずかの間に広大な南太平洋地域を制圧した。

ところが翌1942年6月、日本海軍はミッドウェー海戦③でアメリカ海軍に大敗北を喫し、航空母艦を中心とする機動部隊の主力を失ってしまう。

これ以後、日本軍は次第に劣勢に立つようになる。やがてアメリカに制海権を奪われ、ガダルカナル島④、アッツ島⑤など占領地域も奪われていき、

マリアナ沖海戦⑥で日本海軍はまたも壊滅的な打撃を受けた。

敗北が続くようになった理由は明快である。日米の国力や資源保有量に圧倒的な差があったからだ。たとえば石油の備蓄量は、500倍の差がある。

なのに緒戦で日本軍が勝てたのは、まだアメリカ国内で戦時体制が構築されておらず、さらにアメリカ政府が太平洋地域よりヨーロッパ戦線に主力を投入していたからだ。だから**アメリカの戦時生産体制が整うと、急速に日本は劣勢になっていく**。

1943年の時点でいうと、日本の保有航空機数は9200、対してアメリカは6万6000、艦船は日本が1400に対しアメリカは2800だ。これでは、とても勝てるはずはないだろう。

実際、1944年7月にはサイパン島が陥落し⑦、アメリカ軍は同島を含むマリアナ諸島を基地として直接、日本本土を空襲できるようになった。

日本の最大勢力と主な戦い

▶外堀を埋められるように、周囲から勢力範囲を徐々に削られていった。

人も物資も限界に達していた

戦況の悪化で国民生活は急速に破綻していき、政府は成人だけでなく学生・生徒まで勤労動員と称して軍需工場で働かせた。兵士の数が足りなくなると、兵役を免除されていた大学・高等専門学校に在籍する徴兵適齢の学生を戦場に投入した。

制海権もアメリカ軍に奪われ、海外からの輸入は途絶し、国内の資材は極度に不足し、工業生産は急減した。すでに**切符制や配給制**が敷かれていたが、切符があっても品物が手に入らず、米穀の配給も米ではなく代用品として小麦やイモの割合が増えた。結果、国民全体の摂取カロリーは、1945年には1793キロカロリーに低下してしまう。また、大都市だけでなく中小都市も空襲の被害を受け、莫大(ばくだい)な数の一般人が戦争の犠牲になった。

1945年3月に硫黄島(いおうとう)が奪われ⑧、同年4月になると、沖縄本島にアメリカ軍が上陸する⑨。この沖縄戦では住人の多くも戦闘に参加。中学生・女子学生のうち、男子は鉄血勤皇隊、女子は学徒隊（看護隊）となる者も少なくなかった。結果、9万人以上の日本兵士、10万人以上の非戦闘員が犠牲になったとされる。

こうした状況で、1945年7月、アメリカ大統領のトルーマン、イギリス首相のチャーチル（のちにアトリーと交代）、ソ連のスターリンが、ベルリン郊外のポツダムで三者会談の末、日本の戦後処理方針と日本軍に無条件降伏を勧告するポツダム宣言を、アメリカ・イギリス・中国の名で発表した。

日本政府はこの宣言を黙殺すると発表したところ、拒否と受け取ったアメリカは翌8月に**広島と長崎に原子爆弾**を落とし、さらに**ソ連が中立条約を破って日本に参戦**してきた。ここにおいて昭和天皇の聖断により、**8月14日に日本は連合国に無条件降伏**したのである。

Go back

ではなぜ、日本は圧倒的な力の差があるアメリカと戦争を始めなければならなかったのか？

05 なぜ日本は、戦力差のあるアメリカと戦争を始めたのか？

日中戦争の泥沼化を打破するため

きっかけは中国との全面戦争での消耗

なぜ国力に大差のあるアメリカと、日本は戦争を始めてしまったのか。じつは、まったく別の国との戦争が大きく影響している。中国との戦争だ。**アメリカと戦争になる4年前から、日本は蔣介石（しょうかいせき）率いる中国の国民政府と全面戦争をしていた。これが泥沼化していき、その終止符を打つため、日本はアメリカとの戦争にも踏み切ったのである。**

日中戦争は、1937年7月に起こった盧溝橋（ろこうきょう）事件（北京（ペキン）郊外における日中の武力衝突）が発端だった。当初、近衛文麿（このえふみまろ）内閣はこの事件を穏便に解決するつもりだったのだが、軍部が強く中国への増兵を求めたため、これを了解した。すると蔣介石は、日本に対して徹底抗戦を宣言、全面戦争に発展していったのである。

陸軍のなかには、広大な大陸での広域戦争に反対する声もあり、ドイツの駐日公使トラウトマンも和平の仲介に乗り出した。しかし、戦いは日本軍の優勢のうちに進み、上海を制圧し、国民政府の首都であった南京（ナンキン）を陥落させた。すると国民は戦争を支持し、近衛文麿首相も、**「国民政府を対手（あいて）とせず」**という声明を出した。戦争相手国の政府を完全に否定したことで外交関係は絶たれ、戦争収拾のメドが立たなくなってしまったのである。

日本と中国の全面戦争は、中国に利権を持つイギリス、フランス、アメリカなどの大きな反発を呼び、列強諸国はさまざまなルート（援蔣（えんしょう）ルート）

を経由して蔣介石の国民政府（重慶に拠点を移動）に食糧や武器などの支援をおこなった。

このため、日本軍はいくら戦いに勝っても、戦争を終結できない状況になっていった。

資源を求めて戦線が拡大

日中戦争で資源が不足していくなか、**アメリカなどが日本に経済制裁**をかけた。1939年7月には、日米通商航海条約の破棄を通告されてしまう。当時の日本は、石油や鉄くずなど、戦争に必要な物資の多くをアメリカから輸入していた。**だからアメリカとの通商条約がなくなり、もし石油をストップされてしまったら、日本は戦争を続けることができなくなる。**

ところが、である。それから2カ月後、ドイツがポーランドに侵攻したことで、怒ったイギリスとフランスがドイツに宣戦して**第2次世界大戦が始まった**のだ。

日本が日独防共協定を結んでいたこともあり、ドイツは日本に軍事同盟の締結を求めてくるようになった。しかし時の阿部信行内閣は、アメリカやイギリスとの関係が悪化することを嫌い、大戦不介入の原則を貫いた。続く米内光政内閣も同じ方針をとった。

だが、ドイツは連戦連勝を見せ、パリを陥落させてフランスを制圧し、さらにイギリスに大きなダメージを与えつつあった。ここにおいて**国民の多くが、ドイツと連携して、泥沼化した日中戦争を打破すべきだと言い始めた**のである。

そこで軍部は、強引に米内内閣をつぶし、ドイツとの同盟を提唱する近衛文麿に組閣させた。第2次近衛内閣はこれまでの方針を転換し、ドイツ・イタリアと三国軍事同盟を結んだのだ。

日本軍も東南アジア方面へ進出し、石油やボーキサイト、ゴムなどの資源を確保し、同時に南方からの援蔣ルートを断ち切る決断をした。とくにフランスが、ドイツの支配下におかれたことは大きかった。フランスの植民地であったインドシナが、権力の空白状態になったからだ。こうして1940年、日本軍は資源の豊富なインドシナ北部（仏印）に進駐した。

1941年4月には**日ソ中立条約**が締結された。これにより、ソ連が日本の支配する満州国（次項参照）や朝鮮半島、国土に攻めてくる心配はなくなった。この頃には**国民が、連戦連勝するドイツをあてにし、泥沼化する日中戦争に勝つため、また資源を求めて、さらに南方へ進出すべきだと声高に叫ぶようになった。**

こうして7月、日本軍の南部仏印進駐が断行された。

だが、**アメリカはこれに激怒し、対日石油輸出を停止**したのである。

この時期、近衛内閣は、アメリカとの戦争を防ぐため日米交渉をおこなっていた。

もともと日米交渉は、日米の民間人のあいだで非公式におこなわれていたのを近衛内閣が引き継ぎ、駐米大使の野村吉三郎が窓口となって、国務

太平洋戦争前の国際情勢

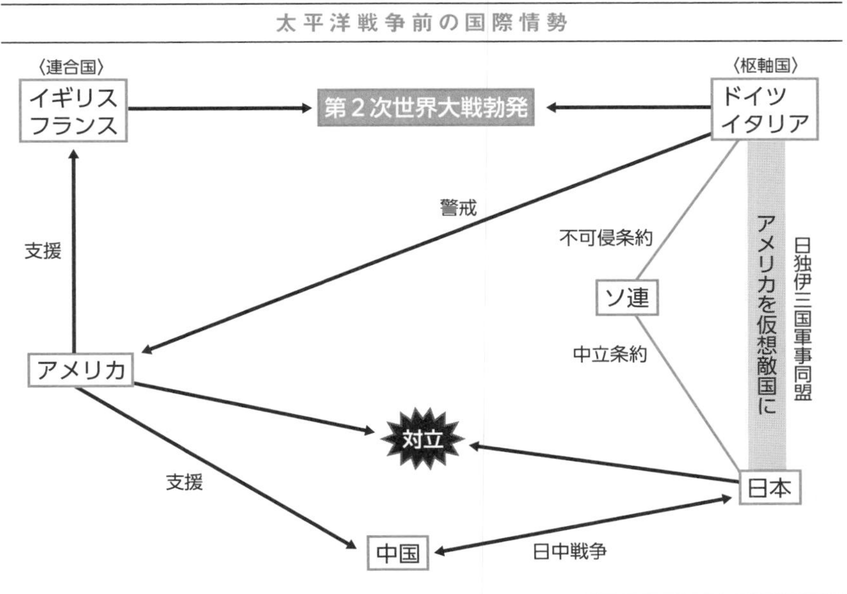

▶中国との戦争に端を発して、日本とアメリカとの対立関係が深刻化していった。

長官のハルとの間で始まったもの。近衛首相は対米戦には反対であり、強硬派だった外相の松岡洋右を排除した。そのうえで、ルーズベルト大統領との首脳会談によって、事態の打開をはかろうとしていた。しかし、会談は実現しないまま、軍部は南部仏印進駐を断行したのである。

さて、アメリカが石油をとめたことで、国民のあいだでは「日本は日中戦争が継続できなくなる。このままじりじりと敗北していくなら、アメリカと戦争になってもかまわないから、さらに東南アジアを侵略すべきだ」という声が高まった。

そこで同年9月はじめの御前会議において、10月上旬まで日米交渉が妥結しないときには、アメリカと戦争をおこなうことが決定された。この時期、陸軍は開戦に傾いていたが、海軍はまだ躊躇していた。そんななか、10月上旬が来てしまった。

近衛首相は、先の御前会議の決議を撤回してでも、日米交渉を継続すべきと主張したが、陸相の東条英機が即時開戦を唱えたため総辞職した。

このときにあって、内大臣の木戸幸一は、9月の御前会議の決定を白紙に戻すことを条件に、東条英機に内閣を組織させた。だが、再検討したものの、東条は開戦は不可避との結論を出した。ただ、まだこれを回避すべきだという声も強かった。

それを沈黙させてしまったのが、ハル・ノートである。11月末、日米交渉の席上で、ハルが出してきた日本側への要求である。

「日本軍は南方・中国から完全撤退し、蔣介石政権を承認せよ。日独伊三国軍事同盟は破棄せよ」というのが主な内容だった。

つまり現状を満州事変以前に戻せという、日本が絶対に承伏できない強硬な内容だった。日本はこれをアメリカの最後通牒だと認識。かくして12月1日の御前会議によって、正式に対米開戦が決定されてしまったのだ。

Go back

ではなぜ、そもそも日本は中国と全面的な戦争など始めたのだろうか?

なぜ日本は中国と、全面的な戦争を始めたのか？

> 満州国に満足できず、その後も日本軍が中国を侵略し続けたから

日本の傀儡国家、満洲国を樹立

中国との泥沼化した戦争に勝つために、日本は南方（東南アジア）へ進出し、勝てるはずのないアメリカとの戦いに突入していったわけだが、そもそも、どうして日本は日中戦争を始めることになったのだろうか。その理由を探っていきたい。

1931年9月、満州（中国東北部）の奉天郊外にある柳条湖で、南満州鉄道、通称・満鉄（半官半民の日本企業）の線路が爆破された（柳条湖事件）。関東軍（満州に駐留する日本軍）は、中国軍の仕業だとして、大規模な軍事行動を開始した。満州事変の始まりだ。

じつは爆破は関東軍の仕業で、これを口実に軍事行動を始め、満州を制圧しようとしたのだ。計画を立てたのは関東軍参謀の石原莞爾。石原は近い将来、**日本とアメリカの航空機戦を中心とした大規模戦争が起こると確信していた。これに勝利するため、日本は満州を植民地にし、アメリカに対抗できる国力をつけるべきだと考えていたのだ。**

もともと遼東半島を中心とした南満州地域は、日露戦争に勝った日本がロシアから利権を譲り受けていた。だが、中国を統一した蔣介石の国民政府は、列強に奪われた利権を取り返すとして、さまざまな回復運動を展開し始めた。

日本の軍部、とくに現地の関東軍は、満州の利権を奪われてしまうのではないかと危惧。それが、この満州事変の一因になったといえる。

時の**若槻礼次郎内閣**は、関東軍の勝手な軍事行動に憤慨し、事変の不拡大方針を発表した。**ところが関東軍は、内閣の方針を無視して軍事行動を続けたのである**。若槻首相は政権運営に自信を失い、総辞職してしまった。

関東軍は満州の奉天・吉林・黒竜江省を占領すると、翌1932年3月、**3省を中国から切り離して満州国を樹立させた**。当初は日本の領土に編入するつもりだったが、日本政府や軍中央が難色を示し、国際的な非難が高まったので、こうした手法に切り替えたのだ。関東軍は、清朝最後の皇帝だった**溥儀**を満州国の執政とし、民主共和制をうたわせたが、その実態は、完全な日本の傀儡国家だった。

同年9月、斎藤実内閣は満州国と日満議定書をとりかわし、正式に国交を樹立した。つまり日本政府は、正式に満州国を国家として認めたわけだ。

さらなる侵略を目論んだ結果

中国はこれ以前、満州事変を日本の侵略だとして国際連盟に訴えていた。そこで連盟が組織した**リットン調査団**が調査をおこない、「満州の主権は中国にあり、満州国は認められない」という報告書を提出した。

これを受けて連盟は、1933年2月に臨時総会を開いて「関東軍の満州占領は不当であり、軍は満鉄付属地内へ撤退すべき」という日本への勧告案を審議した。勧告案は圧倒的多数で決議され、これに不満を持った日本は、**国際連盟からの脱退**を通告したのである。

こうした状況のなか、蔣介石の国民政府は、日本軍が軍事行動をこれ以上拡大しないよう、妥協もやむを得ないと判断。同年5月、日中軍事停戦協定（塘沽停戦協定）を結び、満州国と中国の間（長城以南）に非武装中立地帯をつくり、日本軍はそれを越えて軍事行動をしない取り決めがなされた。つまり、**中国の国民政府側も満州国の存在を認めた**のだ。

妥協の背景には、**国民政府が共産党と激しい内戦状態にあり、関東軍とまで戦える体力がなかった**ことがあった。「内憂」への対処を「外患」より優先させたのだ。

ところが、である。日本軍は満州では満足できず、さらに中国大陸への侵略を続けようと**華北分離工作**を展開していったのである。満州国周辺の華北5省(河北(かほく)・山東(さんとう)・山西(さんせい)・綏遠(すいえん)・チャハル省)を日本の勢力下におこうという作戦だ。

大陸における日本の勢力圏

▶日本軍は、華北5省への影響力の拡大をはかる。

中国の民衆は怒りをあらわにし、各地で反日デモが起こり、「日本から祖国を救え」という抗日救国運動が高まった。こうしたなかで1936年12月、蔣介石は西安(せいあん)で部下の張学良(ちょうがくりょう)に監禁され、内戦の停止と日本への抵抗を求められた(西安事件)。

最終的に蔣介石は、張学良の要求を受け入れ、国民政府は内戦を停止し、抗日の方向へと大きく方針を転換していくことになった。

このように、**果てしのない日本軍の侵略行為が、内戦状態にあった中国の人びとを団結させ、結果として、日中の全面戦争が始まってしまったのである。**

Go back

ではなぜ、日本は中国を侵略したのだろうか?

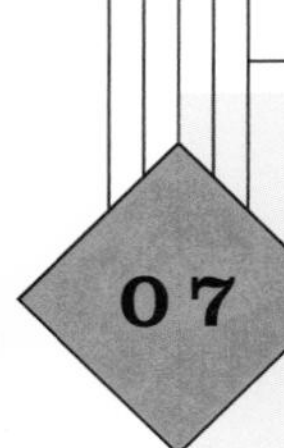

07 なぜ日本は、中国を侵略して満州国をつくったのか？

国民の多くが拡大路線をとる軍部を支持したから

軍部を統制できなかった内閣

若槻礼次郎内閣の不拡大方針を平然と無視して、関東軍は満州での軍事行動を進めていった。

そんなことができてしまったのはなぜか。一つには内閣と軍の機構上の問題、もう一つには国民の声の力がある。

大日本帝国憲法下では、軍隊の統帥(とうすい)権（指揮権）は内閣ではなく、天皇に与えられていた。そして天皇は、その軍事指揮権を陸海軍にゆだねていた。つまり若槻内閣は、関東軍に直接停戦を命じる権限を持たなかったのである。

大日本帝国憲法下の国家機構

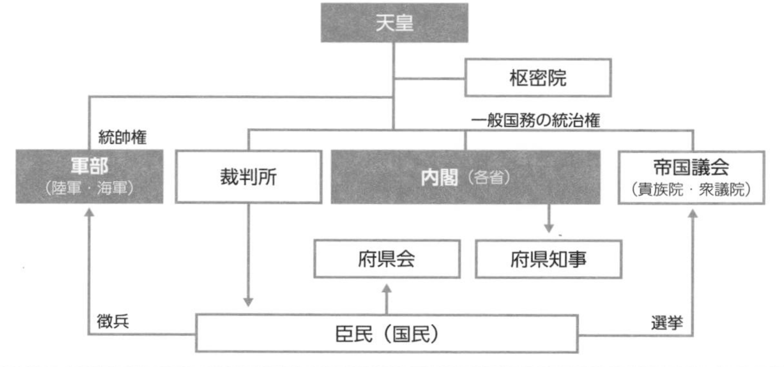

▶大日本帝国憲法の性質上、軍部に対して強い影響を内閣は有していなかった。

とはいえ、閣内には陸軍大臣もおり、時の政府が全力でもって反対すれば、制止できないはずはなかった。

なのにそれをしなかったのは、若槻内閣の閣内での意見が一致しなかったことに加え、国民が強く軍部を支持するようになっていたからである。

多くの国民が満州事変を支持

1920年代後半から日本の社会は右傾化し、急速に右翼や軍部が支持を伸ばすようになった。右翼や軍の青年将校たちは、「国家を改造して平等な社会を実現しよう。**個人の利益より国家の利益を重視しよう**。国民は国家に奉仕しよう」と主張するようになる。こうした考え方を**国家社会主義**とか**国家主義**と呼ぶ。

この思想を理論づけたのは、マルクス主義から転向した高畠素之（たかばたけもとゆき）だ。高畠は、大正時代に『国家社会主義』や『大衆運動』などの機関誌で国家社会主義を主張、仲間と大衆社を旗揚げして国家社会主義運動を展開、社会主義者から国家主義者、軍部指導者までを広く集め、国家社会主義を理念にかかげた政党を組織しようとした。しかし、1928年に43歳の若さで死去した。

その思想は**大川周明**（おおかわしゅうめい）や**北一輝**（きたいっき）ら右翼思想家に受け継がれた。彼らは青年将校と組んで国家権力を強化し、社会の改良を求める運動を展開していくのだが、次第に主張が過激になり「反既成政党、現状打破、革新」などをスローガンに、**クーデターやテロを実行して軍部内閣の実現を目指すようになっていく**。

たとえば橋本欣五郎（はしもときんごろう）中佐を中心に設立された**桜会**は、1931年に次のような計画を立てた。軍国主義者や右翼を大動員し、1万人規模のデモ隊を国会議事堂に集めて議会を混乱に陥れ、同時に首相官邸や政党本部を爆破する。そして、この騒動を口実に軍隊を出動させて官庁街を制圧し、桜会が信頼をおく真崎甚三郎（まさきじんざぶろう）中将に議事堂入りしてもらい、議場で現内閣に総辞職を迫り、一気に軍部内閣を成立させる、というものだ。

しかし計画は事前に漏れ、失敗に終わった（三月事件）。

ところが同年10月、またも同じような計画が発覚したのである。桜会の青年将校らが各連隊を率いて首相官邸、警視庁、参謀本部などを襲撃し、国家の重臣を殺害して各省庁・施設を占拠、荒木貞夫中将を首班とする軍部内閣を樹立するというものだ。

事件の関係者は検挙されたのだが（十月事件）、一説には、この事件に恐れをなし、若槻礼次郎内閣は、9月に発生した満州事変に断固たる対処をとれなくなったのだという。

国民の右傾化が日中戦争につながっていく

当時、国内では10年近く不景気が続いていた。なのに政府（政党内閣）が無策のうえ、財閥だけが肥え太った。こうした状況を打破するため、**国民は国家社会主義や軍国主義に期待した結果、右翼や青年将校が政治的な発言力を強めていった**のである。

満州事変が勃発すると、国民の多くが熱狂的に支持した。国土の3倍にあたる満州地域が手に入れば、景気が良くなるかもしれないと期待したからだ。

1932年には、満州国の承認に難色を示す犬養毅首相が青年将校らに射殺されたが（五・一五事件）、このおり、多くの国民が犯人の減刑を嘆願する運動に賛同し、多数の署名が集まった。同年には、井上日召率いる血盟団（右翼集団）が「一人一殺」をかかげて、前蔵相の井上準之助や三井財閥のトップ・團琢磨を暗殺するなどテロ行為が続発した。

こうした風潮は弱まるどころか、国民の支持を得てますます強まっていき、軍部は中国の侵略を進め、結果的に日中戦争、太平洋戦争を招いてしまうのである。

Go back

ではなぜ、当時の日本国民は、軍部を支持するようになったのだろうか？

08 なぜ国民の多くは、軍部を支持するようになったのか？

経済を好転させられない政党政治に失望したから

好景気から一転して不景気へ

軍部に国民の支持が集まる過程とは、つまり、当時の政権（内閣）への不満が高まっていく過程でもある。端的に言えば、**当時の日本国民はそれまで続いた政党政治に失望し、軍に期待を寄せていったのだ。**

1905年、日本は日露戦争に勝った。白人中心の軍事大国を小国が打ち破ったことは未曽有（みぞう）の大事件で、列強に圧迫されている国や植民地の人びとを大いに勇気づけた。ただ、戦い自体は辛勝だったうえ、日本と異なりロシアにはまだ戦う体力が十分に残っていた。このため講和条約では、日本に1円の賠償金も支払われなかった。

日露戦争で出征した兵士は110万人。うち9万人が亡くなり、13万人が負傷した。戦費も17億円に上った。これは国家予算の6倍もの巨費だ。しかもそのうち7億円分が外債だった。これにより戦後の社会は疲弊し、日本も国家として大きな債務を払うようになった。

ところがそれから9年後の1914年、第1次世界大戦が勃発し、翌年から大戦景気と呼ばれる空前の好景気が到来する。ヨーロッパが主戦場になったので、ヨーロッパ企業がアジア市場（主に中国）から撤退、代わって日本企業が穴を埋めた。また、戦争景気に沸くアメリカも日本の生糸を買ってくれ、ヨーロッパでも軍需品や医療品が飛ぶように売れた。こうして1914年に11億円あった国家の債務（借金）は解消され、6年後の1920年には27億円以上の債権国になったのである。

だが、戦争が終わると急速に輸出が減少。アジア市場にもヨーロッパ企業が戻ってきた。そのため多くの企業の株価は暴落し、ばたばたと会社や工場がつぶれ始めた。この戦後恐慌に続き、1923年の関東大震災で首都圏の工場や会社がつぶれ（震災恐慌）、震災での赤字手形を決済できない銀行の信用不安から、1927年には金融恐慌が発生する。

このように**1920年から10年近くで、日本は慢性的な不景気に陥った。**

1920年代の日本経済

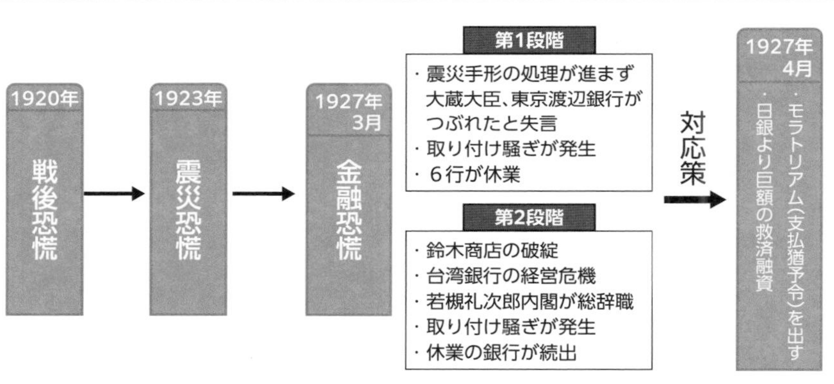

▶たび重なる恐慌によって、日本は長期間の不況にあえぐことになる。

恐慌で国民の政治不信が募る

立憲民政党の浜口雄幸（はまぐちおさち）内閣は、これを打破しようと決意。蔵相・井上準之助は、緊縮財政を進めるとともに、大戦景気で誕生した不良企業をある程度つぶし、大企業に合理化や合併・吸収を断行させて産業界を再編成し、日本の国際競争力を強化して好景気を招来しようとした。

そのために1930年、金解禁を断行したのである。1917年から廃止していた金本位制を復活させたのだ。

金本位制とは、日本の円と金（正貨）の交換を保証する制度。かつて日本は「100円＝金75グラム≒50ドル」というレートを設けていた。それから13年経(た)って円の価値はもっと下がっていたが、浜口内閣は同じレートで金解禁を断行。**円が金と交換できるようになったのだから、当然、円の価値は高くなる。円高は輸出にとって不利だが、浜口内閣はあえて円高にして不良企業を淘汰(とうた)してしまおうと考えたわけだ。**

だが2カ月前の1929年10月にアメリカのウォール街の株価が大暴落しており、それは**世界恐慌**となってやがて日本に押し寄せてくることとなる。

そんななかで金解禁を断行し、円高になったのだから、日本の商品が海外で売れるはずもなく、輸出企業は大きな痛手を受けた。さらに世界中が不景気なので、欧米企業が大幅に製品の値下げを断行。当時は欧米製品のほうが国産品より質が良かったので、当然、日本の国民は舶来品を買った。

こうして国内向け産業の業績もがた落ちし、倒産や休業する会社が続出した。結果、失業者は爆発的に増大し、賃金カットで人びとの生活は苦しくなった。これを**昭和恐慌**と呼ぶ。

さらにアメリカへの生糸輸出が不振となり、農村では繭(まゆ)や生糸の値段が暴落して貧困に陥り、娘の身売りや学校に弁当を持参できない欠食児童が続出した（**農業恐慌**）。

だが、この不景気を利用して、資本力のある財閥は巧みに利益を上げ、中小企業を吸収していった。しかも政党がそんな財閥と癒着(ゆちゃく)し、頻繁に汚職事件が起こった。

生活が悪化の一途をたどるなかで、国民は政府の無策に大きな不信感と恨みを抱くようになる。そしてついに1930年、浜口首相がピストルで撃たれ（翌年死去）、さらに2年後、金解禁を断行した井上前蔵相も殺害された。

日本では1924年から政党政治が続いてきたが、長期的な不景気を解消できなかったことで人びとは、次第に対外膨張を唱える軍部や右翼の支持に傾いていったのだ。

Go back

ではそもそもなぜ、日本で政党政治が始まったのだろうか？

09 なぜ日本で、政党政治がおこなわれるようになったのか？

国民が薩長中心の藩閥政治に不満を持ったから

立憲国家となるも変わらぬ実力者

1889年、大日本帝国憲法が制定された。アジアではトルコに次いで2番目に早く、東アジアでは初の憲法であった。法律の範囲内としながらも、国民に言論・集会・結社・信教の自由を認めた。ただ、天皇が定めて国民に与える欽定(きんてい)形式をとり、その内容も天皇の権限が絶大だった。

行政府のトップである内閣総理大臣、さらに国務大臣も天皇が任命することになっていて、現代のように国会（議会）で指名されるわけではない。しかも天皇に指名されたのは、いずれも薩摩(さつま)や長州(ちょうしゅう)など藩閥の実力者ばかりであった。

じつは江戸幕府が倒れてからここに至るまで、かつての薩摩藩・長州藩の出身者たちが長く権力の座についてきた。憲法が制定され、一応は近代的立憲制の体裁が整ったにもかかわらず、実際に権力を握る人間は変わらなかったわけだ。

このように**長く政権の座に居座った薩長閥への不満が、日本に政党政治を生むことになる**のだが、その道のりは決して平坦ではなかった。

国民も参加して護憲運動が活発化

1898年、伊藤博文(いとうひろぶみ)（長州出身）を首班とする第3次伊藤内閣の地租増徴案に反発した自由党と進歩党が合併し、憲政党(けんせいとう)が誕生する。憲政党は、衆議院の圧倒的多数を占める巨大政党となった。

このため明治天皇は、伊藤の勧めを容れて、党首の大隈重信に組閣を命じ、日本初の政党内閣が誕生した。だが大隈内閣は、すぐに内部対立のために瓦解してしまう。

しかし、一連の動きのなかで政党の必要性を実感した伊藤博文は（自身は長州閥出身の藩閥政治家ながら）、自ら立憲政友会を創設。1900年、同会を率いて政党内閣（第4次伊藤内閣）を成立させたのである。

その後、明治後半の約10年間は、閥族の桂太郎（長州）と立憲政友会総裁の西園寺公望が交代で政権を握った（**桂園時代**）。**藩閥政治と政党政治の間を行ったり来たりしているイメージ**を浮かべてもらえればいいだろう。

だが国民は次第に、選挙で選ばれた衆議院議員で構成する政党が、内閣を組織すべきだと考えるようになった。藩閥政治からの脱却を求めた。

そんななか1912年に、政党内閣である第2次西園寺内閣が、陸軍から師団の増設を求められた。西園寺がこれを断ると、反発した陸軍や陸軍の実力者だった山県有朋は、陸軍大臣・上原勇作を辞任させ、後任を出さなかったのである。この時期、**軍部大臣現役武官制**という規則があり、陸・海軍大臣は現役の中将・大将に限るとされていた。だから陸軍から大臣候補を推薦してもらわないと、内閣を組織できないのだ。

このため西園寺内閣は辞職することになり、後任として宮中の内大臣兼侍従長となった閥族の桂太郎が3度目の組閣をおこなった。

これが国民の怒りを買い、陸軍は横暴だと非難された。立憲国民党と立憲政友会は「憲政擁護、閥族打破」をスローガンに倒閣運動（**第1次護憲運動**）を始め、新聞などのメディアもこれを応援、国民は連日のように議会に押しかけ、桂内閣の打倒を叫んだ。桂は新しい政党をつくって批判をかわそうとしたが、運動は大規模化し、ついに組閣から50日余りで桂は総辞職したのである。**国民の力で閥族内閣が倒れた瞬間であった。**

続いて閥族（海軍・薩摩出身）の山本権兵衛が立憲政友会の協力を得て内閣を組織するが、やはり国民はこれに納得せず、倒閣運動を展開し、瓦解させたのである。

日本初の政党内閣が誕生

この頃になると、美濃部達吉が「天皇はあくまで国家の最高機関で、憲法にもとづいて統治権を行使すべきで独裁は認められない」（天皇機関説）と述べ、吉野作造も民本主義を唱え、**国民を重んじる民主的な政治こそが世界の潮流だとした**。こうしたこともあって、デモクラシー的な風潮が起こり、政党内閣を支持する声はさらに強まった。

1918年には米騒動の際に軍隊を出動させて鎮圧した寺内正毅（閥族）内閣に批判が集まり、やはり辞職に追い込まれた。そこで大正天皇は、次に立憲政友会の総裁で平民だった原敬に組閣を命じたのである。

ここにおいて、**日本で初めて軍部大臣と外務大臣以外は政党員で構成される、本格的政党内閣が誕生**する。

人びとは原を平民宰相と呼んで、歓迎した。しかし、まだ政党政治の定着には至らなかった。1921年、原首相は刺殺されてしまい、その後成立した高橋是清内閣も短命に終わると、3代にわたって閥族内閣が続いた。これに国民は不満を持ち、枢密院（閥族の拠点）議長の清浦奎吾が保守的な貴族院を基盤とする内閣を組織すると、大きな反発が起こった。

そこで憲政会、立憲政友会、革新倶楽部が「普通選挙断行、貴族院改革」をスローガンに倒閣運動（第2次護憲運動）を展開。清浦は解散総選挙で対抗したが、過半数を獲得できず総辞職した。

こうして第1党になった憲政会の党首・加藤高明が、政友会と革新倶楽部と連立内閣（護憲三派内閣）をつくり、約束どおり、25歳以上の男子に選挙権を与える法案（普通選挙法）を成立させた。

以後、犬養毅内閣が瓦解するまでの7年間、政党内閣が慣例となる。このように、藩閥政治から脱するのにはある程度の時間を要したわけだ。

Go back

では藩閥政治は、いつ頃、どのようにおこなわれるようになったのか？

10 藩閥政治はいつ頃、どのようにおこなわれるようになったのか？

幕末から明治にかけて、薩長閥が中心となり新政府をつくったから

戊辰戦争を経て藩閥政治が本格化

藩閥（はんばつ）とは、有力な特定の藩（大名家）の出身者によって構成された、政治的な派閥のことである。藩閥出身者は幕末維新で活躍し、明治新政府の樹立の原動力となった。つまり、明治政府のかたちをつくったのは彼らだといえる。ゆえに彼らは新政府の中枢に立つことができたのだ。

日本史の授業などで、藩閥のことを「薩長土肥」（薩摩藩・長州藩・土佐（とさ）藩・肥前（ひぜん）藩）と覚えた方も多いだろう。なかでも薩長閥（薩摩藩・長州藩）が最後まで権力の座に残ることとなる。その過程を新政府樹立時から時系列で見てみよう。

1867年12月9日、王政復古の大号令が出された。まだ満年齢で15歳の明治天皇が出した政権樹立宣言である。もちろん、少年天皇の意思ではない。大藩の実力者や公卿（くぎょう）たちが相談のうえでおこなった政変だ。

その夜、新しく成立した政府の三職（総裁・議定（ぎじょう）・参与）が小御所（京都御所の建物の一つ）で天皇臨席のもと、会議をおこなった。公卿や公家の他、三職に選ばれたのは薩摩・尾張（おわり）・越前（えちぜん）・芸州（げいしゅう）（安芸（あき））・土佐の藩主や実力者たちだった。つまり、この5藩が新政府の最初の藩閥といってよいだろう。このなかに長州藩がいないのは、1864年に大挙して京都御所周辺で軍事衝突を起こした（禁門の変）ことで、朝敵となり、それがまだ解除されていなかったためだ。

この小御所会議では、平和的に大政奉還をした徳川慶喜（とくがわよしのぶ）に対し、内大臣

の職を解き、領地を返上させるかどうかが議題となった。議論は白熱したが、倒幕派の薩摩藩が強引にこれを決定した。徳川家を暴発させるためだった。

その後、鳥羽・伏見の戦いで旧幕府軍に勝った薩摩・長州軍は、江戸を無血開城させ、戊辰戦争を制して日本を統一した。この戦いでは、土佐藩と肥前（佐賀）藩が活躍を見せ、**新政府は薩長土肥の出身者が大きな力を持つようになった**。

1871年、薩摩の大久保利通と長州の桂小五郎が中心となり、西郷隆盛と土佐の板垣退助の協力を得て、薩長土3藩の兵力を背景に廃藩置県を断行した。これにより、政治権力は新政府に集中し、さらに薩長土3藩の力が大きくなった。

土佐閥は抜け、自由民権運動に進む

1873年、鎖国している朝鮮を、武力を用いても開国させるべきだと主張する西郷隆盛らと、これに反対する大久保利通や岩倉具視の対立（征韓論争）が激化。最終的に西郷らが敗れ、西郷（薩摩）、板垣退助（土佐）、後藤象二郎（土佐）、江藤新平（肥前）ら参議（政府の高官）が下野した（明治六年の政変）。**とくに土佐閥の多くが抜けたことで、大久保利通を中心とする薩長閥の力が強まった**。

土佐閥の板垣らはその後、立志社（政治団体）を組織し、民撰議院設立の建白書を政府に提出。「憲法をつくって国会を開き、選挙で選ばれた人びとを政治に参加させよ」と自由民権運動を展開した。

一方、肥前の江藤新平、長州の前原一誠、薩摩の西郷隆盛らは、大久保を中心とした薩長藩閥政府に対して反乱を起こしたが、いずれも政府軍によって鎮圧される。

こうしたなか、新政府を揺るがす事件が発生する。1878年に大久保が不平士族に暗殺され、政府のリーダーが不在になってしまったのである。その後、言論で政府を攻撃する自由民権運動が急速に高まっていった。

すると、慶應閥の官僚を率いた肥前出身の大隈重信参議が、政府内で即時憲法の制定と国会開設を主張するようになった。これに対して長州閥の伊藤博文は、敵対してきた薩摩閥の黒田清隆と保守派の岩倉具視と手を組み、ライバルの大隈を政府から追放したのである。この1881年の出来事を明治十四年の政変と呼ぶ。

このとき、憲法は天皇が制定して国民に授けること、国会はすぐに開かず9年後とすることを公言。以後、**長州閥の伊藤博文を中心に政治が動いていく。**

権力の中枢は薩長出身者ばかり

1885年に内閣制度が創設され、1889年には大日本帝国憲法が制定されるが、前項でも述べたとおり、総理大臣や各大臣は天皇が決めることとなり、実際に任命されたのは薩長閥の有力者ばかりであった。**その後も長州と薩摩出身の実力者が交代で首相に就任し、大臣のほとんどが薩長出身者で占められる**こととなる。

また、軍についても陸軍は長州閥、海軍は薩摩閥が支配、警察組織も薩摩藩出身者が多かった。高級官僚の多くも、薩長閥で占められた。こうして薩長藩閥体制が確立されていったのである。

その後、明治時代の後半になると、天皇は自分を補佐する者を元老に任命し、総理大臣は元老会議で決められるのが慣例となっていく。この元老は「維新の功臣」と呼ばれた政治家や、内閣で大臣をつとめるなど明治政府に貢献した政治家から選ばれた。ただ、選ばれた人物は、公家出身の西園寺公望を除いて、すべて薩長出身者であった。

このように薩長閥は、幕末から明治中期までに権力を握り、明治時代後期にその支配体制を盤石にしたのだ。

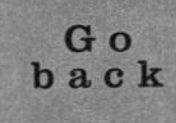

ではなぜ、薩摩藩と長州藩は他の藩を差し置いて、幕末に躍進することができたのだろうか？

11 薩摩藩と長州藩は、なぜ幕末に政治力を発揮することができたのか？

藩政改革に成功したことで雄藩となり、倒幕運動に成功したから

薩長藩が独自の財政再建策をとる

幕末とは、1853年にペリーが来航してから江戸幕府が滅ぶまでの、およそ15年間のことをいうのが一般的である。なお、1830年代から幕藩体制が崩れ始め、1840年代初頭の天保（てんぽう）の改革が失敗に終わったことをもって、幕末のはじまりとする研究者もいる。

そんな天保時代、諸藩はさまざまな改革を展開した（藩政改革）。なかでも改革に成功したのは薩摩藩、長州藩、土佐藩、肥前（佐賀）藩、越前藩などである。そう、いずれも幕末で大きな力を発揮した藩だ。江戸時代、経済力や強い政治力を持つ藩を雄藩（ゆうはん）と呼んだが、これらの藩も、藩政改革によって経済力をつけて雄藩となった。とくに薩摩藩と長州藩は、この改革の成功で大きな力を発揮できたのである。詳しく見ていこう。

まず薩摩（鹿児島）藩では、1827年から調所広郷（ずしょひろさと）の主導のもとで改革に着手している。ただ、その改革の内容はにわかに信じがたいものであった。

当時、薩摩藩には膨大な借金があったのだが、調所は驚くべき方法でこれをなくしてしまう。まずは新しい銀主（ぎんしゅ）（お金を貸してくれる商人）を探し、そのうえで、これまでの借財を実質的に踏み倒したのだ。

もちろん新銀主らもメリットがなければ、破綻した薩摩藩などに融資する危険はおかさない。彼らが期待していたのは、黒砂糖の生産であった。砂糖黍（きび）からとれる黒砂糖は薩摩藩の特産物で、他藩ではほとんど産出できない。当時、砂糖の需要は増える一方で、莫大な借財さえなければ、薩摩藩はまさに優良株だといえた。新銀主らは、これを独占的に扱わせてもらえることに大きな魅力を感じ、銀主を引き受けたのである。

そこで薩摩藩は、黒糖の産地である奄美大島、徳之島、喜界島の三島から税として黒糖を徹底的にしぼり取った。さらに税以外の黒糖もその領民からすべて安く買い取り、田圃を乾かして砂糖黍畑にすることを奨励したのだ。

加えて広郷は、徹底的な経費の削減や節約をおこなって支出を極限まで減らすとともに、ありとあらゆる増収の手段を講じた。椎茸、硫黄、薩摩焼、煙草、うこん、藍、鰹節、絹織物、綿織物、皮革、塩など、さまざまな産物の開発や増産に励んだのである。

だが、最も大きな利益をあげたのは、公にできない違法行為だった。広郷は、薩摩藩の支配下にある琉球王国を通じ、清国（中国）と盛んに密貿易をおこない、人気のある唐物（輸入品）を密かに国内で売りさばいたのである。さらに信じがたいことに、一分金や一分銀などの贋金づくりを始めたのだ。黒糖の専売化、中国との密貿易、贋金製造により、薩摩藩は一気に豊かになったのである。

続いて長州藩について簡単に説明しよう。長州（萩）藩は**村田清風**が改革を担当。やはり多額の借財を37カ年賦皆済仕法で整理し、紙や蠟の専売制を強化した。ユニークなのは、領内の下関に**越荷方**という役所を設け、瀬戸内海から廻船で大坂に運ばれる商品（越荷）を購入したり、委託販売したりするなどして莫大な収益をあげたことだ。

このように天保期前後における藩政改革の結果、薩長両藩は、武力と経済力をつけた雄藩として飛躍、幕末の政局を左右するような力を発揮することができたのである。

Go back

ではなぜ、薩長両藩は倒幕運動に成功することができたのか？

12 なぜ薩長両藩は、倒幕運動に成功することができたのか？

権威が高まった天皇を奉じることに成功したから

外国の脅威で、天皇の権威が高まる

幕末において、にわかに高まったのが天皇の権威であった。

古代において天皇（朝廷）は政治権力を握ってきたが、鎌倉時代になると、武家にその地位を奪われてしまう。その後、室町時代、江戸時代と、700年間にわたって武士が政権を握り続けてきた。

それが幕末の混乱のなか、開国や外国との通商を断固拒む**孝明天皇**（こうめい）に人心が集まり、倒幕に向かう大きな時代のうねりのなかで、次第に政治的な象徴となっていく。

江戸幕府において、天皇は徳川家の当主を征夷大将軍に任じ、将軍に政権をゆだねるという建前になっていた。ゆえに天皇は貴い存在であるとする尊王論は、武士の常識とされ、幕府としても容認していた。ただその存在が政治的に利用されないよう、禁中並公家諸法度などの法令で、天皇や朝廷の動きを抑制してきた。

19世紀になると、日本近海に外国船が盛んに出没し、食糧や水を求めたり交易を要求する動きが目立ち始める。こういった外国からの刺激に対し、国内では「日本は生きた神（天皇）がいる神国であり、その神国を賤（いや）しい外国人が汚すのは許されない。天皇のもとで一致団結し、外国人を追い払うべきだ」という**尊王攘夷論**（じょうい）が台頭してくる。

そんななかで起こったペリーの開国騒動と、それに対応した老中首座の**阿部正弘**（あべまさひろ）が天皇の権威をさらに高めることとなる。

1853年、アメリカ東インド艦隊司令長官ペリーが4隻の軍艦を率いて浦賀に来航し、幕府に対して開国を要求してきた。じつは幕府の首脳部は、1年前からペリー来航を知っていた。交易しているオランダからその連絡をうけていたからだ。

だが、幕府はまったくの無策であった。というのは、オランダの情報は真偽不明なものが少なくなかったし、その7年前に来航したアメリカ東インド艦隊司令長官ビッドルは、日本が開国を拒否すると、おとなしく帰ってくれた。だから幕府の首脳部は、「もし本当にペリーが来航したとしても、強く開国を拒めば、今回も退去するだろう」とタカをくくっていたようだ。

ところがペリーは非常に強硬で、戦争も辞さぬ態度を見せ、アメリカ大統領の国書を押しつけてきたのだ。幕府は驚き、来年まで返答を待ってもらいたいと言い、国書を受け取ってとりあえず退去させた。

このときの幕府のトップが阿部正弘だった。

阿部はこの難局に挙国一致で当たろうと決意、開国すべきかどうかを諸大名や幕臣に下問するとともに、孝明天皇にこの状況を報告したのである。これによって天皇の存在がクローズアップされ、また、**いままで政治に関与することが許されなかった人びとが政治に目覚めるきっかけをつくってしまった**。

幕府に提出された意見には「外国人を打ち払うべきだ」というものが多数を占めたが、阿部は世界情勢にかんがみて開国を選択。1854年、アメリカと日米和親条約を結んだ。

それから2年後、下田にアメリカの総領事としてハリスが着任した。ハリスは幕府に通商条約の締結を強く求め、交渉の結果、条約を結ぶことになった。だが、大名のなかにはこれに反対する人びとが少なくなかった。

そこで老中の堀田正睦（ほったまさよし）は、彼らを納得させるために、権威が高まっていた孝明天皇のもとへ自ら出向き、事の次第を報告し、勅許（ちょっきょ）を求めた。

ところが、である。孝明天皇は通商を認めない意向を示したのだ。

驚いた堀田は、天皇や朝廷に盛んに政治工作をしたが、その意向を変えることができず、失脚してしまった。

アメリカの開国要求における幕府の対応と朝廷の反応

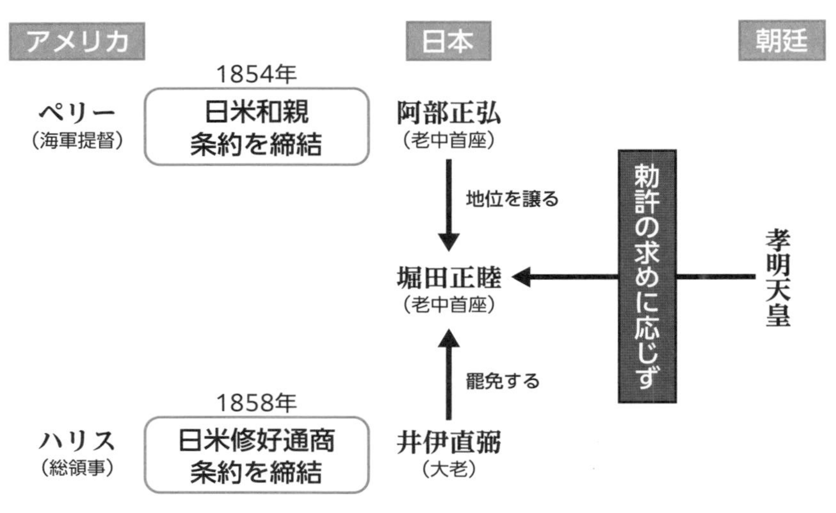

▶ 開国を進める姿勢が弱腰と見られ、幕府の権威が衰える。

幕府に代わって雄藩が台頭

次いで幕府トップの座に就いた大老の井伊直弼は、無勅許でアメリカと日米修好通商条約を結び、反対派を大弾圧した(安政の大獄)。これに激怒した水戸浪士らが1860年に井伊を暗殺し(桜田門外の変)、幕府の権威は失墜する。

そこで老中の安藤信正は、権威の高まった孝明天皇の妹・和宮を14代将軍・家茂の妻にし、朝廷との融和をはかろうとした(公武合体政策)。ところが、天皇の妹を江戸に人質にとるのかと激怒した水戸浪士らによって、安藤は坂下門外で襲撃され(坂下門外の変)、失脚してしまう。

こうしてさらに幕府の威信が低下すると、長州藩士を中心とした志士たちは、孝明天皇を奉じて軍隊を編成し、**外国人を排除するとともに幕府を倒そうと構想する。**

けれど計画は失敗に終わり、今度は徳川一族の一橋(ひとつばし)慶喜や会津(あいづ)藩、薩摩藩（公武合体派）が天皇を奉じ、その権威を利用して力を握った。

しかしその後、薩摩が長州と手を結んでしまい（薩長同盟）、薩摩の支援を受けた長州軍は、幕府の征討軍に勝利する（第2次長州征討）。

これにより一気に倒幕の機運が高まり、天皇を中心とした新政権樹立への動きが加速していくのである。

こうして振り返ってみれば、時の天皇をはじめ、多くの大名や民の反対にもかかわらず開国したことが、幕府の瓦解を早めたようにも見える。

薩長同盟の関係図

▶ 犬猿の仲だった薩摩藩と長州藩は、倒幕という目的が一致して手を結ぶ。

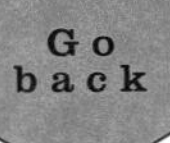

ではなぜ幕府は、列強に対して国を開き、通商を始めたのか？

13 なぜ幕府は、列強に対して国を開き、通商を始めたのか？

アメリカのペリーが強引に開国を要求したから

条約締結で幕府の権威が失墜

そもそも日本に開国を迫ったのは、ペリーだけではない。19世紀になると、アメリカ以外にもロシアやイギリスなどが幕府に開国を要求するようになった。それぞれ理由はあるが、大まかにいうと、**産業革命の成功により軍事力を備えた国々（列強諸国）が、次なる市場を求めて東アジアを目指したから**、と理解すればいいだろう。

そのなかでも、1853年に来航したペリーは、他の国々よりも強硬だったのだ。次いでやってきたハリスも粘り腰で、結局、日本はアメリカに対して開国したうえに通商条約まで結ぶこととなる。以下、ペリー来航から紐解いていこう。

ペリーVS.幕府

ペリー率いる4隻の艦隊は、ヴァージニア州ノーフォークから出航し、大西洋を横断してケープタウン、セイロン島、シンガポール、香港・マカオ、上海、琉球王国などを経由し、8カ月後の1853年6月3日（太陽暦の7月8日）に浦賀にやってきた。

浦賀奉行所は、多くの船をペリー艦隊へ差し向け、「これ以上、江戸湾深くに侵入するな」と警告、艦隊を包囲したうえで幕府の役人が黒船に乗り込もうとした。ところがこの光景を目にしたペリーは、艦の大砲を一斉に市街へ向けるとともに、上がってこようとする役人に銃口を向けたのだ。仰天した役人たちは乗船を断念した。

ペリー側は「幕府の高官以外とは交渉に応じない。黒船周辺の哨戒船（しょうかい）を退去させなければ、武力攻撃をする」と脅かした。

その後ペリーは、代表者3名の乗船を許したが、このとき幕府に強く開港を求め、フィルモア大統領の国書を受理するよう迫った。

奉行所の役人は、国際港である長崎への回航を求めたが、ペリーはこれを拒否した。そこで仕方なく役人は黒船の包囲を解き、遠巻きに艦隊を見守ることにした。

すると、ペリーは黒船から十数隻の短艇（たんてい）を降ろし、江戸湾深くまで入れ、勝手に測量を始めたのである。なおかつ、測量船を防衛すると称して、巨大な蒸気船も江戸市街近くまで乗り入れさせた。もし重武装した黒船に攻撃されたら、江戸の貧弱な砲台などはひとたまりもない。もちろん江戸の町も焦土と化し、幕府の権威は失墜するだろう。

そこで老中の阿部正弘らは、仕方なくフィルモア大統領からの国書を受け取り、「開国するかどうかの返答は翌年にする」と約束し、ペリー艦隊を退去させた。

そして翌年、再来航したペリーと**日米和親条約**を結んで、日本は開国したのである。

それから2年後の1856年、今度はアメリカの初代総領事**ハリス**が下田に着任する。和親条約には通商条項は含まれていなかったので、ハリスはアメリカ政府の命令により、幕府に通商条約の締結を求めるために来日したのだ。

1年以上にわたる交渉の末に、幕府もついに通商条約に同意した。ただし、この条約締結に孝明天皇が同意しなかったことは、前項で解説したとおりだ。

老中首座の堀田正睦は、孝明天皇の勅許を得ることができずに失脚し、大老の**井伊直弼**が、1858年6月、天皇の勅許を得ないまま**日米修好通商条約**（通商条約）に調印したのである。

井伊直弼が不平等な条約に応じた背景

井伊が思いきった決断をしたのは、アロー号事件が影響していた。

アロー号事件とは、1856年、イギリス船のアロー号が広東(カントン)港で海賊船の疑いを受けて清国の役人に臨検された事件のことだ。これに激怒したイギリスが、フランスとともに広東を軍事制圧し、天津へ侵入した。こうして始まった戦いに勝利したイギリスとフランスは、負けた清国にひどく不平等な条約締結を迫り、1858年6月、天津条約を結ばせたのである。

これを知ったハリスは、江戸幕府に対しイギリスとフランスの脅威を説き、「もしアメリカと最初に条約を結べばそれが前例になるだろうし、イギリスやフランスがもっとひどい不平等条約を押しつけてきた場合には、アメリカは断固これを阻止する」と約束した。

だからこそ、井伊は無勅許での調印に踏み切ったのである。

日米修好通商条約は、**領事裁判権**を認めてしまっていた。いまでいう治外法権の一部で、**日本（居留地内）で犯罪をおかした外国人は、日本駐在の当該国の領事によって裁かれるという取り決めで、日本人が外国人犯罪者を裁けない**のだ。

もう一つ、日本に関税を決める権利はなく、アメリカと相談して税を決定する**協定関税制度**という不平等なシステムも採用された。

翌年から横浜、箱館(はこだて)、長崎で列強との貿易が始まるが、輸出品の生糸や茶が品不足となって値段が暴騰。これに連動して諸物価も高騰し、庶民の生活が苦しくなる。**このため外国人を排斥すべきだという攘夷思想が高まり、幕府の信用も低下した。**

このようにペリーの強引な要求に屈して開国し、さらに通商を始めたことが、幕府崩壊の一因となっていったのである。

ではなぜ、アメリカはこのタイミングで、日本に執拗(しつよう)に開国を迫ったのか？

14 なぜアメリカは、幕府に執拗に開国を要求したのか？

日本を捕鯨船の寄港地にしようとしたから

アメリカの思惑と日本の対外政策

ペリーが来航し、アメリカが日本に開国を迫った大きな理由の一つに、捕鯨の問題がある。

北アメリカ大陸では、17世紀中頃から捕鯨が始まったとされ、18世紀になると、乱獲のために沿岸部で捕獲量が減り、18世紀からは大型船を用いて太平洋で鯨を捕獲するようになった。

1776年に建国されたアメリカ合衆国でも捕鯨が引き続き盛んで、ハワイ諸島などを基地にして太平洋全域で鯨を捕るようになった。19世紀初めになると、日本近海に多数の鯨がいることがわかり、捕鯨船が殺到。ただ、ハワイの捕鯨基地から遠方であるため、遭難する船や食糧・燃料が尽きてしまう船が続出する。このため、日本を捕鯨船の寄港地にしようと考えたのだ。

また、アメリカは清国とも盛んに交易するようになり、貿易船の寄港地としても日本の港が必要だった。

けれど当時の幕府は、特定の国以外とは交際や交易をしていなかったうえ、1825年には**異国船打払令**を出していた。この法令を簡単に説明すると「どの港においても異国船を見たら、有無をいわず打ち払え。上陸してきたなら捕まえよ。殺してもかまわない」という過激なものだった。じつは19世紀になると、盛んに外国船がやってきて、さまざまな問題を起こしていたのである。

フェートン号事件の衝撃

たとえば1808年には長崎湾にオランダ船のふりをしていたイギリス船のフェートン号が現れ、出島から迎えに出たオランダ人の商館員2名を拉致したのである。当時、イギリスはフランスと交戦中で、フランスに併合されたオランダとも敵対しており、アジア各地のオランダの拠点やオランダ船を攻撃していた。38門もの大砲を備えた軍艦フェートン号は、オランダ船を拿捕(だほ)する目的で長崎に来航したのだ。

その後、フェートン号はボートを3隻降ろしたが、ボートには大砲2門が積まれ、小銃を所持した武装兵がびっしり乗り込み、悠々と湾内を巡り、オランダ船が停泊していないことを確認して本船へと引き上げていった。

フェートン号は長崎奉行所に対し、人質と引き替えに薪水(しんすい)の給与を強要してきた。長崎の港は佐賀藩と福岡藩が警備していたが、兵が手薄なうえ、両藩からの応援が来なかったため、長崎奉行の松平康英(やすひで)は仕方なく要求に応じ、フェートン号が去ったのち、責任を負って切腹した。

このフェートン号事件は、幕府に大きな衝撃を与えた。すぐに長崎湾の内外及び長崎半島周辺に台場を数多く新設。結果、大砲は39門から約3倍の113門へと一気に増加した。

尊王攘夷論の高まり

蝦夷地(えぞち)では、ロシアが国後(くなしり)島や択捉(えとろふ)島などを襲撃する事件が相次いだ。さらに1824年、水戸藩領の大津浜に突如としてイギリス船が現れ、12名が小舟2隻に分乗して浜辺に上陸した。このとき筆談役とした折衝したのが水戸藩の学者・会沢安(あいざわやすし)だった。彼は外国人が日本にキリスト教を布教し、侵略をたくらんでいると確信。翌年、「天皇がいる神国日本を異人に汚(けが)させてはならぬ。排除すべきだ」とする『新論』を著した。これが尊王攘夷論の確立だとされ、同書は幕末の志士のバイブルとなっていく。

大津浜事件から2カ月後、今度は薩摩藩領の宝島にイギリス捕鯨船が来航、食糧として牛の提供を求めてきた。現地の役人はこれを拒絶すると、イギリス人たちは牛を略奪しようとした。このため銃撃戦となってイギリス人1名が死亡した。

こうした問題の頻発により、幕府は交渉の手間や経費をはぶくため、数発大砲を撃って外国船を追い払おうと考えたわけだ。

1837年には、実際に商船モリソン号が、日本漂流民の送還と日本との貿易交渉のため浦賀に近づくが、浦賀奉行所から砲撃され、さらに他の場所でも砲撃を受ける事件が起こる。モリソン号はアメリカ船籍だった。

アメリカはこういった事件も糸口の一つとして利用しながら、日本に捕鯨船や貿易船の寄港地を求めるべく、ペリーを派遣したのである。

幕末における外国船がかかわった出来事

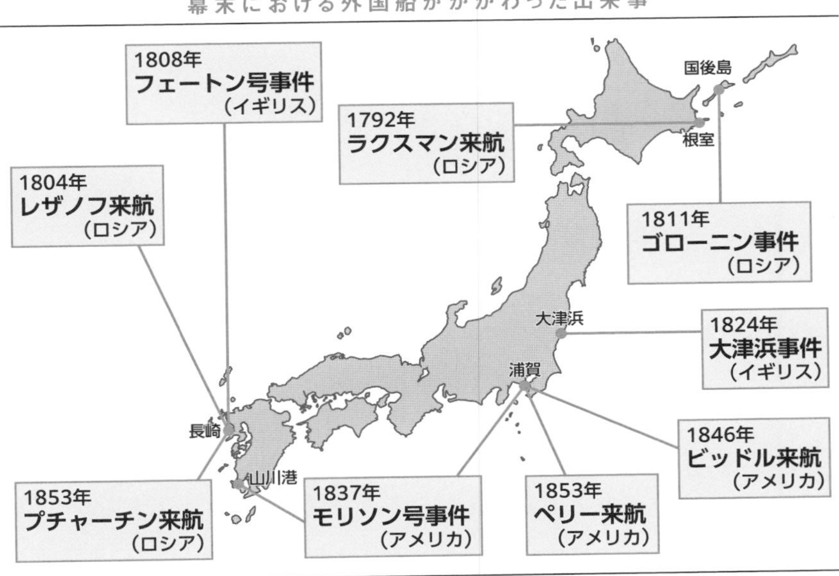

▶幕末になると、日本各地で外国船による事件が起こり、幕府がその対応に追われる。

Go back

ではなぜ、アメリカは捕鯨業にそこまで力を入れたのだろうか？

15 なぜアメリカで、捕鯨業が盛んになったのか?

産業革命の最中で、鯨の油が必要だったから

イギリスで始まった産業革命の波が、アメリカにも

アメリカが幕府に開国を求めた理由は、日本を植民地にしたかったというよりも、先述のとおり、捕鯨船や貿易船の寄港地として利用したかったというのが大きい。

ただ、この捕鯨は鯨を食糧にするのが目的ではない。肉はほとんど捨ててしまい、捕まえた鯨から油を採るのが目的だったのだ。

採った油の使い道だが、なんと燃やして灯りとしたのだ。**じつはアメリカでもこの頃から産業革命が始まっていた**。資本家たちは夜でも工場に灯りをともし、労働者に商品を生産させるようになった。そのために必要なのが鯨の油であった。

そもそも、産業革命は18世紀の後半にイギリスで始まった。蒸気機関や工業機械の発明、製鉄技術の発展などによって、良い品物を大量につくることができる工業社会に変わったイギリスは、大量に製造した商品をヨーロッパに供給するようになる。だが、やがて市場が足りなくなる。さらにフランスなどでも産業革命が起こってくる。

結果、イギリスやフランスは自国の商品を売るため、インド、東南アジアに進出し、19世紀前半に極東に到達したのだ。

こうした**列強諸国は、市場を得るためには手段を選ばなかった**。相手が未開だと見れば、軍事力で脅して強引に植民地とし、自国の商品を大量に売りつけ、同地の資源を安く手に入れ、さらに商品を生産し、それらを植民地に買わせた。こういったやり方を帝国主義と呼ぶ。

東アジアでは、清国がアヘン戦争でイギリスに負け、無理やり開国させられたうえ、香港まで奪われた。幕府はその情報を知り、1842年に異国船打払令をやめ、来航した外国船に薪（まき）（燃料）や水、食糧の給与を決めた。この法令を天保の薪水給与令という。

このように外国船の打ち払いから薪水の給与の承諾を経て、最終的に開国を選んだ日本だが、国外の視点で眺めてみれば、**イギリスから始まった産業革命の波がアメリカに影響を及ぼし、同国内での鯨油需要から、寄港地として求められた**わけだ。

江戸幕府の外国への対応の変化

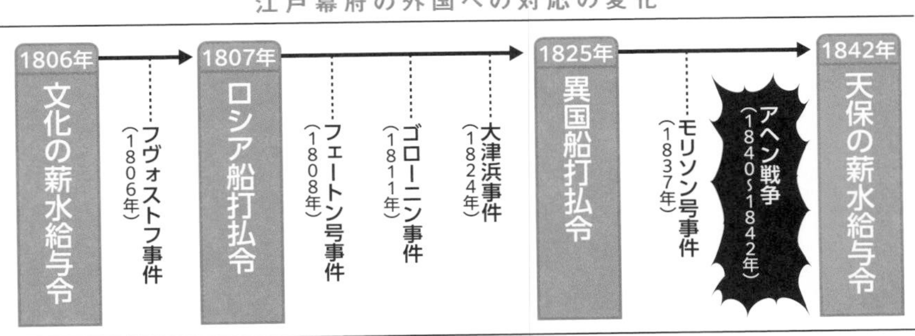

▶大国である清がイギリス軍に敗れたことで、幕府は外国への態度を軟化させる。

本章の冒頭から振り返ってみれば、開国前夜から幾多の戦争を経て現在に至るまで、**日本は常に外国からの働きかけで揺れ動きながら、国の進路を決めていった**といえる。イギリス発の産業革命を背景に、最初に国の門戸を開いたのはアメリカで、日本を占領下においたのも、そののち経済大国への過程でサポートをしたのもアメリカだった。また、常になにがしかの関係にある中国（近年は“爆買い”で日本の経済を潤した）やロシアの動向も、幕末からいまに至るまで日本に与える影響は少なくない。

グローバル化と叫ばれて久しい現代だが、歴史を紐解いてみれば幕末前夜から（じつはそれ以前からだが）、日本は国際社会のなかで各国の影響を受けながら、国家運営をしてきたことがわかるだろう。

テーマ史 01

明治時代以降の文化

明治政府は、国民の生活・文化の近代化を進め、欧米の生活風習や近代思想を積極的に取り入れた。その結果、文明開化の風潮が起こった。

風俗の洋式化は大都市を中心に広まり、牛鍋(ぎゅうなべ)が爆発的に流行し、洋服を着て靴を履く人が増えた。髪型もちょんまげからザンギリ頭に変わり、人力車や鉄道が走り、銀座には煉瓦(れんが)造りの洋風建築が並び、ガス灯がともった。

思想面でも森有礼(もりありのり)ら知識人が明六社(めいろくしゃ)を組織し、『明六雑誌』で自由主義、平等主義、天賦(てんぷ)人権論といった欧米の近代思想を紹介。慶應義塾を創設した福沢諭吉(ふくざわゆきち)の『学問のすゝめ』はベストセラーとなった。

明治時代中期からは、民族や国家を強調する国粋保存主義が台頭。日清戦争後は高山樗牛(たかやまちょぎゅう)が日本主義を唱え、日本の大陸膨張政策を支持した。政府も「国家の利益は個人の利益に優先する」という教育を進めた。

ただ、大正時代になると、吉野作造の民本主義（民主主義）や社会・共産主義思想が流行し、普選運動や女性運動、労働運動が高揚した。これを大正デモクラシーと呼ぶ。

大正時代には文化の大衆化が起こり、新聞や雑誌の部数が伸び、1冊1円という廉価で文学全集を売る円本や、低価格の岩波文庫が登場した。1925年には東京と大阪でラジオ放送が始まった。都市部では、鉄筋コンクリート住宅や文化住宅（洋風市民住宅）が建ち、円タクや市バスが走り、地下鉄も開通した。丸の内のビジネス街で働くサラリーマンも増え、職業婦人も現れた。

けれどその後、長期的な不景気のため、国家主義が対外膨張政策や軍国主義と結びついて超国家主義へと進み、日本は日中戦争、太平洋戦争へと突入した。

敗戦後、アメリカ支配のもと日本は民主主義国家となり、アメリカの文化が怒濤(どとう)のように流入した。

1949年には湯川秀樹(ゆかわひでき)が日本人で初めてノーベル賞を受賞するという快挙があった。溝口健二(みぞぐちけんじ)や黒澤明(くろさわあきら)の日本映画は国際的に高く評価された。1953年、テレビ放送が開始されたが、この頃、高度経済成長が始まり、三種の神器(テレビ・電気洗濯機・電気冷蔵庫)、3C(自家用車・カラーテレビ・クーラー)といった耐久消費財が普及、消費革命が起こり、日本人の生活はとても豊かで文化的なものになっていった。

明治以降における4つの文化

文化名	特徴	代表的なもの
明治期の文化	欧米からの風俗がとり入れられた文化	＜文学＞ 『学問のすゝめ』『浮雲』『舞姫』 『金色夜叉』『高野聖』『吾輩は猫である』 『坊ちゃん』『破戒』『一握の砂』 『みだれ髪』 ＜建築＞ 鹿鳴館　日本銀行本店
大正期の文化	洋式が浸透した華やかな大衆文化	＜文学＞ 『羅生門』『鼻』『或る女』 『伊豆の踊り子』『注文の多い料理店』 ＜建築＞ 東京駅　地下鉄銀座線
昭和期(戦前)の文化	従来の日本文化と西洋文化とが混ざり合った市民中心の文化	＜文学＞ 『蟹工船』『山椒魚』『細雪』 ＜建築＞ 帝国議会議事堂(国会議事堂)
昭和期(戦後)の文化	経済成長とともに育まれていった開放的な文化	＜文学＞ 『二十四の瞳』『金閣寺』 ＜建築＞ 日本武道館　東京タワー　東海道新幹線

▶西洋の文化を取り込みつつ、現代の日本文化の基礎がかたちづくられていく。

テーマ史 02 不平等条約の改正

江戸幕府の大老・井伊直弼は、1858年に日米修好通商条約を結び、続けて列強諸国とも同様の条約を結んだ。これらの条約には不平等があった。日本に関税自主権がなく、罪をおかした外国人をその国の領事が裁く治外法権を認めてしまっていたのだ（52ページ参照）。

そこで1871年、岩倉具視を団長とする使節団がアメリカと条約改正の予備交渉をおこなうが失敗。1878年、寺島宗則外務卿は税権（関税自主権）にしぼって交渉し、アメリカと新条約の調印にこぎつけた。ただ、他国も税権回復を認めたら施行するという条件がついており、イギリスとドイツの反対で条約の改正は不成立に終わった。

井上馨外務大臣は、寺島の二の舞いにならぬよう個別交渉をやめ、各国の代表を集め予備会議で改正案の了承をとりつけてから、本格的な交渉に入った。ただ、改正の代償として内地雑居（日本国内を外国人に開放）や外国人判事の任用を認めたので、政府内から反対の声があがり、交渉は中断された。

続く大隈重信外相は、秘密交渉を展開した。ところがロンドンタイムスに「大審院（最高裁）に限り、外国人判事の任用を認める」というイギリスへの代償案が漏れ、激怒した右翼に爆弾を投げつけられて負傷、交渉は頓挫した。

このため青木周蔵外相は付帯条件をつけず、一番難色を示してきたイギリスと交渉した。当時イギリスは、ロシアのアジアへの南下政策をくい止める役割を日本に期待するようになっていた。このままいくと、ロシアが清国におけるイギリスの利権を侵害する可能性が出てきたからだ。そんな事情もあり、イギリスとの交渉は順調に進んだ。ところが1891年、来日中のロシア皇太子のニコライが、護衛の警察官・津田三蔵（つださんぞう）に襲われ怪我をする（大津事件）。外相の青木はこの責任をとって辞任、イギリスとの交渉も中止となった。

ようやく領事裁判権が撤廃されたのは1894年のこと。**陸奥宗光**（むつむねみつ）外務大臣が青木周蔵の交渉を引き継ぎ、日英通商航海条約が調印されたのである。なお、完全な対等条約が結ばれ関税自主権が回復するのは、**小村寿太郎**（こむらじゅたろう）外相がアメリカと日米通商航海条約を締結した1911年のことであった。

幕末から明治時代初期の外交

年	責任者（役職）	出来事
1858 (安政5)年	井伊直弼 (大老)	日米修好通商条約を皮切りに、他の列強諸国とも条約を締結
1872 (明治5)年	岩倉具視 (特命全権大使)	アメリカと初めてとなる条約改正の予備交渉をおこなうも失敗に終わる
1878 (明治11)年	寺島宗則 (外務卿)	関税自主権のみにしぼってアメリカと交渉し、調印までこぎつけたが、イギリスとドイツの反対にあい、条約改正が無効となる
1882～1887 (明治15～20)年	井上馨 (外務大臣)	改正の代償となる内容が漏れ、政府をはじめ世論からも反対される。交渉は中止となり、井上は職を辞する
1888～1889 (明治21～22)年	大隈重信 (外務大臣)	アメリカなどとも改正条約に調印するも、そのための条件に反対が高まり、大隈が襲撃を受けて負傷したため辞任。改正条約は発効に至らず
1890～1891 (明治23～24)年	青木周蔵 (外務大臣)	イギリスとの単独交渉に臨むも、その最中におこった大津事件の責任を取って辞任
1894 (明治27)年	陸奥宗光 (外務大臣)	駐英公使となった青木とともに交渉し、日英通商航海条約を締結。領事裁判権（治外法権）が撤廃されると、列強諸国もこれに続いた
1911 (明治44)年	小村寿太郎 (外務大臣)	日清戦争と日露戦争での勝利に加え、近代国家としての体制が整ったことを踏まえ、アメリカと日米通商航海条約を締結し、関税自主権を回復。列強諸国もこれに続いた

▶安政の五カ国条約から平等条約の改正に至るまで、約50年を要した。

テーマ史 03

膨張する日本の領土

幕末、ロシアは対馬（つしま）を一時占拠し、日露雑居の地と決めた樺太（からふと）に囚人や軍人を送り、同地の支配を強めた。そのため明治政府は、ロシアの南下政策に強い脅威を抱き、屯田兵（とんでんへい）を北海道に入植させて北方防備を固めた。

また、鎖国する朝鮮を開国させ、共にロシアに備えようとしたが、朝鮮が拒絶したため、1875年、軍艦を首都の漢城（かんじょう）（ソウル）に近い江華島（こうかとう）へ派遣、沿岸で挑発的行動をとった。案の定、朝鮮軍が砲撃してくると、明治政府は戦争をちらつかせて責任を追及、翌年、強引に**日朝修好条規**（不平等条約）を結んで朝鮮を開国させた。

しかしその後、朝鮮の宗主国を自任する清国と対立、1894年に**日清戦争**が勃発する。戦いは日本の圧勝に終わり、講和条約で台湾と遼東（リャオトン）半島を清国から割譲させ、朝鮮が独立国であることを認めさせた。ところがこのとき、ロシアがフランスとドイツを誘って遼東半島の返還を求めてきた**（三国干渉）**ので、仕方なく日本は要求に応じた。

その後、ロシアは清国の満州地域を占拠し、さらに朝鮮半島に勢力を広げ始めた。そこで日本は1904年に**日露戦争**を始め、どうにか勝利をおさめ、翌1905年の**ポーツマス条約**（日露講和条約）ではロシアに日本の大韓帝国（韓国）における指導権を認めさせた。

そして、第2次日韓協約で韓国の外交権を奪って漢城に統監府をおき、第3次日韓協約で内政権も奪い、軍隊を強制解散させ、1910年、**韓国を日本の領土に併合**した。

1919年、**第1次世界大戦**のベルサイユ条約で、赤道以北のドイツ領南洋群島は、日本が委託というかたちで統治することになった。

ポーツマス条約で日本は、南樺太と南満州の利権を獲得すると、1931年に日本陸軍（関東軍）は満州全土で軍事行動を開始。翌年、満州国が建国されたが、実質的には日本の傀儡国家であった（27ページ参照）。

ただ、それでは満足せず、長期的不況を打開する目的もあって、中国の華北5省へ勢力を伸ばし、それが**日中戦争、太平洋戦争**の要因となった。太平洋戦争の緒戦ではフィリピンやグアムをはじめ、南太平洋の島々を占領したが、1945年に戦争に敗れ、日本はすべての植民地を失った。

日清戦争と日露戦争後の日本の勢力範囲

▶戦争での勝利を経て、徐々に大陸などでの領土を増やしていく。

04 テーマ史

参政権の獲得

江戸時代までは、一般庶民が政治に参加することは許されていなかった。だが、板垣退助ら**明治六年の政変**で下野した参議たちが、政府（左院）に**民撰議院設立の建白書**を提出したことがきっかけとなり、大きな変化が起こる。

この建白書は、大久保利通ら高級官僚による専制政治を批判しつつ、国会を開いて国民の代表者を送り、政治に参加させることを求めたものであった。

これが公表されると、大きな反響を呼び、士族だけでなく豪農（資産を持ちその地方の有力者である農家）、さらには一般の農民も運動に参加するようになった。

こうした自由民権運動に押され、明治政府は憲法を制定、条文に国会を開くことを明記した。国会は、衆議院と貴族院の二院制をとり、選挙で選ばれた議員が衆議院を構成することになった。

ただ、**選挙権は満25歳以上の男性のうち、直接国税15円以上を納入する富豪**にしか授与されず、有権者は国民のたった1.1％（45万人程度）にすぎなかった。この納税制限は山県有朋内閣の1900年に緩和される。税額が10円以上に引き下げられて、有権者は98万人と倍増するが、それでも国民の2.2％にすぎない。

大正デモクラシーの高まりで、立憲政友会の原敬内閣に対して普通選挙を要求する声が強まるが、原は時期尚早だとして納税額を3円以上に減額したものの、制限を撤廃しなかった。そのため怒った民衆は、1920年、数万人を動員してデモ行進を展開する。野党の憲政会は議会に普通選挙法案を提出したが、原は衆議院の解散で対抗。選挙の結果、原の率いる立憲政友会が大勝し、普通選挙運動はいったん挫折した。

しかし、その後も普通選挙運動は根強く続き、第2次護憲運動で清浦奎吾内閣を倒し、護憲三派（憲政会・立憲政友会・革新倶楽部）を率いて組閣した加藤高明が1925年に普通選挙法を実現させた。ただし、**選挙権が与えられたのは満25歳以上の男子のみ**で、女子が選挙権を手にするのは太平洋戦争後の1946年のことであった。

なお第1回の総選挙では、39名の女性議員が誕生している。

選挙権の拡大の変遷

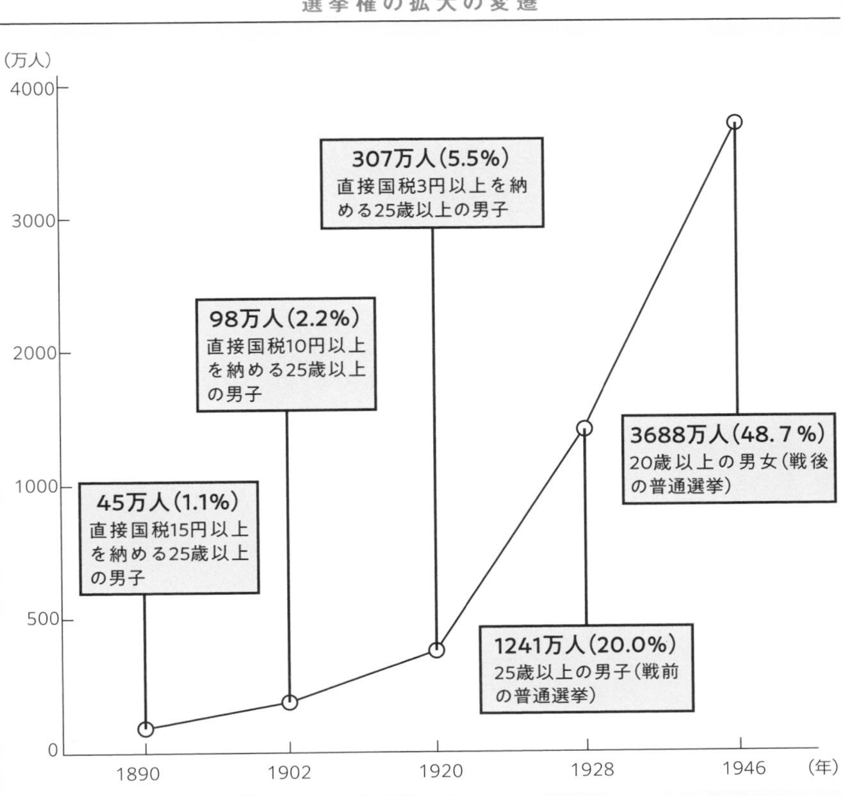

▶戦前の普通選挙では、全人口の5分の1しか選挙権を有していなかった。

第1章　年表　近現代～幕末

年代	天皇	出来事
1955年	昭和	高度経済成長が始まり、経済大国となっていく
1948年	昭和	GHQの指示で経済安定九原則が実行される
1945年	昭和	ポツダム宣言を受諾し、連合国に無条件降伏 GHQの指示で、五大改革が実施される
1941年	昭和	アメリカとの間で太平洋戦争が始まる
1940年	昭和	日独伊三国軍事同盟が締結する
1933年	昭和	国際連盟から脱退する
1931年	昭和	満州事変が起こる。中国との全面戦争に発展
1927年	昭和	金融恐慌が起こる
1923年	大正	関東大震災が起こる
1912年	大正	第1次護憲運動が起こる
1894年	明治	日英通商航海条約を締結。日清戦争が起こる
1889年	明治	大日本帝国憲法が発布される
1877年	明治	西南戦争が起こる
1871年	明治	廃藩置県が実施される
1868年	明治	戊辰戦争が起こる
1867年	明治	大政奉還。王政復古の大号令
1858年	孝明	日米修好通商条約を締結。安政の大獄
1853年	孝明	ペリーが浦賀沖に来航

第2章

江戸時代

戦国時代末期

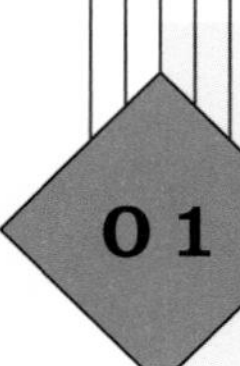

01 なぜ幕府は、薩長らの倒幕運動を制し切れなかったのか？

幕府の天保の改革は失敗したのに、薩摩藩・長州藩らは改革に成功したから

その場しのぎだった幕府の改革

江戸幕府はペリー来航以後、尊王攘夷運動に大きく動揺し、やがて薩長らによる倒幕運動を制し切れずに崩壊していくと、第1章で解説した。

ではなぜ、幕府は倒幕運動を制し切れなかったのか？

前章で述べたように、外的要因としては列強各国のアジアを目指した動き（とくにアメリカは捕鯨船の寄港地として切実に日本に開国を迫った）があげられる。だが理由はそれだけではなく、日本国内に大きな要因があった。

具体的には、内憂外患に対抗するために実施した幕政改革（天保の改革）の失敗と、相対する各藩の藩政改革の成功である。

19世紀になると、産業革命の成功によって圧倒的な軍事力を持った欧米列強が、市場を求めてついに東アジア世界に及び、日本にもその牙を向け始めた。

こうした対外危機を克服するため権力を集中する必要に迫られた幕府は、ようやく1840年代に重い腰をあげ、天保の改革を始めるのだが、結論だけ先にいうと、完全な失敗に終わってしまう。

その内幕は本章内で順を追って紐解いていくが、この頃の日本は、**たび重なる飢饉（ききん）や貨幣経済の浸透によって、幕府の財政基盤となる農村が大きく変貌していた**のだ。その一方で幕府には、絶え間なくさまざまな財政負担がかかった（農村や都市下層民への救済、蝦夷地経営の莫大な出費、貧窮する諸藩への下賜金など）。これを打開するにあたり、時の幕府の為政者は抜本的な対策をとらず、貨幣の改鋳をくり返すといった不健全でその場しのぎの対応を選択した。

財政が火の車だったのは、なにも幕府だけではない。諸藩も同様だった。

ただ、大名家には貨幣鋳造権がなく、貨幣改鋳の差益による財政の好転は見込めない。存亡をかけた抜本的な藩政改革を実施しなければならなかったのだ。ここに、幕府と各藩の改革の成否を分けたものがあったと考えられる。

改革をおこなった主な藩とその主導者

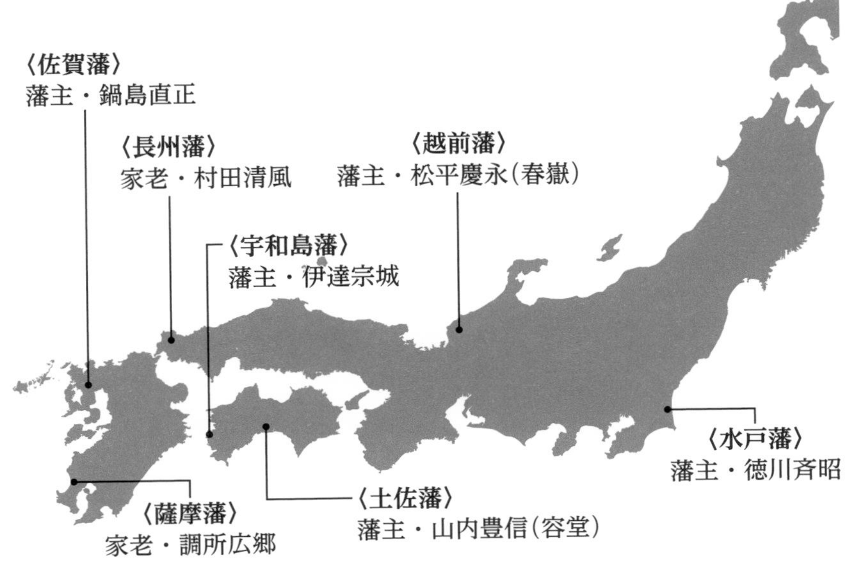

▶各藩とも主導者のもとで改革を断行し、財政を改善させて力をつけていく。

武力と政治力を備えた藩が登場

前章で紹介したが、幕府に先だって1830年代に、薩長両藩で藩政改革が実施されたことを述べたが、ここでは佐賀藩の例をあげよう。

肥前（佐賀）藩では、藩主の鍋島直正が自ら改革の中心となった。彼は初めて江戸から佐賀へ国入りするとき、藩邸に借金の取り立てにやって来る商人のために大名行列が足止めをくらい、これにショックを受けて改革を決意したのだという。

佐賀藩も薩長同様、豪商からの借金を70年や100年の年賦返還させたり、負債を献金というかたちで帳消しにさせた。また、参勤交代の随員を減らし、藩の役人420の免職とした。これは全役人の3分の1にあたる。

当時、佐賀藩では借金で土地を手放し、小作に転落する農民が増え、本百姓体制の維持が困難になっていた。そこで直正は、地主の土地を没収し、30町以上の地主には6町、それ以下の者には35パーセントの所有のみを許し、残りは小作人や貧農に与えてしまった。損をするのは地主だけ。藩の年貢量は変化しないし、小作人には願ってもないことだ。これを均田法といい、じつに革命的な土地の再分配を断行したのである。

さらに洋学者や技術者のプロジェクトチームを発足し、蒸気船をつくったり反射炉を備えた大砲製造所を設置した。一説には最新のイギリス式アームストロング砲の鋳造に成功という説もある。また、家臣に「総鉄砲」を命じて弓や槍を禁じ、洋式軍事演習や大砲調練をくり返し、実戦向けの強力な軍隊を創設した。

こうして日本最高の軍事技術と軍事力を有した佐賀藩は戊辰戦争で活躍し、明治政府の中枢に入ることができたのである。

このように、各藩が貨幣鋳造権を持たないからこそ成しえた抜本的な改革が、藩の財政を立て直し、武力、政治力ともに備えた雄藩へと成長させていったのだ。

翻って幕府はというと、各藩に遅れて大規模な改革を目指すも、あまりに性急であり、国内の実情にもそぐわず失敗に終わる。

Go back

ではなぜ、幕府の天保の改革は失敗に終わってしまったのだろうか？

02 なぜ水野忠邦の天保の改革は、失敗に終わったのか？

水野忠邦が、あまりに性急かつ大規模に改革を進めたから

家慶の後ろ盾のもと改革をスタート

天保の改革といえば、江戸の三大改革（享保の改革・寛政の改革・天保の改革）の最後の一つとして覚えた方も多いだろう。老中首座・水野忠邦が主導した改革で、あまりに強引すぎて2年ほどで頓挫し、水野自身も失脚してしまったのだ。

一方で、ここまで述べてきたとおり、先んじておこなわれていた各藩の藩政改革は成功例もあったわけで、結果的に水野の強引な手法による失政が、幕府の力を相対的に弱めたといえる。

本項では、天保の改革の始まりから水野の失脚までの2年間を見ていきたい。

1841年に11代将軍・徳川家斉が死去すると、老中首座の水野忠邦は、三佞人と呼ばれた家斉の側近（若年寄の林忠英、御用取次の水野忠篤、御小納戸頭取の美濃部茂育）らを次々と処罰し、大奥の実力者たちも多数罷免したうえで、5月15日、新将軍・家慶の誕生日に幕臣

家斉を中心とした将軍家の家系図

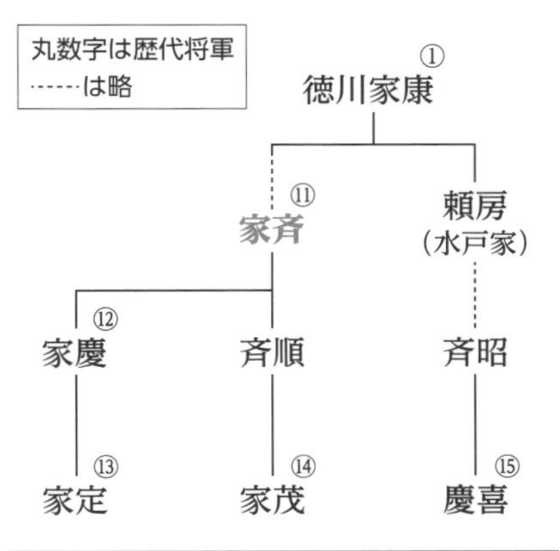

▶家慶の就任時、幕府の財政は父・家斉によって悪化の一途をたどっていた。

を一堂に集め、家慶の前で政治改革の開始を告げた。世にいう天保の改革のスタートである。

わずか2年間で次々と打ち出された改革

忠邦はまず倹約令を発して贅沢を禁止し、たるんだ社会を一気に引き締めた。

翌1842年2月だけ見ても、「袋物屋五軒、鼈甲屋三軒、きせる屋四軒、呉服屋・雪駄下駄屋・小切屋・冠笠各二軒、雛屋・扇見世・傘下駄屋・鉄物見世・半襟屋・人形屋各一軒、合計二六軒」(北島正元著『人物叢書　水野忠邦』吉川弘文館)が、贅沢品を販売したとして町奉行所に摘発されている。

娯楽も弾圧の対象にされた。寄席では当時、落語以外にも浄瑠璃や講談、物まねなどがおこなわれていたが、忠邦は学問や昔話、軍書の講義に限るとし、200軒以上あった江戸の寄席をつぶし、たった15軒にまで減らしてしまった。歌舞伎にも弾圧を加え、江戸三座(歌舞伎の劇場)を、銀座から郊外の浅草へ強制移転させ、「歌舞伎役者は外を歩くときは編み笠をかぶり、顔を見せてはならぬ」と命じた。大スターだった市川団十郎(7代目)もささいな理由で処罰されている。

出版も厳しく統制され、好色本の他、華美な錦絵や政治批判の書、庶民に人気の人情本や合巻も摘発。作家の為永春水や柳亭種彦も処罰された。

忠邦は、いま物価が高いのは、地代や店賃、職人や奉公人たちの賃金が高いからだと考え、商品価格や賃金の引き下げを命じた。仕方なく商人や職人は、品物の量や質を下げることで対応したという。

また、物価対策として、株仲間の解散を命じた。株仲間とは、商人や職人の同業者組合のこと。これまで幕府は営業税(運上・冥加)を払うことで、株仲間に独占的な販売・流通を認めてきた。しかし忠邦は、新規参入をはばむ株仲間が、自由な売買や流通をさまたげ、物価高の要因になっていると判断したのだ。

だが、株仲間を解散しても物価は下がらなかった。じつは在郷商人(農村を拠点に活躍する商人）の台頭や諸藩の専売制の進展で、すでに株仲間の影響力は低下していたのだ。忠邦が命じた解散によって、逆に商品流通は混乱してしまった。

農村対策について忠邦は、江戸に出てきた農民を強制的に村に戻す**人返しの法**を発し、同時に地方からの江戸への出稼ぎを強く制限し、農村人口を確保しようとした。

水野忠邦よる政策（天保の改革）

ねらい

諸政策

官僚の刷新と大奥の綱紀粛正	家斉の側近を政治から排除し、大奥の費用を削減する
倹約令・贅沢の禁止	幕府の倹約にともない、庶民の贅沢を取り締まる
株仲間の解散	商品流通の自由化をさまたげているとして株仲間を解散する
人返しの法	田畑を捨てて江戸に流入した農民を追い返す
江戸湾の防備強化	外国の脅威に備えるために防衛力を強化する
上知令	江戸周辺の十里四方の土地を取り上げ、別の幕領をあてがう

結果

厳しく性急だったため、民衆はもちろん、身内である幕僚からも非難され、忠邦の失脚とともに改革は終わる。

▶ほとんど成果を上げられず財政も持ち直せなかったため、幕府の権威は衰えていく。

またアヘン戦争で清がイギリスに敗北したことを知ると、外国艦隊の襲来を予想し、高島秋帆(しゅうはん)の西洋砲術を導入するとともに、江戸の防備を固めるため大名屋敷に大砲を準備させ、川越(かわごえ)藩と忍(おし)藩に相模(さがみ)国と房総半島の警備を命じた。さらに、江戸湾が外国艦隊に封鎖された場合に備え、銚子(ちょうし)から印旛沼(いんばぬま)を経て検見(けみ)川から江戸湾へ通ずる水路の開削を開始する。

家慶にも見放されて失脚

1843年、忠邦は**江戸・大坂の十里四方を幕府の直轄地にする上知令**を発した。収益の高い地を幕領にして増収をはかるとともに、江戸と大坂の周辺を幕府が支配することで、戦時に即応できる防衛態勢を構築しようとしたのだ。

しかし、この地域を支配する大名や旗本、領民の強い反発を招くことになる。改革に協力してきた老中で古河(こが)藩主の土井利位(どいとしつら)さえも反対に回り、御三家の紀州(きしゅう)（和歌山）藩も強く抵抗した。

このため忠邦は急速に孤立し、結局、上知令は将軍・家慶の名において正式に撤回され、忠邦も老中を罷免された。こうして忠邦は失脚し、改革は頓挫したのである。ここまで、わずか2年の出来事であった。

水野失脚の噂が広まると、庶民は忠邦の役宅に集まり、罵声をあびせ石を投げ、役宅脇の辻番所（警備小屋）を破壊して堀に投げ込んだという。それでも騒動は収まらず、役宅の不浄門も引き倒され、暴徒が屋敷内に侵入せんばかりの事態に発展。最後は近隣大名と町奉行所が出兵し、ようやく騒動は沈静化した。

忠邦は、幕府の復権を目指して改革を始めたわけだが、あまりに性急に変えようとしたことで大きな反発をくらい、改革は失敗に終わった。そのうえ失脚後も庶民にまで嫌われることとなったわけだ。

Go back

ではなぜ水野は、そんなにも急いで幕府を改革しようとしたのだろうか？

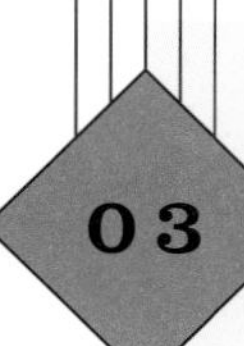

03 なぜ水野忠邦は、性急に幕府を改革しようとしたのか？

一揆や反乱が頻発し、幕藩体制が揺らぎ始めたから

飢饉によって一揆が続発

江戸時代には大小合わせると、3000件以上の百姓一揆が発生している。

百姓一揆とは、農民が大名や領主に対して自分たちの要求を非合法な手段で成就させようとする行動をいう。徒党を組んで押しかけ、時には屋敷を破壊するなど実力行使に訴えることもあった。その要求の多くは年貢の減免であり、凶作により飢饉に陥ったときに一揆の数は激増する。

江戸時代の飢饉としては**寛永（かんえい）、享保、天明（てんめい）、そして天保の飢饉**が大規模だった。

とくに天保の飢饉は、水野忠邦に幕府改革を急がせた原因となった。

当時、天保の飢饉に端を発し各地で一揆や反乱が広まった。放置すれば幕藩体制を足元から崩しかねないと危機感を抱いた水野は、自分が権力を握ると、幕府改革に着手した。これから、改革のきっかけになった天保の飢饉を詳しく見ていこう。

この飢饉は、全国的な規模であった。1833年からおよそ7年間にわたり、天候不順が続いて大凶作となり、多数の餓死者・病死者が出た。

とくにひどかったのが1835年。春から夏までまったく気温が上がらずに雨が続き、稲刈りの時期には台風が来襲し、さらに低温による霜の被害により、稲の収穫は壊滅的な打撃をこうむった。

このため各地で一揆が頻発し、なかでも**三河加茂（みかわかも）一揆**と**甲州郡内（こうしゅうぐんない）騒動**は大規模だった。三河加茂一揆は約80カ村（1万人）、甲州郡内騒動は240カ

百姓一揆の変遷

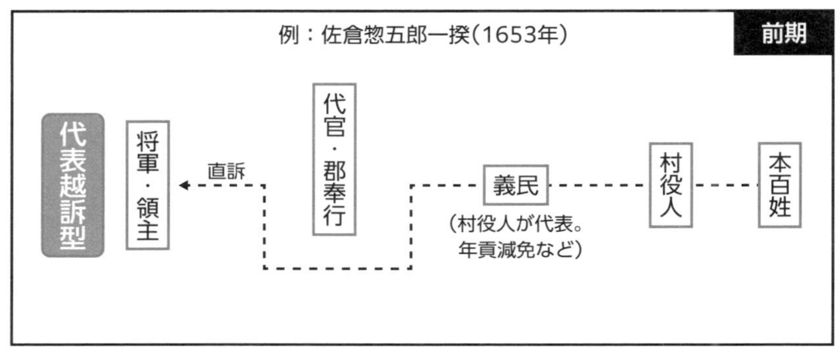

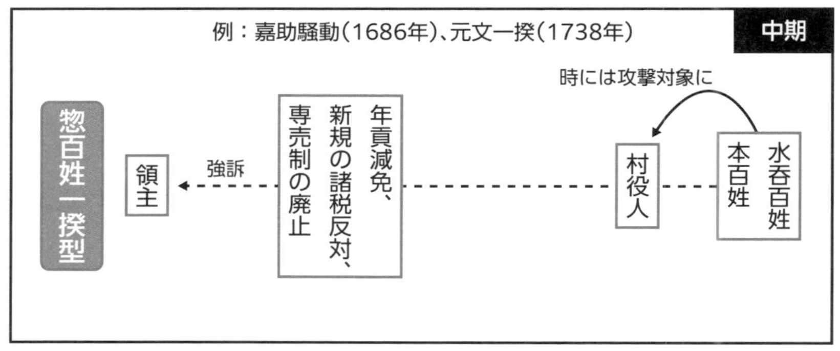

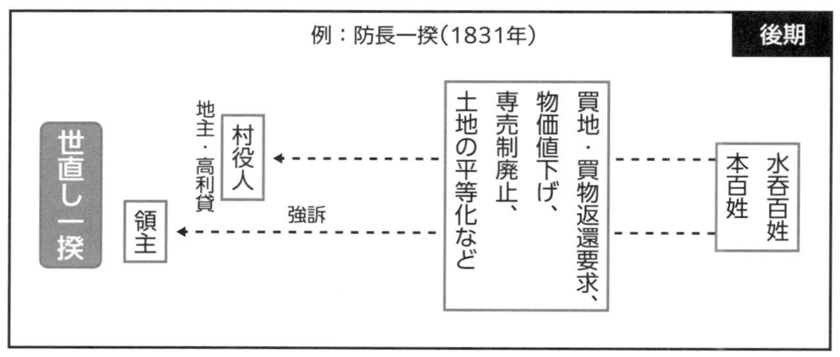

▶ 領主に直訴する形式から、多数の百姓による大規模な一揆へと変化していった。

村（1万2000人）が参加したといわれる。

こうした状況のなか諸藩では、領民を救うため他所への米の移出を禁じたので、天下の台所といわれた商業都市の大坂でも米不足が深刻となり、米価が急騰した。

これに目をつけた豪商たちは、**価格操作をおこなって米価をつり上げ、大もうけ**したといわれる。このため庶民は米が買えず、行き倒れ人や餓死者が出るようになってきた。

元役人・大塩平八郎が中心になって反乱

そんな状況を見かねたのが、大坂町奉行の元与力で、陽明学者として塾を開いていた**大塩平八郎**（おおしおへいはちろう）であった。

大塩は、大坂町奉行の跡部（あとべ）山城守に困民救済策をたびたび上申した。ところが跡部は、越権行為だと大塩を恫喝（どうかつ）。人びとを救済するどころか、上方の米を幕府の命令でせっせと江戸へ送っていたのである。

跡部の行動にも、それなりに訳があった。じつは先の天明の飢饉のとき、江戸で大規模な打ちこわしが起こり、米問屋や商家が次々と襲われたことがあった。当時の幕府をしても混乱は収まらず、数日間無政府状態に陥った。この前例から幕府の閣僚たちは、飢饉においては江戸の救済が第一と考え、米不足が深刻な大坂からでも強引に米を送らせていたのだ。

さて、跡部ににべもなく断られた大塩は、仕方なく今度は豪商たちに義捐金（ぎえんきん）6万両の拠出を要請した。だが、豪商はなかなか金を出そうとしない。

ここにおいて大塩は、ついに挙兵を決意。生涯をかけて集めた蔵書をすべて売り、得た668両の金を1軒につき1朱、およそ1万軒に分与した。その際、大塩は「もし大坂の天満（てんま）に火事が発生したと聞いたら、ただちに大塩平八郎宅へ馳せ参じよ」と伝言した。そして1837年2月19日、「無慈悲な町奉行所の役人を殺し、私腹を肥やす豪商に罰を与える」として弟子とともに蜂起した。

大塩は自宅を焼いたあと、「救民」と大書した旗をかかげ、進撃を開始した。

まず天満の組屋敷（与力・同心の屋敷がある）へ向かい、無差別に焙烙玉(ほうろくだま)や火矢、大砲を撃ち込み、次々と屋敷へ放火した。腐った役人に天誅(てんちゅう)を加えようというのだ。反乱軍には農民や町民も加わり、300人ほどに膨れ上がった。彼らは豪商の屋敷や蔵も破壊し、米穀や金銭が路上にばらまかれ、貧民たちがそれらを喜んで拾い集めた。

こうして大坂を火の海にした大塩だったが、反乱はわずか1日で鎮圧された。さらに40日後、逃亡していた大塩は幕府の役人に隠れ家を囲まれ、火を放って自殺を遂げた。

ところがまもなく「大塩平八郎は生きている」という噂が広がるようになった。江戸、大坂、京都では、死んだはずの大塩の、幕府に対する挑戦状が連日のように奉行所に届き、町の辻々にも大塩平八郎という署名入りの幕政批判の張り紙や落とし文が見られるようになった。幕府は神経をとがらせたが、それを制止する手立てはなかった。

乱は1日で鎮圧されたものの、大塩が与えた世間への影響は大きかったのだ。なにせ大坂という江戸幕府直轄の一大都市で、幕府の元役人であった人物が幕府に反旗を翻したのだから。大塩の乱のあとも、彼に感銘をうけた人びとが次々と反乱を起こしている。主なものだけでも同年4月に備後(びんご)国三原、5月に播磨(はりま)国加東郡、6月越後(えちご)国柏崎で、7月摂津(せっつ)国能勢で、大塩一党の名を騙(かた)った乱や一揆が発生している。

このように天保の飢饉が原因となり、一揆や反乱の続発で、幕藩体制が揺らいだ。そこで水野忠邦は、立て直しをはかるべく幕政改革を決意したのである。

Go back

ではなぜ、一揆や反乱は続発してしまったのだろう？　幕府に十分な蓄えや力があれば、一揆や反乱が各地に広がるのを防げたのではないだろうか？

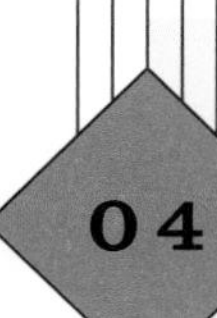

04 なぜ幕府は、一揆と乱の広がりを阻止できなかったのか?

11代将軍・徳川家斉が50年近く政権を握り、放漫政治をおこなったから

将軍が子だくさんで幕府は赤字体質に

天保の飢饉が起こった当時の将軍は、11代・徳川家斉であった。

家斉は半世紀にわたって政権を握ってきたが、この時代、幕府の財政はひどい赤字となった。にもかかわらず、積極的な改革を一切やろうとしなかったのだ。

幕府の財政が悪化した原因はいくつかあるが、外的要因としては、18世紀後半からロシアの使節が来航、交易を求めるようになったことがあげられる。このため、ロシアに近い蝦夷地の防備や経営のため出費がかさみ、これに朝鮮通信使の臨時出費が拍車をかけたのである。

内的要因としては、家斉の放漫政治と豪奢(ごうしゃ)な暮らしぶり、またそこから生まれた“子だくさん”という事情があげられる。

放漫政治はわかるが、将軍の“子だくさん”で幕府の財政が傾くのかと侮(あなど)るなかれ。家斉のそれは実際に財政を大きく圧迫したのだ。判明しているだけでも家斉は40人の側室を持ち、16人の女性から男28、女27、合わせて55人の子供をもうけている。そのため大奥の人数も増え、一説には1500人を超えたともいう。当然、将軍の妻子を養うには莫大な金がかかり、大奥における経費は激増していった。

家斉は数多い自分の子を、御三家をはじめとして会津、加賀(かが)、越前、安芸、仙台、佐賀といった大藩に養子や嫁として送り込んだ。その数は全大名家の10分の1に匹敵する。

かなり強引な押しつけもあった。

たとえば福井藩（徳川一族の親藩大名）である。藩主・松平斉承（まつだいらなりつぐ）は、家斉の19子・浅姫（あさひめ）を妻とし、男児が生まれる。しかし早世すると、浅姫にまだ子の生まれる可能性があったのに、家斉は48子を養子に入れたのである。

また、御三家筆頭の尾張家には、なんと家斉の子が4人も養子に入っているのだ。考えられないような養子攻勢により、尾張藩では、藩祖・徳川義直（よしなお）以来の血脈は完全に絶えてしまった。

しかも将軍の子を迎えるには準備が必要で、その用意を整えるだけでも各藩には莫大な費用がかかった。たとえば姫路（ひめじ）藩は、家斉の44子を嫁に迎えることで、財政が破綻している。ちなみに東京大学の赤門は、元は加賀藩の屋敷門だが、あれは前田家が家斉の21子（娘）を嫁にもらうにあたって新築させたものである。

ただ、家斉の子をもらいたいと願い出る藩もあった。将軍の養子先は格式の高い藩と相場が決まっていたので、小藩の場合、自動的に家格が上がり、松平姓と三（み）つ葉葵（ばあおい）の紋（もん）の使用が許されたのだ。これは小藩にとっては大きな魅力だった。

さらに財政的なメリットも見込めた。領地を加増してもらったり、もっと豊かな地へ転封（てんぽう）してもらうことも可能になってくる。そのうえ拝借金が期待できた。大名の経済的な困窮を救うため、幕府は金銭を支援していたのだ。この制度は1811年に基本的に中止されたのだが、“特別な場合”に限っては支援がなされることがあった。**その“特別な場合”の多くが、家斉の子を養子や嫁にしている藩に対するものだった。**

たとえば川越藩は、家斉の53子を養子とし、1833年に7000両、1835年に5000両、1839年に1万両の拝借金を与えられている（藤田覚著「一九世紀前半の日本―国民国家形成の前提」『岩波講座　日本通史第15巻　近世5』岩波書店より）。これはあまりに不公平で、将軍と縁戚関係を結べない藩が幕府に不満を抱く要因ともなった。

このように、家斉の“子だくさん”は維持するのも一苦労で、縁づいた藩への経済的支援も一苦労となり、幕府は赤字体質に陥っていく。

だが、そんな財政難をたちまちに解消したのが、家斉の側近として大きな力を持った老中・水野忠成(ただあきら)であった。

くり返される改鋳で庶民は生活苦

忠成は打ち出の小槌(こづち)のごとく金銀を生み出した。これまでの**金銀の質を低下させ、大量の貨幣を鋳造させた**のだ。貨幣の改鋳である。

幕府は1736年に貨幣を改鋳して元文(げんぶん)小判をつくったが、以後は改鋳をせずにいた。それを約90年ぶりに、大規模な改鋳をおこなったのだ。元文小判の金の含有量は約66%、それに対して新たな文政(ぶんせい)小判は約56%。10%も減らし、さらに市場への流通量を約50%近く増やした。

この改鋳で幕府が得た差益はなんと550万両という巨額に上った。

その後も幕府は、**財政が苦しくなると貨幣改鋳をくり返し、その場しのぎの放漫財政をおこなった**。悪貨の流通によって当然物価は高騰し、庶民生活は次第に苦しくなっていく。

家斉が権力の座にあった時代は50年にも及び、とくに後半は幕府の統制や規制が緩くなったため、賄賂(わいろ)が横行し、関東では博打(ばくち)が流行して治安が悪化した(一方で、自由度が増し、多彩な化政文化が花開いた)。

そんななかで、1833年には天保の飢饉が始まり、一揆や打ちこわしが続発する。この頃には、それらを抑えられるほどの蓄えをもはや幕府は持っていなかったのだ。

良くも悪くも家斉は、自由で放漫な統治をおこない、それが将軍在職50年という長きにわたって続いたことから、幕藩体制は弱まったのである。

Go back

では、そもそもなぜ、家斉は50年にもわたって放漫政治をおこなったのだろうか?

05 なぜ徳川家斉は、長年にわたって放漫政治をおこなったのか？

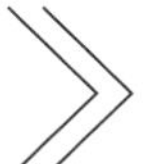

老中・松平定信による厳しすぎる寛政の改革への反動があったから

家斉のサポーターに任命された松平定信

徳川家斉は10代の若さで将軍職に就いた。そして、その若き将軍をサポートするべく老中に任命されたのが、名君の誉(ほま)れ高い白河(しらかわ)藩主・松平定信(さだのぶ)であった。

松平定信といえば寛政の改革をおこなったことで知られるが、結論をいえば、**この厳しすぎる改革の反動によって、家斉は定信が老中を引退したのち、奔放な生活を送るようになる。**

祖父の徳川吉宗を手本とした改革

老中・松平定信は、8代将軍・徳川吉宗(よしむね)の孫にあたる。吉宗は、享保の改革をおこない幕府を再建した英主だ。定信はそんな祖父を敬愛し、若き将軍のもとで幕府の実権を握ると、吉宗にならって幕政改革を断行する。これが寛政の改革である。

改革にあたって定信は、深川霊巌島(ふかがわれいがんじま)の吉祥院大聖歓喜天に願文(がんもん)を捧げた。その内容を現代語に直すと「今年は豊作になり庶民の生活も楽になるよう、自分や妻子の命にかけてお願いいたします。もし幕府中興の業が達成されないなら、いますぐ私の命を奪ってください」というもの。定信の改革に対する覚悟がわかる。

そこまでの覚悟でもって定信に改革を決意させたのは、1787年に発生した江戸での打ちこわし（貧民たちによる暴動）が原因だった。これにより数日間、江戸が無政府状態になったことに定信は衝撃を覚え、こうした事態を二度と引き起こさぬよう、悲壮な決意のもと寛政の改革に着手したのである。

定信の最大の課題は、天明の飢饉（1782年から数年間に及ぶ大飢饉）で荒廃した農村を復興させることだった。飢饉のために村を捨てて都市へ流入す

徳川家の家系図

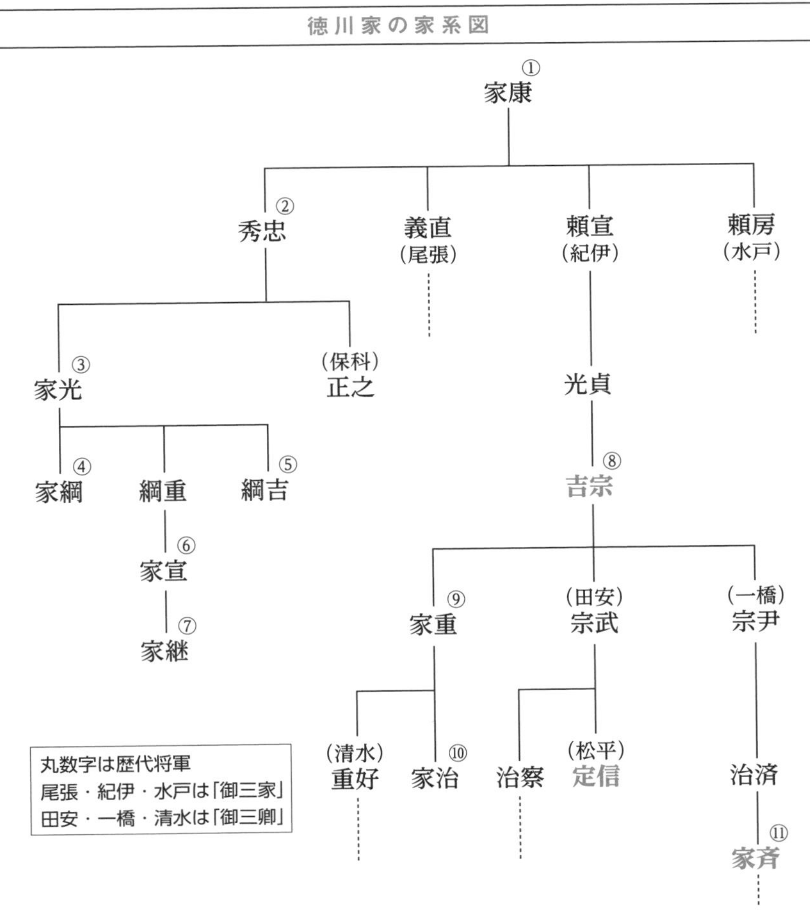

▶家斉が成人するまでの間、その補佐になった定信が改革を始める。

る農民が激増、農村人口は激減し田畑は荒廃した。しかも、都市に移入した貧農が、打ちこわしの主力となったのだ。そこで定信は、他国への出稼ぎを制限し、江戸で正業を持たない農村出身者に資金を与えて帰村をうながした。これを**旧里帰農令**という。

一方、荒廃田の復旧をはかる農民に公金の貸付を惜しまなかった。人口を増やすため育児手当を支給したのも面白い。

また、人徳のある豪農を名主（村役人）に積極的に登用する一方、幕領を支配する代官のうち不正に手を染めた者や無能な者を次々に処罰・解職し、有能な代官と交代させた。さらに農民たちが餓死せぬよう、村々に社倉や義倉を設けて米穀を備蓄させる**囲米**（かこいまい）**制度**を創設した。

都市対策も怠らなかった。両替商（巨大資本）を幕府の勘定所御用達（かんじょうしょごようたし）に登用、その力で物価の引き下げをはかった。町費の節約も命じ、打ちこわしの危険が迫った場合、節約分で運用した金穀（きんこく）を放出して貧民を救済させることにした。

さらに、無宿者や軽犯罪者を強制的に収容する**人足寄場**（にんそくよせば）を石川島に設置。同所ではさまざまな技術を伝授し、手に職をつけさせて社会に復帰させた。

優れた人材を昇進させるシステム

同時に、前代（田沼意次（たぬまおきつぐ）の時代）に弛緩（しかん）した武士の気風を立て直すため、盛んに文武の奨励を説いた。将軍・家斉の前で上覧試合を催すとともに、文武に秀でた者を書き上げて幕閣に報告させ、その武術や学問を見聞し、一芸に秀でた幕臣を積極的に役人に登用した。

湯島聖堂の学問所を官立の**昌平坂学問所**（しょうへいざか）としたのも、寛政の改革の成果の一つだ。

定信は、改革の一環として聖堂学問所（林家の私塾）を官立の学問所とし、幕臣に入学を命じ、学問吟味を開始した。いわば幕府主催の学術試験だ。科目は四書五経、歴史、論策などで、好成績をおさめた者は抜擢（ばってき）を受けた。

松平定信による政策(寛政の改革)

ねらい

復古的理想主義

享保の改革が理想

農村再建

本百姓の維持と商業資本の抑制

諸政策

旧里帰農令	資金を支給し、帰村を奨励
囲米の制	大名1万石につき50石を蓄える
社倉、義倉の設置	災害などに備えて米を備蓄する
七分金積立	江戸の町費で米や銭を積み立て、貧民救済にあてる
人足寄場	江戸の石川島に設置。浮浪人、無宿人を更生させる
倹約令	贅沢品を禁じ、経費を節約する
棄損令	旗本、御家人の救済のため、6年以前の借金帳消し
出版統制	洒落本の人気作家である山東京伝を処罰
寛政異学の禁	朱子学のみを正学とし、 ほかは異学として聖堂学問所での講義を禁止

結果

一次的に幕政が引き締まるも、庶民の不満は拡大し、
田沼への反動が根強く、失敗に終わる

▶田沼意次の経済政策を見直し、農業政策を重視しつつ緊縮財政に切り替える。

このように**文武に励めば昇進できる上昇システムを構築**し、下級武士にも登用の道を開いたのだ。これにより、江戸市中では私塾や剣術道場が盛んになり、士風が引き締まった。

成人した家斉が厳しすぎる定信を嫌い始める

だが、こうした政策に対し「世の中に蚊ほどうるさきものはなし　ぶんぶといふて　夜もねらせず」と蚊の羽音と文武奨励をひっかけた狂歌が出るなど、かつての田沼時代の自由な空気を懐かしむ声も出た。とくに、思想・情報の統制は庶民の大きな反発を誘った。

定信は、「朱子学以外の学問を昌平坂学問所で教えてはならぬ」と思想を統制し（寛政異学の禁）、好色本を絶版にしたり、政治を風刺する黄表紙や洒落本に弾圧を加えた。たとえば、洒落本の流行作家である山東京伝は手鎖の刑を受け、黄表紙作家の恋川春町も処罰されている。江戸最大の版元（発行元）だった蔦屋重三郎も罰を受けた。

このように定信が一命を賭して始めた寛政の改革だが、わずか6年間で終わる。定信が家斉と衝突し、老中職を退任に追い込まれたからだ。

一説には将軍・家斉が、実父・一橋治済を大御所（引退した前将軍の呼称）とし、江戸城西の丸に迎え入れようとしたのを定信が強く反対したからだともいうが、やはり**成人した将軍・家斉が政治力を持ち始め、定信の厳しすぎる改革方針を嫌ったのが対立の遠因だと思われる**。

寛政の改革は、農村の復旧に一定の効果をもたらしたものの、商業を厳しく統制するという反動色が強く、必ずしも成功といえる改革ではなかったのである。

この松平定信による厳格すぎる改革を、若き日に目の当たりにした家斉は、**次第に放漫な政治スタンスをとるようになっていった**と思われる。

Go back

ではなぜ、松平定信はそこまで厳しい改革をおこなったのだろうか？

06 なぜ松平定信は、厳しい寛政の改革をおこなったのか?

先の老中・田沼意次の重商主義的な政策が社会を弛緩させたと考えたから

農村へのこれ以上の負担を避けようとした

11代将軍・徳川家斉の放漫政治は、松平定信による厳しすぎる寛政の改革の反動だと、前項で解説した。**松平定信の厳格なる政治姿勢は、その前代の老中・田沼意次への反動からきたのである**。定信は、田沼のおこなった重商主義政策が、世の中をダメにしたのだと信じていた。

では田沼政治とは、いったいどのようなものだったのかというところから、振り返ってみたい。

さかのぼること8代将軍・徳川吉宗の時代。将軍直々の享保の改革で幕府の財政は好転したが、しばらく経つとまた逼迫(ひっぱく)するようになった。だが農村へのさらなる増税は難しかった。というのは、吉宗が年貢を重くして財政を再建したので、これ以上負担をかけたら一揆が起こりかねない状況だったからだ。

10代将軍・徳川家治(いえはる)の時代になると幕府の財政は苦しくなるが、農村へのさらなる増税もできかねた。そこで**時の老中・田沼意次は、商活動から収入を得ようと、重商主義政策を展開し始めた**。

これまで幕府は農村からの年貢を主財源とし、商人や都市住人からはほとんど税を徴収してこなかった。そこで田沼は、積極的に株仲間の結成を認め、そこから営業税(運上・冥加)を徴収し始めたのである。

株仲間というのは、商工業者たちの同業組合である。戦国大名たちは、同じような座という組織を結ぶ商工業者たちが商売などを独占することを嫌い、楽市令を出して座を禁じ、城下では自由に商売をさせた。幕府もこれを踏襲し、5代将軍・綱吉の頃から黙認されるようになり、吉宗が容認。それを田沼が積極的に奨励するようになったのだ。

さらに幕府が中心となって銅座、真鍮(しんちゅう)座、朝鮮人参座などをつくり、専売制を敷いてもうけようとした。

田沼主導の外交と開発事業

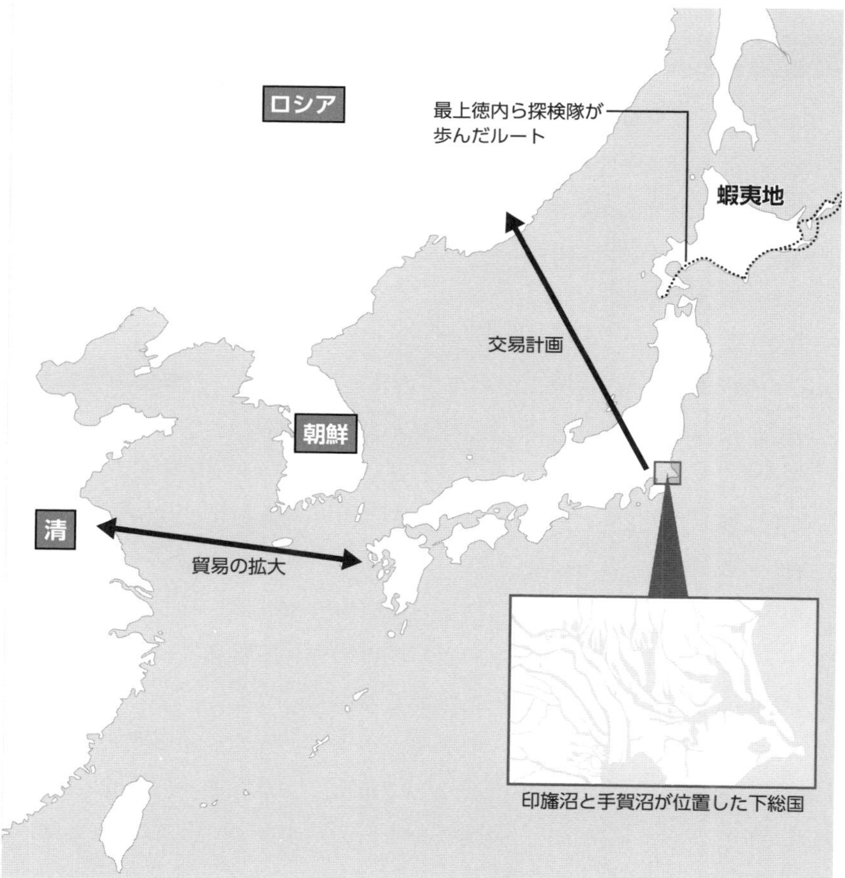

▶制限されていた貿易を緩和し、土地の干拓や開発に積極的に取り組んだ。

対外交易の拡大もはかった。長崎におけるオランダと清との貿易は、元禄時代以降、金銀山の産出量が減少したので輸出額を制限していた。これを根本的に改め、俵物（干した海産物を詰めたもの）や豊富に産出する銅を多く輸出し、金銀の輸入を開始した。逆転の発想だ。さらに、ロシアとの交易も計画するようになった。

続いて蝦夷地開発計画を立て、1785年には最上徳内らに探検隊を組織させ、その土地の可能性を探らせた。探索隊は、580万石以上の収穫が期待できると報告している。これはなんと、当時の幕領（幕府の直轄地）450万石より多い。

さらに印旛沼（面積20万平方キロメートル）の干拓工事を進めた。

利根川から印旛沼に流れ込む水をせき止め、4里12町余（約17キロ）におよぶ掘割（水路）を掘って江戸湾へ落として水を抜き、大水田地帯を出現させようという計画だ。しかも、掘割の完成により、常総地域の物資は利根川から掘割を経てたった1日で江戸湾に到達することになり、その経済的効果ははかり知れない。だが干拓工事は、完成直前に大洪水に見舞われて打撃を受け、その後、意次の失脚により中断されることになる。

商人を重視しすぎて功利主義な人が増えていく

意次はまた、東日本と西日本で統一されていなかった貨幣制度を一本化しようとした。

東日本は主に計数貨幣（両・分・朱という単位が決まっている貨幣）の金貨を、西日本は秤量貨幣（秤で重さを量って使用する貨幣）の銀貨を用いていた。こうした不統一と金銀貨交換の煩雑さを解消し、東西間の経済活動を活発化させるため、田沼は南鐐二朱銀（8枚で小判1枚と交換できる銀貨）と称する計数銀貨を大量につくって流通させ、金を中心とする貨幣制度への統一を試みたのである。

このように田沼は、**商業を重視し、商人の力を用いて財政を立て直そうとした**。そして商活動が活発化し、武士も利益重視の風潮を受けて利にさとくなり、商人の風俗になじむような者も増えてしまう。付け届けや贈賄も横行した。田沼の屋敷にも毎日大勢の客人が贈答品を持って訪れ、客間は人びとであふれかえっていたといわれる。

一方で農村部は貨幣経済に適応できず生活に窮し、田畑を捨てて都市部に流れ込む農民が多くなる。結果、農村は荒廃していった。

田沼意次による政治改革

ねらい

財政再建　　商業資本の積極的利用　← 年貢増加の限界のため

↓

諸政策

専売制度の拡張	銅、真鍮、鉄、朝鮮人参座など、幕府直営の座を新設
株仲間の積極的公認	運上、冥加の増徴
貨幣改鋳	南鐐二朱銀の鋳造（銀貨を計数貨幣に）
長崎貿易の制限緩和	銅、俵物で支払い、金、銀の輸入促進
新田開発	印旛沼、手賀沼の干拓　※失敗
蝦夷地開発計画	ロシアとの貿易も企図
蝦夷地の探索	最上徳内らに蝦夷地の探検を命じる

↓

結果

天明の大飢饉が発生し、百姓一揆と打ちこわしが急増。賄賂政治に対する人々の怒りが政権に向かい、田沼が失脚する

▶ 商人から税を取り立てて幕府の財政を好転させようとするも、道半ばで失脚した。

田沼に向けられた民衆の怒り

農本主義を捨て重商主義をとったことは倫理観の転換にもつながり、武士のみならず庶民の間にも、田沼政治への心理的な抵抗が膨らんでいく。

そんななか、1783年7月、浅間山が大噴火して噴煙による日光不足や長雨から東北地方は数年間に及ぶ大凶作となり、**30万人ともいわれる餓死者や病死者が出た。これが天明（てんめい）の飢饉（ききん）である**。天変地異が起こるのは時の政治家が悪いからだという思想が当時の日本にあり、天明の飢饉は田沼政治を動揺させた。

翌年、田沼意次の嫡男で若年寄の意知（おきとも）が、江戸城中で旗本の佐野政言（さのまさこと）に刺され、まもなく亡くなってしまった。後継ぎを失ったことで田沼の権力はますます弱体化し、2年後、後ろ盾だった10代将軍・家治が死去すると老中を免ぜられ、減封（げんぽう）のうえ謹慎処分となった。そして家治の死去から2年遅れ、田沼もこの世を去る。

田沼の重商主義は一時的には幕府の財政を潤し、成果を上げたといえる。だが、長い目で見ると日本人の倫理観に影響を及ぼし、貨幣経済に適応できず農村は荒廃し、都市部では貧民が流入し、賄賂も横行するという事態を招いた。

次の権力者には、天明の飢饉で1人の死者も出さなかった名君、白河藩主・松平定信が就任するのだが、荒れ果てた農村と貧民が増加する都市部を目の当たりにし、「重商主義こそ改めるべき根源」と彼が考えたのは自然なことであろう。

定信は田沼を政敵として憎んでおり、自身が権力を握るとまったく正反対の政策を展開していくのは、すでに見たとおりである。

Go back

ではなぜ、田沼意次は重商主義をとれたのだろうか？ 江戸幕府の財政基盤は開府以来、農村からの年貢米だったのに、である。

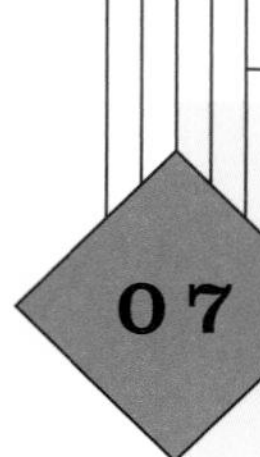

07 なぜ田沼意次は、重商主義をとれたのか？

農村が荒廃する一方、商人の力が強くなったから

農民の間で格差が広がる

江戸時代が始まってからの100年間は、一気に耕地が増大していった。

平和な時代になり、幕府や大名家は戦国時代に培った築城技術などを活用し、大規模で高度な土木事業をおこなった。たとえば、江戸湾へ注ぐ利根川の流れを東へずらして銚子（ちょうし）から太平洋へ注ぐようにしたり、有明海や備前（びぜん）国の児島湾などの干潟を干拓したり、利根川や淀川、大和川など大河川に水路を縦横に走らせた。

そのうえで盛んに湖沼を埋め立て、原野の開墾をおこなった。農民たちも小規模ながら積極的に新田の開発にあたった。その結果、耕地面積は164万町歩から、18世紀初めには297万町歩にまでなったのである。

しかし、18世紀に入ってこの状況も一段落し、農村では金銭になる商品作物の栽培が盛んになり、年貢の金納や金肥（きんぴ）（お金で購入する肥料）の利用も増え始めた。こうして**農村に貨幣経済が浸透してくると、農民の階層分化が進んでいく**。農民の所有する金銭を目当てに博打も流行した。

本百姓（田畑と屋敷を持つ自作農）のなかには、質流れ地（質屋が所有する土地）を買い集め、それを水呑（小作人）に貸して富を蓄積したり、手工業や商業経営にも乗り出す者が現れた。彼らは豪農と呼ばれ、名主や庄屋といった村役人に就いて村政も牛耳るようにもなった。

一方で貨幣経済にうまく適応できず、農業経営に失敗したり博打で身を持ち崩したりして土地を手放す本百姓も増え、その多くが水呑や年季奉

公、日雇いに転落した。

農村では次第に、少数の豪農と多数の小百姓・水呑というように階層分化が進んだ。このため村役人となった豪農に対する小百姓や小作人の不満が募り、その不正を追及する村方騒動が各地で発生。本百姓を中心とする体制は崩れた。

また、貧しい農民が増えたことで、ちょっとした凶作でもこらえきれず、土地を手放したり耕作を放棄して都市へ逃げたりする者が続出し、耕地の荒廃が進んでいった。

ただ、生活が苦しくなったのは農民ばかりではなかった。武士の生活も苦しくなっていったのだ。

経済の活性化で商人が富む

18世紀になると幕府は、財政が苦しいことを公言するまでになるが、幕府が苦しいくらいだから、諸藩はもっと苦しい。その理由の一つは、物価の高騰にあった。とくに問題なのは、米価以上に諸物価が上がる現象が続いたことである。

幕府や諸藩の年貢は米や金銭で徴収するが、凶作でなければ、その収入はおおむね一定している。なのに、すべての物価が年々上がる状況下では、

幕府・藩の財政悪化

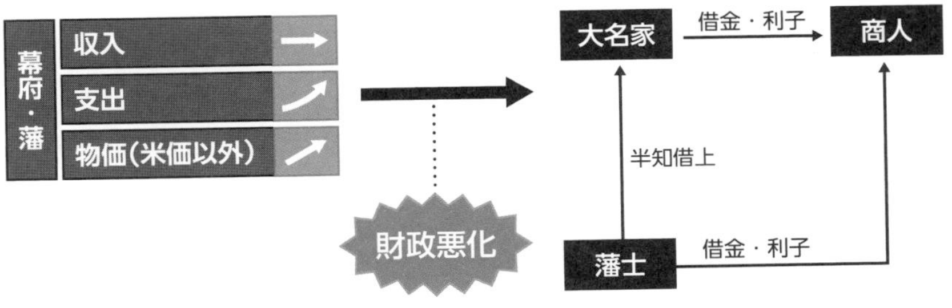

▶収入は上がらず、支出と物価が上がったため武士が困窮していく。

必然的に財政は苦しくなる。年貢である米が高騰するのはありがたいが、その米より他の品物の値段が上がっているのだから、相対的に収入は減少してしまう。

さらにもう一つ、幕府や藩の財政が悪化したのは、人びとの暮らしが贅沢になったからという理由もあった。普段の生活にかかる出費自体が、増加したのである。

その結果、**年貢収入だけでは支出をまかないきれず、大名家は商人から借金をするようになった**。借金には当然利子がつくが、これが非常に高いうえ、返済期限も短く、それを返すためにまた借金をする状況になった。このため、大名家は藩士から「半知借上（はんちかりあげ）」などと称して禄（ろく）の半分を減額するのも珍しくなくなった。

農村の階層化が進み、武士の生活は苦しくなっていく。そんななかで、**逆に豊かになっていったのが商人だった**。

商品の生産性が上がり、流通や金融が発達し、全国市場が確立したこともあって、彼らの経済活動は活発化していった。株仲間（同業者組合）の結成も進み、大都市に支店を多く持つ豪商も登場した。しかも農民と異なり、商人はほとんど課税されなかった。このため、ますます経済的に豊かになっていったのである。

だからこそ田沼意次は、こうした商人の経済力に着目し、積極的に株仲間などをつくらせ、ここから営業税を吸い上げたり、幕府自身が専売制などを敷いて利益を得ようとしたのだ。だがこうした重商主義はうまく進展せず、前述したとおり、田沼が失脚すると松平定信が復古をかかげて農本主義に戻してしまうのだった。

Go back

ここまで見たとおり、年々、幕府の財政は苦しくなっていったが、老中の田沼意次が政権を握る前、一時的に幕政は安定する。それは将軍・吉宗が改革に成功したからだ。

08 なぜ将軍・吉宗は、財政再建に成功したのだろうか？

新田開発と強引な増税によって、徹底的に収入を増やしたから

税収をアップして財政を再建

紀州藩主から8代将軍に就いた徳川吉宗は、1716年からおよそ30年近くにわたって享保の改革を実施した。第一の目的は傾いた幕府の財政再建にあった。

吉宗は倹約令を出して支出をおさえ、そのうえで即効性のある増収策を断行した。それが、1722年に開始した上米（あげまい）の制だ。大名たちから石高1万石につき100石を臨時に献上させたのである。そのかわりに参勤交代の在府（江戸滞在）期間を半減した。

参勤交代とは、簡単にいえば1年ごとに江戸と国元を往復させる制度。江戸での生活は非常に金がかかったので、上米の制は大名家にとっても経済的メリットは大きかった。年間18万7千石の増収になったのだ。これはなんと、幕府の年貢収入の1割以上に相当したのである。このため、幕府の財政は一気に潤った。

ただ、吉宗が偉いのは、このおいしい上米の制を8年間できっぱり打ち切ったことである。大名に哀れみを乞うような政策を続けると、幕府の威信が低下すると考えたのだ。だから、永続的に健全な財政のめどが立ったところで、この上米を廃止した。

永続的な増収の手段、その一つが新田の開発だった。吉宗は山林や原野を田畑に変えさせていった。

とくに吉宗の面白さは、**耕地の開拓を農民に任せるだけではなく、商人**

の資本を導入したことであろう。江戸の日本橋に高札を立て「諸国のうちで開発できそうな土地があれば、その開発計画を奉行所へ申し出よ」と布告したのだ。商人の資本で開かれた新田を町人請負（うけおい）新田と呼ぶ。また、幕府自身も積極的に新田開発に乗り出した。

こうしてこの時期、飯沼（いいぬま）新田、紫雲寺潟（しうんじがた）新田、武蔵野（むさしの）新田、見沼代（みぬまだい）用水新田などが次々と誕生していった。

だが、もっとも効果があったのは、増税策であった。吉宗は、**検見（けみ）法**を廃止した。これは、農作物の出来ぐあいを査定し、その年の年貢率を決める方法だ。

かわって吉宗は、過去数年間の年貢高を基準にして数年間の年貢率を固定する方法（定免（じょうめん）法）を用いたのである。これにより、作物が不作であっても一定の年貢が幕府に入ってくることになった。しかも、年貢率は高めに設定したので、実質的に増税となったのだ。

また吉宗は、有毛（ありげ）検見法を導入した。江戸時代初期、幕府は収穫量の多寡によって全国の田畑の等級を決め、これを基準にして毎年の作柄で多少年貢率を変動させた。ところが吉宗は、田圃の等級に考慮せず、実際の収穫量をもとに年貢率を算出させた（有毛検見法）のである。田の等級ははるか以前に決めたものだから、その後の農業技術の発達で、多くの田畑が実際の等級より収穫率が上回っていたからだ。

さらに吉宗は、綿作など畑での換金作物の栽培が盛んになってきたので、畑地の年貢も大幅にアップした。そのうえ、これまで免税対象だった川端の土地にも課税した。**こうした新田開発の促進、徹底した年貢増徴政策で、幕府の総石高は10％も増え、年貢収入も20％増加した**のである。

将軍が自ら米相場を研究

ただ、**米の量が増えたことで米価が低下**する傾向が続いた。そこで吉宗は米価の安定をはかるため、大坂堂島の米市場を公認し、米の現物取引だけでなく先物取引も認めたのである。

とはいえ、米価は上がり下がりが激しく、吉宗は自ら米相場を研究するなど、かなり苦労したので「米将軍」とも呼ばれた。

いずれにせよ、幕府の財政は好転したが、おかげで農民たちの生活は苦

徳川吉宗による改革（享保の改革）

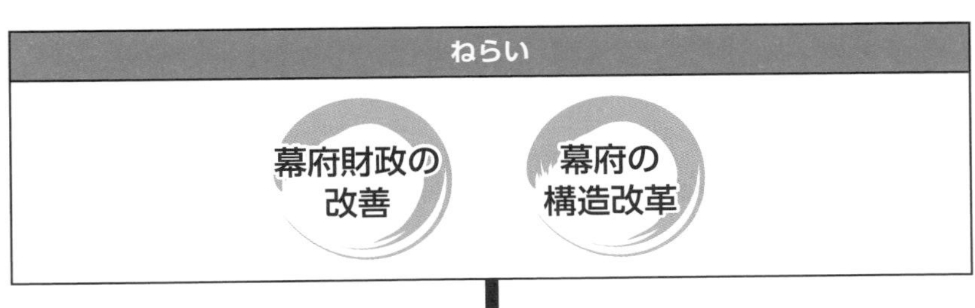

諸政策	
足高の制	人材の登用、経費節減
倹約令	華美なもの・贅沢品の禁止
上米の制	参勤交代での江戸の滞在期間を減らす代わりに、諸大名に米を上納させる
新田の開発	山林や原野を開拓させて田畑とすることで、新たな税の対象とする
定免法の採用	年貢の換算方法を検見法から定免法に改め、年貢の割合を引き上げる
有毛検見法の導入	等級に関係なく、収穫量をもとに年貢率を算出
株仲間の公認	公認することで、税金を取る

結果

増税で幕府の財政は改善したが、負担の増えた農民による一揆や打ちこわしが増える

▶ 吉宗が名君とされるのは幕府から見てであり、農民からすると暴君といえた。

しくなり、百姓一揆が各地で頻発するようになった。とくに1732年に西日本一帯で享保の飢饉が発生すると、一揆が激増する。さらに江戸では、打ちこわしも勃発した。**これ以上、農民に増税するのは無理だったので、次代の田沼意次は重商主義に舵（かじ）を切ったともいえるのだ。**

金銭問題は当人同士で解決を

なお、享保の改革は財政再建を第一としたが、その他にも革新的な政策を多く実施している。

たとえば江戸の町は木造家屋が密集し、冬になると大火になることが多かった。そこで広小路や火除地（ひよけち）と呼ぶ空き地をつくり、燃えにくい屋根である瓦葺（かわらぶ）きを推奨させた。さらに大名火消や定火消（幕府の旗本で編制）に加え、新たに町方（町地）の町人による**町火消**を創設して消防体制を強化した。

また、吉宗は庶民の意見をきくための**目安箱**を設置した。ただし、投書するには、住所と名前を明記して封をする決まりになっていた。箱のカギは吉宗が持ち、すべての投書に目を通し、よい建言は採用された。江戸の小石川（現在の東京都文京区にあたる）につくられた**貧民対象の病院・小石川養生所**もその一つだ。

貧窮化した旗本・御家人の救済対策として、吉宗は**相対済し令**（あいたいすましれい）を発布し、金銭貸借問題（金公事）の訴訟を禁じ、当事者間で解決するよう命じた。このため、貸し主のほうが利子を低くするなど金を貸している相手に妥協して返済してもらわねばならなくなり、場合によっては幕臣の借金の踏み倒しも可能になった。

じつは当時、江戸の町奉行が受理した訴訟（1718年時点で約3万6000件）のうち、90%が金の貸し借り問題だったのである。だからこの法令は、金銭関係の訴訟を裁く煩（わずら）わしさを避ける狙いもあった。

吉宗はまた、町奉行の大岡忠相（ただすけ）らに法令や判例集を集大成した**公事方御定書**（くじかたおさだめがき）を編集させ、法制整備を進めさせた。公事方御定書は上下2巻で、判例・取り決めからなる下巻は俗に「御定書百箇条」と呼ぶ。

さらに吉宗は、外国の文物にも興味を持っていた。そこで、部下の青木昆陽（こんよう）や野中兼山（けんざん）などにオランダ語を習得させたり、キリスト教以外の漢訳洋書の輸入を認めたりした。このため、これ以後、蘭学が発達することになったのである。

このように享保の改革では、長年にわたり、じつにさまざまな政策が展開された。

幕府の財政再建以外の政策

町火消の創設

町人による消防組織を発足し、防災体制を強化。いろは47組（のちに48組に）が存在した。

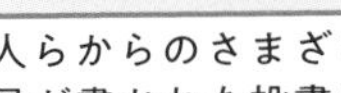

町人らからのさまざまな意見が書かれた投書を将軍が目を通し、有用とされたものは採用された。

相対済し令

金銭の貸し借りや売掛に伴う訴訟に幕府は関与せず（奉行所は受理せず）、当人同士で解決するよう命じる。

公事方御定書

庶民を対象とした法であり、上巻には主に司法、下巻には主に刑法についてまとめられている。

▶防災に取り組み、刑罰等の法令を定めることで治安の向上をはかった。

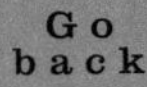

ではなぜこの時期、吉宗は多方面にわたる改革を実施する必要があったのだろうか？

なぜこの時期に将軍・吉宗は、多方面にわたる改革を実施する必要があったのだろうか？

幕藩体制が動揺し、抜本的に立て直す必要に迫られたから

農民の間で格差が拡大

享保の改革では、じつに多方面でいろいろな改革が進められていった。本項では、その理由について紐解いていこう。

将軍と大名の主従関係を基盤として、強力な統一政権である幕府と各藩が、全国の土地と人民を統治する仕組みを**幕藩体制**と呼んでいる。

幕藩体制がしっかりと確立するのは3代将軍・家光の頃であった。が、それから100年近くがたった江戸時代中期（18世紀）になると、さまざまなところで、ひずみやほころびが出てきた。

幕府と藩は、農村の多数派である本百姓からの年貢収入を財政の基盤としている。江戸時代初期の農村内はある程度、自給自足で成り立っていた。ところが17世紀末に商品経済が発達してくると、農村では本百姓の階層分化が目立ってくるのだ。

有力な本百姓は、質流れで集めた広大な土地を小作人や日雇い（日用稼ぎ）、年季奉公人などに耕作させて富を蓄積するようになる。こうした豪農たちは、名主や庄屋といった村役人として村政も牛耳るようになった。また、村内で工業や商業経営にも乗り出していく者も現れた。

その一方で、貨幣経済にうまく対応できなかったり、農業経営に失敗したりして土地を手放す本百姓が増えてくる。彼らの多くは小作人、年季奉公人、日雇いに転落していった。こうして**多くの農村は、少数の勝ち組（豪農）と多数の負け組（小百姓や水呑、日傭稼ぎなど）に分かれていった**。このため、小百姓や小作人の不満が募り、村役人として村政をほしいままにする豪農に対し、その不正を追及する運動（村方騒動）があちこちで発生した。

貧しい農民が都市部へ流入

このように江戸時代中期、本百姓を中心とする体制が崩れていったわけだが、同時に城下町など都市部でも大きな変化が生じてきた。

農村で転落した人びとが、「人口の多い都市に出れば生活できるだろう」と考え、出稼ぎなどのために多数流入するようになったのだ。そのため、町地（町人が住める地域）における家持町人の割合が相対的に減り、**安い裏長屋（棟割長屋）に住んで棒手振や雑業に従事する零細な人びとが急増**する。彼らの多くは生活が苦しく、なかには犯罪に走る者もあり、**町の治安が悪化していった。**

さらに人口の過密化によって、火事の増加などさまざまな問題が起こってきた。このため町火消が創設されたり、小石川養生所が設置されたりしたというわけだ。

江戸での商品需要の増大による物価の高騰もあって、高利貸からの借金を返せない幕臣も増えていった。そのため相対済し令が出たのである。

このように、家光の頃に確立した幕藩体制も、さまざまなところにひずみが生まれており、幕府はこれを立て直す必要に迫られていたのである。

そんな状況のなか、御三家の一つ、紀伊家から徳川宗家を継いで将軍となった吉宗。彼はこうした幕藩体制の動揺を認識し、断固、幕政改革を実行して体制の立て直しをはかろうと決意したのである。というのは、紀伊藩主だった時代、吉宗は藩政改革をおこない、これに成功していた。その成功体験を天下の政治にも活かそうと考えたのである。

Go back

このように、江戸幕府は農村からの年貢を収入源に成り立っているわけだが、そもそもなぜ農村を財政基盤におくようになったのだろうか？

10 なぜ江戸幕府は、農村を財政の基盤としたのか？

徳川家康が豊臣政権の仕組みを踏襲したから

耕作者に納税の義務を課す

江戸幕府の財政基盤は、400万石の幕領（直轄地）からの年貢が基本になっている。これは開府以来、基本的には変わっていない。

年貢の負担者は、本百姓である。本百姓には林業や漁業に従事する者も含まれるが、そのほとんどは農民で、田畑や屋敷（高請地（たかうけち））を持ち、検地帳に登録されている。

これに対して土地を持たず（例外もある）、地主の田畑を耕作したり、日雇仕事をしたりしているのが水呑（無高百姓）だ。しかし、水呑は税を払わない。本百姓だけが納税の義務を課せられているのだ。

年貢は一種類だけではなかった。主たる税は、田畑や家屋敷地に課せられる本年貢（本途物成（ほんとものなり））。これは**米で納めるのが原則だが、銭納も少なくなかった。**

年貢率は、おおよそ四公六民から五公五民であり、これは**収穫の40～50％を税として納める**仕組みだ。ただ、役人が秋に収穫量を調査して税率を増減させる検見（けみ）取法（検見法）が一般的で、特徴的なのは、本年貢は個人ではなく村全体として一括納入させたことだ。つまり、**事情があって払えない農民がいても、連帯責任で他の村人が不足分を足して払う**のだ（村請制）。

そんな本年貢の他、山野河海からの収益や副業に課す小物成、石高に応じて課せられる付加税である高掛物（たかがかりもの）という雑税があった。さらに夫役（ふえき）（労働税）として、一国や数カ国単位に課せられる土木工事の人足役（夫役労働）の国役がある。街道沿いの村々には、必要に応じて公用交通に人馬を提供する伝馬（助郷）役が課せられた。

このように江戸幕府は、農村を財政の基盤においたわけだが、**この仕組みはすでに豊臣秀吉によって構築されていて、家康はその仕組みを踏襲したにすぎない**。

つまり、江戸幕府を260年も持たせた基盤となる仕組みは、そもそも豊臣秀吉が構築したものだったのだ。

農民の種類と課せられた税

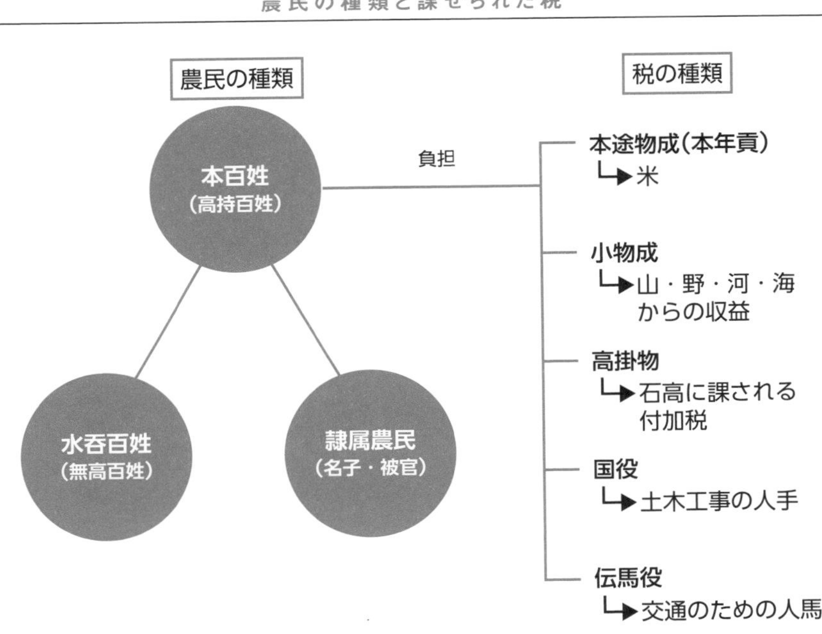

▶本年貢の他にも、物納や銭納、夫役といった納税の形式が存在した。

では豊臣秀吉は、どのようにして農村を基盤とした財政の仕組みをつくりあげたのだろうか？

11 豊臣秀吉は、どのようにして農村を基盤とした財政を確立したのか？

天下を統一し、兵農分離政策を進めた

徹底的に農民から兵力を奪った

前項で江戸幕府の仕組みは、豊臣政権のそれを踏襲したものだと解説した。その豊臣秀吉は、これまでの戦国大名の統治の仕組みを大きく変えた人物といえる。

代表的なのが**兵農分離**政策だ。秀吉は天下を統一し、戦国の世を終わらせると統治の基盤を固めるべく、太閤検地や刀狩、人掃（ひとばらい）令や身分統制令などを推し進め、それまでなかった**兵農を分離させた社会をつくりあげた**。これは統治者にとって極めてすぐれた制度で、次の天下人になった徳川家康も秀吉が敷いた路線にそのまま乗ったといえる。

ここでは、秀吉がどのようにして統治の基盤をつくっていったのか、その過程を見ていこう。

貫高制から石高制に

織田信長（おだのぶなが）の後継者となった秀吉は、新しく獲得した領地や臣従した大名の領地に、徹底的な検地をおこなっていった。それを**太閤検地**（天正の石直し（こくなおし））と呼ぶ。

太閤検地は、従前の検地方法と大きく異なった。これまでの検地は指出（さしだし）検地といって、領地の面積や収入は家臣の自己申告制度をとっていた。ところが秀吉は**自己申告を認めず、直接、検地役人を現地へ派遣し、田畑・屋敷地の面積や等級を詳しく調査させた**のである。

また中世の荘園制のもとでは、一カ所の土地に何人もの権利が重なりあっていたが、秀吉はそれも認めなかった。直接耕作者を検地帳に登録し、彼らの耕作権を保障するとともに、年貢負担の義務を課したのである。これを一地一作人の原則と呼ぶ。**秀吉は目に見えてわかるかたちで、耕作権のある農民たちに明確なる納税の義務を課した**のだ。

ただし、検地帳は村ごとに作成され、年貢は個人ではなく村単位でかけられることになった。この仕組みを村請制といい、前項で述べたように江戸幕府にそのまま踏襲された。

秀吉は土地からの生産力の計算方法も、根本的に変えた。

これまでは、土地の生産力を銭に換算していた。これを貫高制というが、秀吉はそれを米に換算させたのである。

検地役人は現地へ出向くと、田畑の状況を調査して土地（田畑）の等級を定める。等級は4ランクに分かれており、等級の査定を石盛（こくもり）と呼んだ。そのうえで面積を乗じて石高を算出したのだ。こうして検地を進めていく

秀吉がとった農地政策

石高制

等級	石盛
上田	1石5斗
中田	1石3斗
下田	1石1斗
下々田	適宜

石高は面積×石盛で算出される。
※1石は10斗(約180L)

一地一作人の原則

検地帳に登録した直接耕作者から年貢を徴収する。

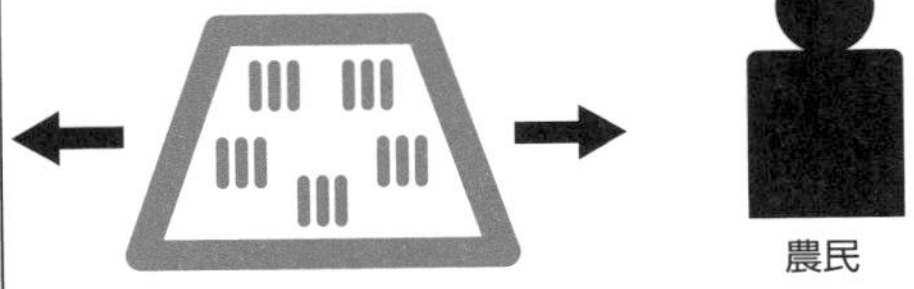

農民

▶農民は石高に応じた年貢を課され、大名は石高に応じて軍役等を課された。

ことにより、すべての大名の石高が明らかになった。そのうえで秀吉は、石高に応じた軍役を負担させたのである。

また、大名の石高が可視化されたことで、同じ石高であれば鉢植え(はちう)のように、他の土地に大名を移すことも可能になったのである。

こうした仕組みを石高制という。

各身分を固定化する

戦国時代は、農民も頻繁に兵士として駆り立てられ、武器を持って戦場で戦っていたのだが、秀吉はそれをも変えた。農民を兵として動員することを禁止したのだ。

まずは1588年、京都に大仏を建立する際、釘(くぎ)やかすがいに使用するという名目で、農民から刀、弓、槍、鉄砲などの武器を没収した。この政策を刀狩と呼ぶが、その真の目的は農民の一揆を防止し、耕作に専念させることにあった。

そのうえで秀吉は、人掃令や身分統制令を発した。

この命令は、武士に仕える武家奉公人（兵）が町人や百姓（農民）になること、百姓が商人や職人になることなどを禁止したものだ。そして武士や武家奉公人、商人たちを農村から城下町へ移し、農村には農民だけを配置したのである。

こうして**農村の農民たちは身分を固定化され、武器を取り上げられ、太閤検地によって明確な年貢義務が課され、土地にしばりつけられることになった**わけだ。兵農分離の確立である。

このように、秀吉はそれまでの社会と統治の仕組みを大きくつくり替えることに成功した。**なぜこんな大変革を成しえたかというと、ひとえに彼が天下を統一したからに他ならない。**

Go back

ではなぜ、あまたいる戦国大名のなかで豊臣秀吉が天下を統一できたのだろうか？

12 なぜ豊臣秀吉は、天下を統一することができたのか？

織田信長の後継者になることができたから

本能寺の変での機転が後押しとなった

1582年6月2日、京都の本能寺で織田信長が家臣の明智光秀（あけちみつひで）に殺された。

当時、畿内から関東にかけて諸大名を服属させた信長は、北陸や中国地方の平定を進め、さらに大軍を四国へ渡海させようとしていた。おそらくあと2年、いや、もしかしたら1年もあれば、日本を統一できたかもしれない。そんな状況下でのまさかの死であった。

翌日、この事実を知ったのは、中国の高松城を攻めていた織田家の重臣・羽柴（はしば）秀吉である。秀吉はすばやく中国の毛利（もうり）氏と講和して、京都へとって返し、本能寺の変からわずか11日後、京都郊外の山崎において光秀を倒した。

主君の仇（かたき）を討ったことで秀吉は、織田家で大きな力を持った。そして、その後も着々と政敵を排していき、君主・信長の後継者の席を他の誰にも譲ることなく、最終的に天下統一を果たした。彼が天下を統一したからこそ、前項で紹介したような兵農分離政策はおこなわれ、次の幕府にまで続く確固たる統治の仕組みができあがったわけだ。

そこで本項では、秀吉が天下統一を成しえるまでと、その後の様子を見ていきたい。

家康を服従させ、天下人に

主君の仇を討った秀吉は、翌1583年にライバルの柴田勝家（しばたかついえ）を賤ヶ岳（しずがたけ）の戦いで破り、石山本願寺の跡地に巨大な**大坂城**の築城を始めた。信長の後継者になるというアピールだろう。

そんな秀吉の前に立ちはだかったのが、東海5カ国を支配する**徳川家康**だった。長年、同盟者である信長の天下統一事業に協力してきた家康にも、当然ながら天下取りの野望があった。

そこで家康は、信長の次男・信雄(のぶかつ)と手を組み、1584年に信雄を奉じて秀吉の大軍と対峙(たいじ)したのである(**小牧(こまき)・長久手(ながくて)の戦い**)。このとき秀吉は、別働

秀吉の略歴❶

年月	事業
1537	尾張国中村に生まれる　※出自は諸説あり
1554	信長に仕える
1582	本能寺の変が起こる 山崎の戦いで明智光秀を討ち破る
1583.4	賤ヶ岳の戦いで柴田勝家を破る
9	大坂城の築城を開始
1584	小牧・長久手の戦いで家康と戦う
1585.7	朝廷に任じられて関白となる
8	長宗我部元親を降伏させる(四国平定)
1586	朝廷に太政大臣に任じられ、豊臣姓を賜る
1587.5	島津義久を降伏させる(九州平定)
6	バテレン追放令を出す
9	聚楽第が完成。大坂城より移る
12	関東・奥羽に惣無事令を出す
1588	刀狩令を出す
1590	北条氏を滅ぼす(小田原攻め)

▶低い身分からわずか一代で、官職の最高位である関白にまでのぼりつめた。

隊を編制して大きく迂回させ、家康の本拠地を突く作戦をとった。だが、いち早くこれを察知した家康に撃破されてしまった。こうして戦いで敗れた秀吉だが、信雄との単独講和に成功。戦う名目を失った家康は兵を引くこととなった。

翌1585年には、秀吉は四国の長宗我部元親を平定し、関白（天皇を補佐する役職）に就任、政権を樹立した。朝廷からは豊臣の姓を賜り、太政大臣にもなった。

1586年には徳川家康を服属させ、1587年に九州を平らげ、1588年、京都に新築した壮麗な聚楽第に後陽成天皇を招き、諸大名を集めて秀吉への忠誠を誓わせた。そして1590年、ついに関東の小田原を拠点とする北条氏を倒し、東北も平定して日本を統一したのである。本能寺の変からわずか8年後のことであった。

短命に終わった豊臣政権

千利休などをブレーンとしつつも、政治は秀吉自身がとった。ただし、晩年になると、腹心の五奉行に政治を分担させ、有力大名の五大老に重要事項を合議させる制度をつくりあげた。

五奉行は浅野長政、増田長盛、石田三成、前田玄以、長束正家の5人。

五大老は徳川家康、前田利家、毛利輝元、小早川隆景、宇喜多秀家。小早川が没すると上杉景勝が就任した。

豊臣政権の財政基盤は約200万石の蔵入地（直轄地）からの収入であったが、重要な鉱山や都市を支配下におき、そこからの収益や豪商からの献金で政権を運営した。

秀吉は当初、信長によるキリスト教の保護政策を引き継いだが、九州平定のおり、長崎の地がイエズス会に寄進されていた事実を知る。また、キリシタンが神社仏閣を破壊していることもわかると、1587年、バテレン追放令を発して宣教師を国外追放処分にした。

だが、ポルトガルやスペインとの南蛮貿易は奨励したので、宣教師の潜

豊臣政権の組織編成

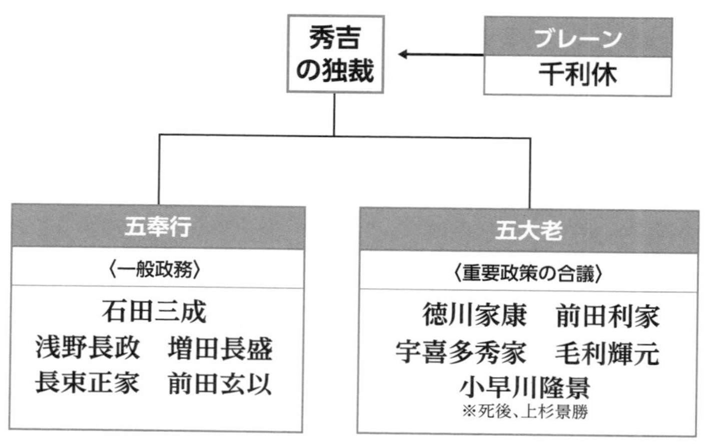

▶ 前田利家の亡きあと、徳川家康が敵対した石田三成らを追放して実権を握る。

入は防ぐことができず、この政策は徹底されなかった。ただ、1596年、土佐に漂着したスペイン船サン・フェリペ号の乗組員が「スペインは領土拡張に宣教師を利用している」と言ったことが耳に入ると、秀吉は翌年、宣教師や信者26名を長崎で処刑（二十六聖人の殉教）、スペインと国交断絶状態になった。

天下を統一した秀吉は、諸外国に豊臣政権に対する服属を要求するようになり、明（みん）の征服をもくろむようになった。そしてその先陣を朝鮮に命じるも拒絶されたので、1592年から朝鮮出兵を断行した。朝鮮とはいったん講和に至るが、その後、出兵は再開され、秀吉が1598年に死ぬまで続けられた。しかし結局、**朝鮮で領土は獲得できず、豊臣政権を弱体化させることになった。**

後継者である息子の秀頼（ひでより）が幼かったことで、秀吉の死後、豊臣政権は内部分裂を起こし、1600年の関ヶ原の戦いで勝利した徳川家康が実権を握り、豊臣政権は結果的に短命に終わることとなった。

秀吉の略歴❷

年月	事業
1591	身分統制令を出す 関白職を辞し、後継者としていた甥の秀次に譲る。以後、太閤と呼ばれるようになる
1593	側室の淀殿との間に秀頼が生まれる
1592	人掃令を出す 文禄の役
1595	秀次の自刃により、秀頼を後継者とする
1596	宣教師や信者の処刑を命じる（二十六聖人の殉教）
1597	慶長の役
1598.8	死没する

▶一代で権力の絶頂をきわめたが、権力の継承がうまくいかなかった。

その3年後には江戸幕府が開かれ、豊臣家は一大名に転落するのだが、前述したように秀吉による支配の仕組みの多くがそのまま維持され、徳川長期政権の基盤となっていくのだ。

このように秀吉は、**織田信長の後継者としていち早く名乗りを上げ、ついに自身の政権を樹立し、江戸時代まで続く統治の仕組みづくりを成し遂げた**のである。これらはすべて彼のすぐれた才能ゆえの偉業ともいえるが、一方で、彼が仕えた主君の信長がその先陣を切っていたからこそ、成しえたことともいえよう。そもそも天下統一とは、信長が目指したことなのだから。

では な ぜ 、信 長 は 天 下 統 一 を 目 指 し 、そ の 目 前 まで迫ることができたのか？

13 なぜ織田信長は、天下統一の目前まで迫ることができたのか？

鉄砲の重視、関所の撤廃、仏教と対決など斬新な政策をとったから

進取の気象に富んだ武将

織田信長は、**新しいモノや仕組みを進んで取り入れる人物**であった。

武器では鉄砲を重視し、関所の撤廃など新たな政策を次々と打ち出した。伝来して日の浅いキリスト教にも興味を持ち知識を広げた。他方で既存の権力には手厳しく、自分に逆らってくる仏教勢力とは徹底的にやりあった。

日本史のなかでもトップクラスの人気を誇る織田信長という人物の生涯を、本項では紐解いてみたい。

弱小勢力から有数の一大勢力へ

織田信長は、尾張国の戦国大名である。幼い頃から風変わりな格好をして奇行をくり返したので「うつけ」と呼ばれたが、1560年、襲来した駿河国と遠江国の今川義元の大軍を桶狭間で破って一躍名をあげた。

その後、義元の属将だった三河の徳川家康と同盟を結んで美濃国へ進出し、1567年に美濃国の斎藤氏を滅ぼした。以後、信長は清洲から美濃国へ拠点を移し、「天下布武」の印を用いるようになった。

これは、天下を統一するという意味ではなく、「畿内に幕府の将軍による政治を復活させる」という意味だという説が有力である。こうして1568年、信長は13代将軍・足利義輝の弟である義昭を奉じて京都に入り、義昭を15代将軍にすえ、畿内を支配下においた。

室町幕府は、1467年の**応仁の乱**を経て、この頃まで存在はしていたものの、全国政権としてもはや機能していなかった。つまり、実質的には戦国大名らが割拠する戦国時代ととらえて差し支えない。すでに幕府の権力は衰退しきっていたが、信長は1568年、義昭を室町幕府の将軍に担ぎ上げて、畿内を安定化させたうえで、自分は領土の拡大に力をそそごうとしたわけだ。

ところが、なかなか畿内は平穏にならない。そこで1570年には、信長の支配に反発する近江国の**浅井長政**（信長の妹・お市の夫）と越前国の**朝倉義景**を姉川で撃破。翌年には、反抗的な**比叡山延暦寺の焼き打ちを断行**した。たとえ宗教勢力であっても、自分に逆らう者には断固たる措置に出たのである。

だが、この頃から信長と関係を悪化させていた将軍・義昭は、密かに諸大名と結んで**信長包囲網**をつくりあげる。こうして浅井氏と朝倉氏をはじめ、三好三人衆、六角氏、石山本願寺などの畿内勢力、それに加えて、甲

足利将軍家の家系図

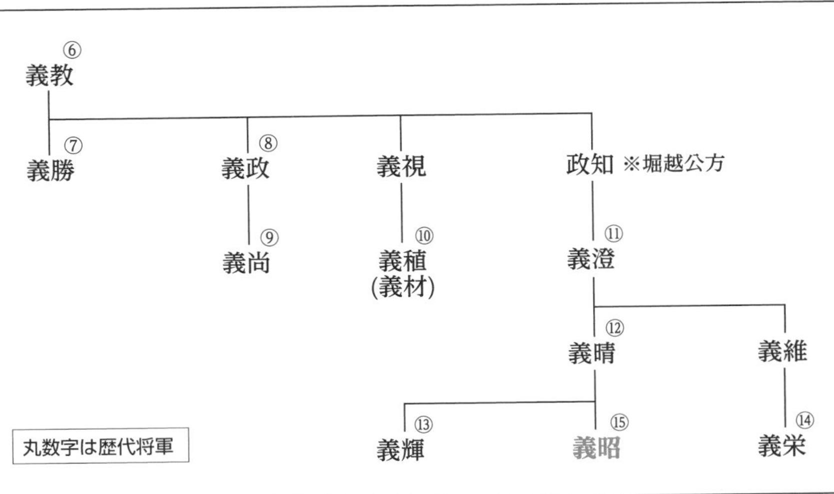

▶応仁の乱を経て将軍の権威は失墜し、畿内の有力者に次々と擁立される。

織田家の勢力とその他の主な勢力

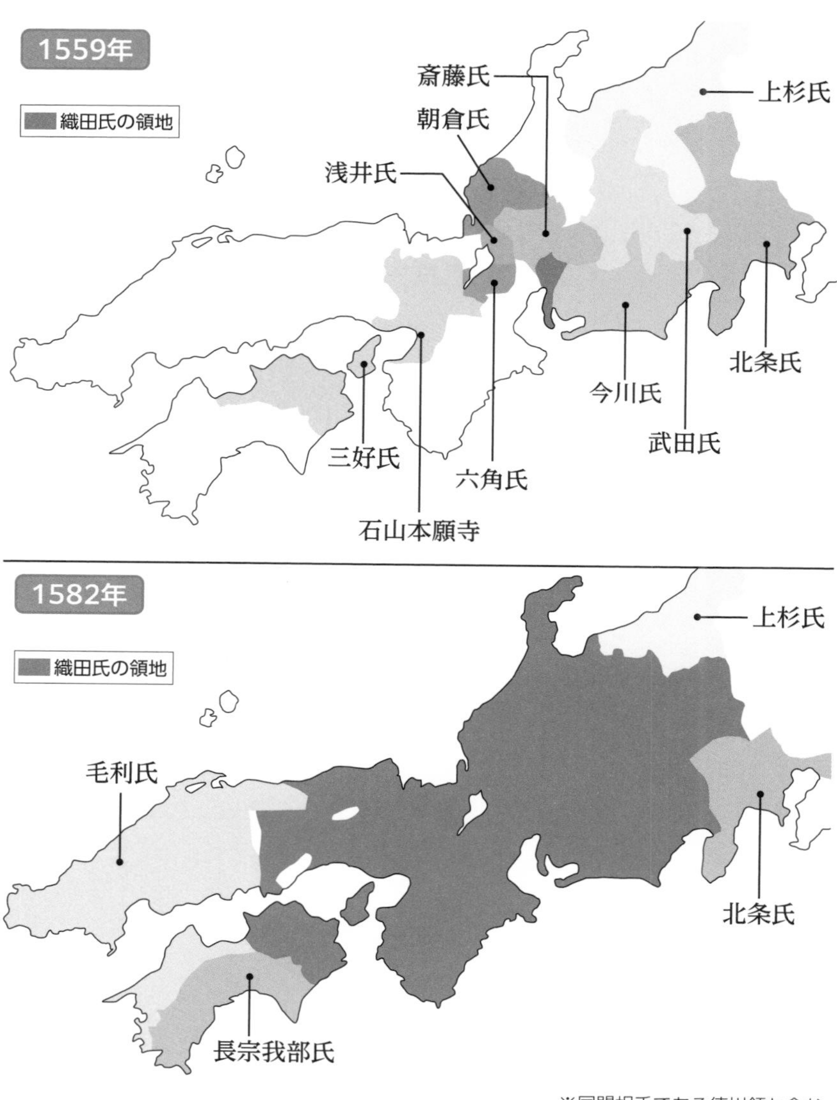

▶ 尾張一国を平定してから、20年余りで関東から中国地方まで勢力を広げた。

斐国の武田信玄、中国の毛利氏、各地の僧兵や一向門徒が信長と敵対関係に入った。

それから数年の間は、信長にとって苦しい時期が続いた。とくに1572年に武田信玄が大軍を率いて京都へ向かってきたのは、大きなピンチであった。

信長と同盟を結んでいた家康は、武田の大軍を遠江国の三方原で阻止しようと迎えうつが、大敗を喫してしまった。このままではいずれ、武田の大軍が京都へなだれ込んでくるのは時間の問題だった。ところが信玄は、遠征中に死んでしまったのである。死因は不明だが、信長は九死に一生を得たわけだ。

戦に鉄砲を用いて武田勝頼に大勝

からくも窮地を脱した信長は翌1573年、信玄に呼応した将軍・義昭を京都から追放して室町幕府を滅ぼし、朝倉義景と浅井長政を倒し、1575年には三河国の長篠・設楽原の戦いで、武田勝頼（信玄の後継者）に大勝した。この戦いは画期的だったといわれる。**鉄砲という新兵器が大量に投入された**からだ。

1543年、ポルトガル人によって種子島に鉄砲がもたらされた。ポルトガル人は、ヨーロッパから種子島に来たわけではない。東南アジアで活動しており、たまたま倭寇（日本を拠点とする海賊）の船に乗って種子島に漂着したのである。島主の種子島時尭が鉄砲の威力に驚き、2挺を手に入れ、うち1挺を主君の島津氏に贈ったとされる。なお、鉄砲伝来の年は、ヨーロッパの記録では1542年が多い。戦国時代だったこともあり、この新兵器は大きな話題になり、たちまち模造され、堺や近江国の国友村などで量産されるようになった。

ただ、有効射程が100メートル程度であるうえ、発射まで時間がかかったことで、実用には適さなかった。それを大量に使用することで信長が無敵の兵器に変えたのである。

天下人を見すえて政策を実行

前述のとおり、1549年に伝来してまだ日の浅いキリスト教についても興味を持ち、宣教師を保護したうえ、京都や安土などに教会の建設を許している。信長は彼らからヨーロッパの技術や風習などの知識も得るようになった。

また、京都や堺といった都市を支配下におき、琵琶湖のほとりに壮麗な**安土城**を築いて家臣団を集住させた。この頃になると、信長に天下人としての自覚が生まれてくる。**城下には楽市令を出して税を免じ、商工業者に自由な営業活動を認めて町の繁栄をはかった**。各地の**関所も撤廃**し、物資や兵力の輸送を容易にし、商業の発展をうながした。

こうした経済重視の政策は、配下であった羽柴（豊臣）秀吉に引き継がれていくことになる。

1580年、信長は頑強に抵抗していた石山本願寺の法主・顕如（けんによ）と講和し、1582年には宿敵であった武田氏を滅ぼした。その後も信長は巨大な宗教勢力である高野山攻めの計画を立てる。同時に、四国を平定する勢いを見せていた長宗我部元親とも対立したため、息子を総大将として大坂に兵を集めて四国攻めをおこなおうとした。

また自身は、羽柴秀吉に命じていた中国攻めも大詰めを迎えていたので、現地へ駆けつけようとしていた。そんなとき、家臣の明智光秀の裏切りにあい、京都の本能寺で落命してしまう。まさに戦国を駆け抜けた英傑だったといえよう。

このように畿内の安定、さらに天下統一をかかげ、伝統的な政治や秩序や権威を超えてた新しい世の中を目指し、道を切り開いた織田信長がいたからこそ、あとに続く秀吉・家康らによって、国内は統一され、天下太平の江戸260年を迎えることができたのである。

本章では織田信長の登場や豊臣秀吉による戦国時代の終焉（しゆうえん）を解説した。次章では、彼らが生きた時代の話から始めたい。

信長の略歴

年月	事業
1534	尾張国の守護代である織田氏の傍流の嫡子として那古野城に誕生
1551	父・信秀の死にともない、家督を継ぐ
1559	尾張国を統一する
1560	桶狭間の戦いで今川義元を討つ
1562	徳川家康と同盟を結ぶ
1567	稲葉山の戦いで斎藤龍興を破り、稲葉山城（のちの岐阜城）を拠点にする
1568.9	足利義昭を奉じて入京する
1570.4	越前国へ遠征の最中、義弟・浅井長政の裏切りにあい、撤退する
6	姉川の戦いで浅井・朝倉連合軍を破る
9	石山本願寺との間で石山戦争が始まる
1571	延暦寺を焼き打ち
1573	足利義昭を追放（事実上、室町幕府の滅亡）
1574	伊勢長島の一向一揆を滅ぼす
1575.5	長篠・設楽原の戦いで武田勝頼を破る
8	越前国の一向一揆を滅ぼす
1576	近江国に安土城を築く
1577.2	拠点を岐阜城より安土城に移す
6	安土城下を楽市とする
1582.3	天目山の戦いに勝利し、武田氏を滅ぼす
6	京都の本能寺に滞在中、家臣の明智光秀に襲われ、自害する（本能寺の変）

▶各地の勢力を信長は倒していったが、天下人まであと一歩のところで命を落とした。

05 テーマ史 近世の文化

戦国時代後期の文化を安土・桃山文化と呼ぶが、この名称は織田信長の居城・安土城と、豊臣秀吉が晩年に過ごした京都の桃山（伏見城）に由来する。

この文化の特徴は、とにかく豪華絢爛（けんらん）な作品群にある。文化の担い手は戦国大名や豪商だったが、信長の奇抜さや秀吉のど派手な気質が文化に大きな影響を与えているのは確かだろう。戦国期だけに、松本城や姫路城など城郭建築に見るべきものがある。また、ヨーロッパ人が来航し、南蛮文化も色濃く反映されている。千利休が大成した茶の湯も爆発的に流行し、すぐれた陶磁器や茶器が生み出された。

次の江戸時代は250年以上続くが、その文化は、寛永期の文化、元禄文化、宝暦（ほうれき）・天明文化、化政文化の4つに大別できる。

寛永期の文化は、安土・桃山文化を受け継ぎながらも、幕藩体制の確立期にあたるので、体制に順応した保守的な傾向がある。代表的な建築としては権現造の日光東照宮の陽明門。その細部彫刻や色彩は圧巻だ。また、書院造と茶室が融合した数寄屋造の建物である、桂離宮や修学院離宮は優美である。

元禄文化は、17世紀半ばから18世紀初めにかけての文化で、「天下の台所」として栄えた大坂など上方の豪商が主な担い手だ。現実主義・合理主義が特色で、絵画では尾形光琳（おがたこうりん）の『紅白梅図屛風』、菱川師宣（ひしかわもろのぶ）の『見返り美人』（浮世絵）が、文学では松尾芭蕉（まつおばしょう）の『奥の細道』（俳諧）、井原西鶴（いはらさいかく）の『好色一代男』（浮世草子）などがあげられる。

18世紀半ばの文化が宝暦・天明文化だ。学問分野ではヨーロッパの解剖書『解体新書』の翻訳を機に、医学分野から蘭学が発達。一方、仏教や儒教の影響を受ける前の日本の姿を研究する国学も流行、本居宣長の『古事記伝』はその代表作だ。浮世絵では鈴木春信がカラー刷の錦絵を完成させ、喜多川歌麿が美人画で人気を得た。

19世紀初頭に花開いたのが化政文化だ。化政の名は、文化・文政の元号から1字ずつをとって命名された。当時の腐敗した政治状況を反映し、通俗的で享楽的な傾向が強い。浮世絵では葛飾北斎や歌川広重らの風景画が流行、作家としては十返舎一九、曲亭馬琴、小林一茶らが出ている。

近世における5つの文化

文化名	特徴	代表的なもの
安土・桃山文化	権威を示すための豪華絢爛な文化	＜建築＞ 安土城　聚楽第 ＜絵画＞ 『唐獅子図屏風』『洛中洛外図屏風』
寛永期の文化	安土・桃山文化を継承した保守的な文化	＜建築＞ 日光東照宮　桂離宮　修学院離宮 ＜絵画＞ 『風神雷神図屏風』『夕顔棚納涼図屏風』
元禄文化	大坂や京都の町人を中心とした活気ある文化	＜文学＞ 『好色一代男』『日本永代蔵』『奥の細道』 『国姓爺合戦』『曾根崎心中』 ＜絵画＞ 『紅白梅図屏風』『見返り美人』 ＜芸能＞ 歌舞伎　浄瑠璃
宝暦・天明文化	江戸の町人などを担い手とした文化	＜文学＞ 『解体新書』『古事記伝』『群書類従』 洒落本や黄表紙 ＜絵画＞ 錦絵（浮世絵）
化政文化	江戸の町人による娯楽的な要素が強い文化	＜文学＞ 『東海道中膝栗毛』『南総里見八犬伝』『雨月物語』 ＜絵画＞ 『富嶽三十六景』

▶貴族や武士を中心とした文化に代わって、町人を中心とする文化が栄えた。

06 テーマ史

鎖国体制の成立

1543年、ポルトガル人が種子島に漂着し、以後、ポルトガル船が九州諸港に来港して**南蛮貿易**が始まった。織田信長は、キリスト教の布教を認めるなど友好的だったが、豊臣秀吉は1587年に**バテレン追放令**を出して外国人宣教師を追放するなど、キリスト教の浸透を防ごうとした。ただ、南蛮貿易は奨励したので、法令はあまり効果がなかった。さらに秀吉は明国の征服を企て、朝鮮にその先鋒（せんぽう）を命じたが、これに応じなかったので朝鮮出兵を断行した。

徳川家康は当初、積極的に海外との交易をはかった。1600年、オランダ船**リーフデ号**が豊後（ぶんご）国に漂着すると、家康は乗組員のヤン・ヨーステン（オランダ人）とウィリアム・アダムズ（イギリス人）を外交顧問とし、オランダとイギリスを誘致。結果、両国とも平戸に商館を開き、日本と交易を始めた。

さらに1610年、家康は京都の商人・**田中勝介**（たなかしょうすけ）をスペイン領メキシコに送り、貿易再開を求めた。豊臣政権下でのサン・フェリペ号事件以来、両国の関係は断絶していたのだ。だが、スペインとの貿易は再開されることはなかった。

この時期、西国大名や豪商は、江戸幕府から渡航許可証（朱印状）を得て東南アジアに船を派遣し、盛んに交易**（朱印船貿易）**をおこなっていた。

しかし、1612年になると、家康は幕領でのキリスト教の信仰を禁じ、翌年、禁教令を全国へ拡大した。スペインやポルトガルの領土欲を危険視し、教徒の団結を危惧したのだ。2代将軍・秀忠（ひでただ）は、1616年、キリスト教を防ぐため中国船以外の貿易船の寄港地を平戸と長崎に限定。1622年には長崎で宣教師やキリシタン55人をみせしめに処刑した（元和の大殉教）。そして1624年にスペイン船の来航を禁じ、続く3代・家光は1635年、日本人の海外渡航と帰国を全面禁止した。

1637年に島原の乱（島原・天草一揆）が勃発。島原城主・松倉氏と天草領主・寺沢氏が重い税を課したことに反発した百姓一揆だが、首領の天草（益田）四郎時貞をはじめ、キリシタンが多数含まれていた。反乱軍は頑強に抵抗したので、驚いた幕府は1639年、ポルトガル船の来航を禁止。さらに1641年、オランダ商館を平戸から長崎の出島に移し、鎖国制度が完成したのである。

外国の窓口となった長崎

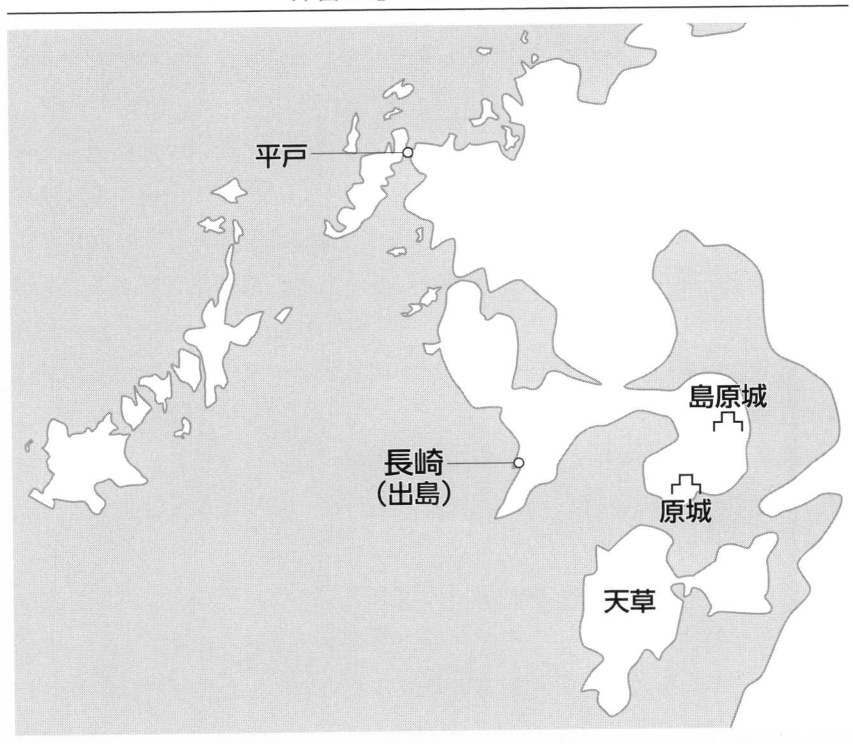

▶外国船の日本への出入りは長崎の出島に限定された。

07 テーマ史　江戸時代の外交体制

江戸時代は鎖国していたというが、完全に海外との交流を絶ったわけではない。俗にいう4つの口が開かれていた。

それは長崎口、対馬口、薩摩口、松前(まつまえ)口だ。

長崎は、唯一の国際港としてオランダと中国に開かれていた。

長崎の出島には、バタヴィア（現ジャカルタ）のオランダ東インド会社の支店として商館がおかれ、島内で交易がなされた。オランダ商館長は年に1回、将軍に挨拶するため出島から江戸まで出向いた。

この他、長崎では中国との交易がおこなわれた。家康は、朝鮮出兵で断絶した明との国交回復を求めたが、実現しなかった。ただ、明の民間商船は頻繁に長崎を訪れた。17世紀半ばに明が滅亡し、満州民族の清が中国を統一する。幕府は清とも国交は開かなかったが、長崎に来訪する清船は年々増加していった。そこで1688年、キリスト教の浸透を防ぐため、幕府は長崎に雑居していた清国人を、唐人屋敷と呼ぶ高い塀で囲った区画に居住させた。

長崎貿易では、中国産生糸・絹織物・書籍、ヨーロッパの綿織物・毛織物、南洋産の砂糖・蘇木(そぼく)・香木・獣皮・獣角などが輸入され、銀・銅・海産物などが輸出された。

家康は対馬の宗(そう)氏の仲介で朝鮮との国交回復に成功、以後、将軍の代替わりごとに朝鮮からお祝いの使節として通信使が派遣された。また、対馬の宗氏は、釜山(プサン)の倭館(わかん)に家臣を常駐させ交易することが許された。朝鮮からは米や木綿、朝鮮人参などが輸入され、対馬からは東南アジアの胡椒(こしょう)や薬剤・蘇木・銅・錫(すず)が輸出された。

1609年、薩摩藩は**琉球王国**を武力制圧し、以後、琉球を支配下におくが、独立国の体裁をとらせ、中国（明、清）との朝貢貿易を継続させ、利益を吸い上げた。

蝦夷地を支配する**松前氏**は、1604年、家康からアイヌとの交易独占権を保障された。アイヌは、清やロシアとも交易しており、そうした舶来品が松前藩を通じて国内に流通したのである。

江戸時代の4つのつながり

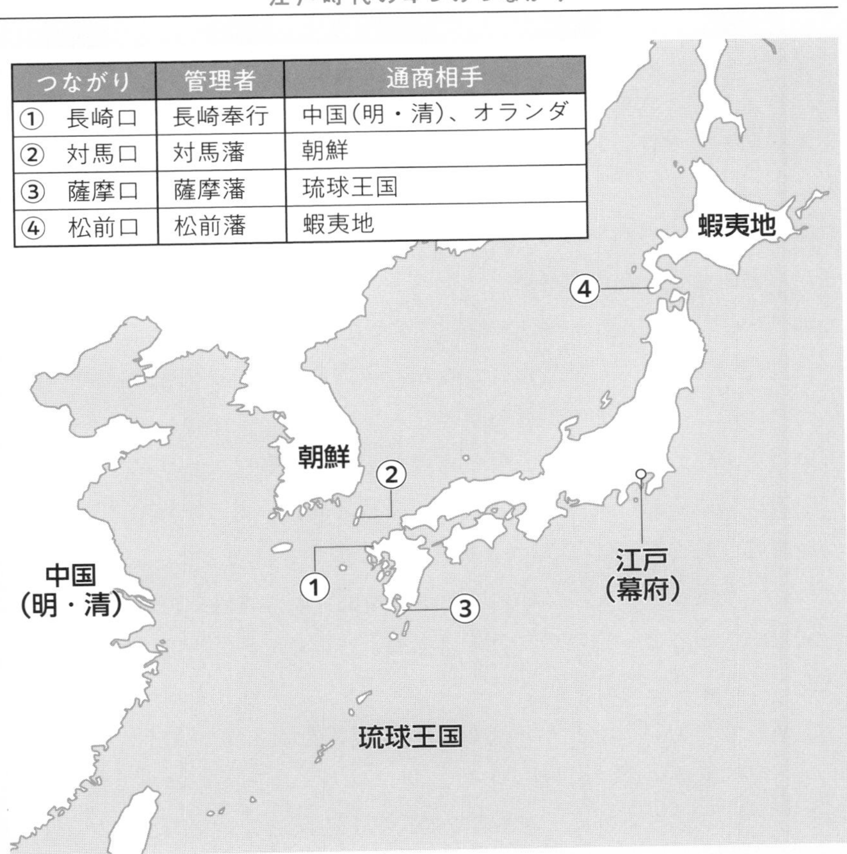

つながり	管理者	通商相手
① 長崎口	長崎奉行	中国(明・清)、オランダ
② 対馬口	対馬藩	朝鮮
③ 薩摩口	薩摩藩	琉球王国
④ 松前口	松前藩	蝦夷地

▶制限されていたとはいえ、日本は複数の相手と交易をしていた。

08 テーマ史

参勤交代制度

江戸時代、大名は江戸と国元を1年交代で往復していた。なんとも奇妙な制度だが、この参勤交代が義務化されたのは、1635年の3代将軍・家光（いえみつ）のときだ。ただ、じつはこれ以前から、多くの大名は妻子を将軍のいる江戸に住まわせ、大名本人も年賀の挨拶に将軍のもとを訪れ、しばらく江戸に滞在するのが習わしになっていた。

このシステムは、大名が将軍に忠誠を示す意味を持っていた。しかもそれは江戸幕府の独創ではなく、織田信長や豊臣秀吉も安土城や大坂城に大名を参勤させていたのである。

参勤交代は原則、在府（江戸滞留）1年、在国（国元生活）1年だ。

参勤交代には莫大な費用がかかった。一説には藩の支出額の20～40％を占めたとされる。道中で大名が伴う人数は、石高に比例して数が決まっていたが、行列はその藩の威信を誇示する一大デモンストレーションだったので、互いに見た目の華美さと人数の多さを競いあった。100万石以上の加賀藩・前田家では4000人を引き連れて道中を往復した。

ただ、各藩とも陰では節約をはかった。出立時は大人数だが、江戸府内や国元から出ると、家臣の一部を帰した。中間（ちゅうげん）人足などは、臨時のアルバイトで済ませる藩も多かった。加えて「下に、下に」と連呼しつつゆっくり進むのもやはり江戸府内や国境までで、見物人がいなくなると、スピードを一気に上げた。1日の移動距離は40キロが当たり前だった。宿泊代を浮かせるためである。大名のなかには、寺院や神社に泊まったり、野宿を決め込むケースもあった。必要最小限の携行品以外は、各宿場でレンタルする場合が多かった。

それでも参勤交代は多額の費用がかかり、庄内藩や仙台藩では、旅の途中で金銭が底をつき、国元や江戸に急使を派遣して金が届くまで動けなくなることもあった。こうした実態から、幕府が参勤交代させたのは大名に巨費を散財させ、その経済力を弱め、幕府に反抗できなくしようとしたのだといわれる。だが、それは誤りである。むしろ幕府は、大名行列があまり華美にならないよう、たびたび注意をうながしているからだ。

加賀藩を例とした参勤交代

① ―― 北国下街道～中山道（464.1km）
② ----- 北国上街道～中山道（639.6km）
③ ……… 北国上街道～美濃路～東海道（589.9km）

▶ 3ルートのうち、最短のルート①でも12日13泊かかったとされる。

09 テーマ史 江戸時代の経済と流通

江戸時代の貨幣制度は、江戸を中心に東国は金貨（金使い）、大坂を中心とする西国は銀貨（銀使い）を用いた。ただ、東西で取り引きをする場合は、金銀の相場が変動したので、両替商（いまでいう銀行）が必要となった。

また、江戸は将軍のお膝元で武士が参勤で集まる大消費地。一方、大坂は大商業都市という性格を強く持ち、物流は主として大坂から江戸へ向かった。「くだらないもの」という表現があるが、これは元来、大坂から江戸へ移送できない（下らない）ほど陳腐な商品ということを意味した。

大坂には、諸藩の年貢米や特産物が大量に集積された。これを**蔵物**といい、蔵物はいったん藩の蔵屋敷に収納され、蔵元と呼ぶ藩の委託商人によって換金され、掛屋（かけや）という出納を担う商人が藩の求めに応じて国元へ送金した。蔵元と掛屋は、同じ両替商が兼ねるのが一般的だった。

さらに大坂には、農民や手工業者からの商品も大量に集まってきた。これを**納屋物**（なやもの）と呼ぶ。こうした蔵物や納屋物を仕入れる大商人を**問屋**商人と呼んだ。問屋は、仕入れた商品を仲買に卸し、さらに**仲買**はそれを小売に卸し、**小売**が消費者に販売するという流通体制が確立する。

先述のとおり、大坂に集積された物資の大半は江戸へ運ばれるが、それを一手に引き受ける巨大な積荷問屋組織（株仲間）が**二十四組問屋**だった。

二十四組問屋は、南海路（江戸と大坂を結ぶ航路）を上下している菱垣（ひがき）廻船（かいせん）や樽（たる）廻船に物資を積み込んで品物を江戸へ運んだ。

一方、江戸に着いた積み荷を、一手に引き受ける荷受問屋組織が存在する。それが**十組問屋**だ。こうして大坂から来た物資は十組問屋から問屋へ、さらに仲買、小売へと卸され、消費者の手に届くのである。

江戸時代の物流の仕組み

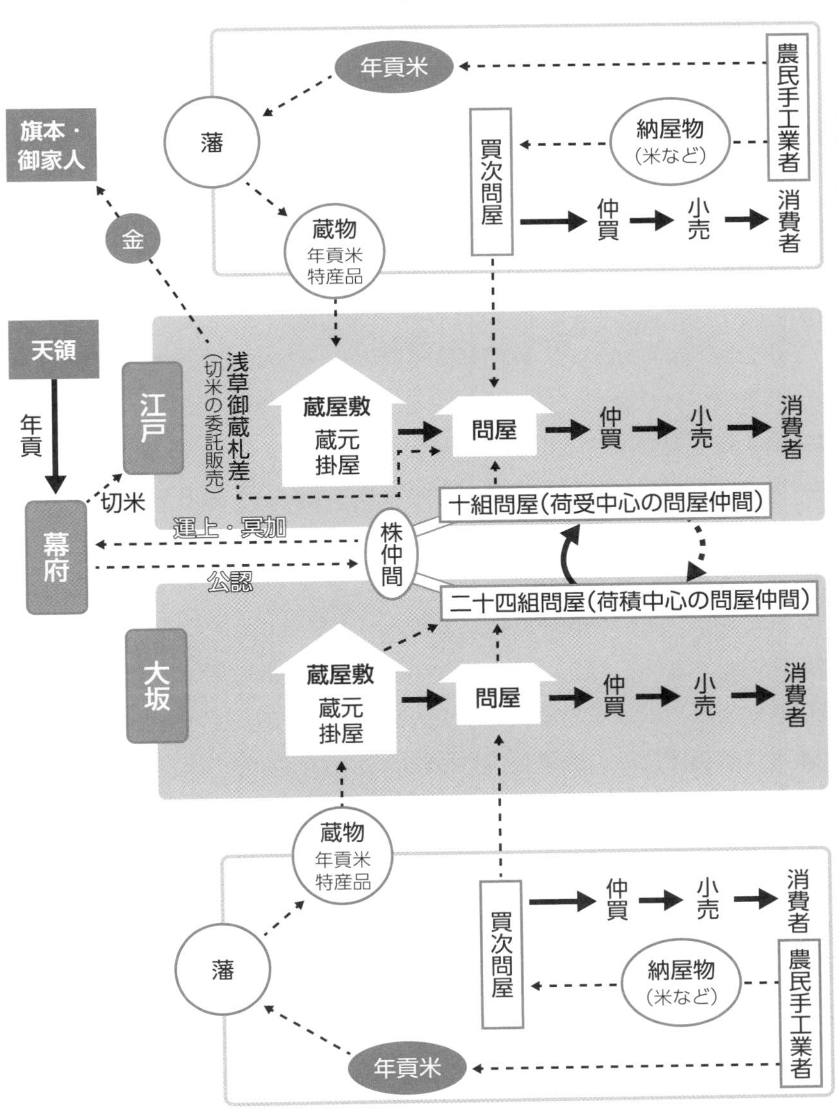

▶幕府や各藩が公認していた株仲間が、物流の要を担っていた。

テーマ史 10 江戸時代の交通制度

江戸の日本橋を起点とする**東海道、中山道、日光道中、奥州道中、甲州道中**を**五街道**と呼ぶが、他の主要街道も江戸を基軸に諸国へ放射状に延びていた。

街道には1里（4キロ）ごとに道標がおかれ、一定の間隔で街道に宿駅（宿場）が設置された。宿駅には公的な宿泊施設である本陣・脇本陣が設けられ、公用の人馬を継ぎ立てる**問屋場**が存在した。

大名の参勤交代は、宿駅に多大な金銭をもたらし、街道繁栄の一因をつくった。一般の旅人が泊まる宿は**旅籠**（はたご）・**木賃宿**（きちんやど）と呼ばれた。旅籠は食事がつくが、木賃宿は素泊まりが原則だった。

江戸の中期以降、庶民の旅行が流行し、**伊勢**（いせ）**参り**などへ向かう女性旅行者も現れた。しかし、江戸から地方へ下る女性に関しては、関所で厳しい詮議（せんぎ）がなされた。大名の妻子が不法脱出するのを防止するためである。

幕府は敵の江戸への進撃を防ぐ目的で、大井川などの大河には橋を架けなかった。だから旅人は渡し舟などを利用せざるを得ず、増水時は何日も足止めされるといった不便さもあった。

海上交通も発達した。1670年、陸奥（むつ）国信夫（しのぶ）郡（東北の太平洋側）の米穀を海路江戸まで輸送するため、**河村瑞賢**（かわむらずいけん）によって**東廻り航路**が開かれた。

続いて出羽国（山形県）の米を江戸へ廻送するため、酒田、庄内、新潟、小木（おぎ）、輪島、三国、小浜、鳥取、米子、松江、浜田、萩（はぎ）と日本海沿岸の各港を下り、下関より瀬戸内海へ入って紀州沖から遠州灘を抜け、下田を経由して江戸に入港する航路を開拓した。それが**西廻り航路**だ。

このルートは蝦夷地（北海道）の鰊（にしん）や海産物を西国地方に運ぶ北前船の

主要航路として発達する。いまでも北海道・東北と瀬戸内海沿岸地方には、そっくりな文化伝統が見うけられるが、これは西廻り航路がもたらしたものだ。海運は物資ばかりではなく、文化も運んだのである。

江戸時代の五街道（起点と終点）

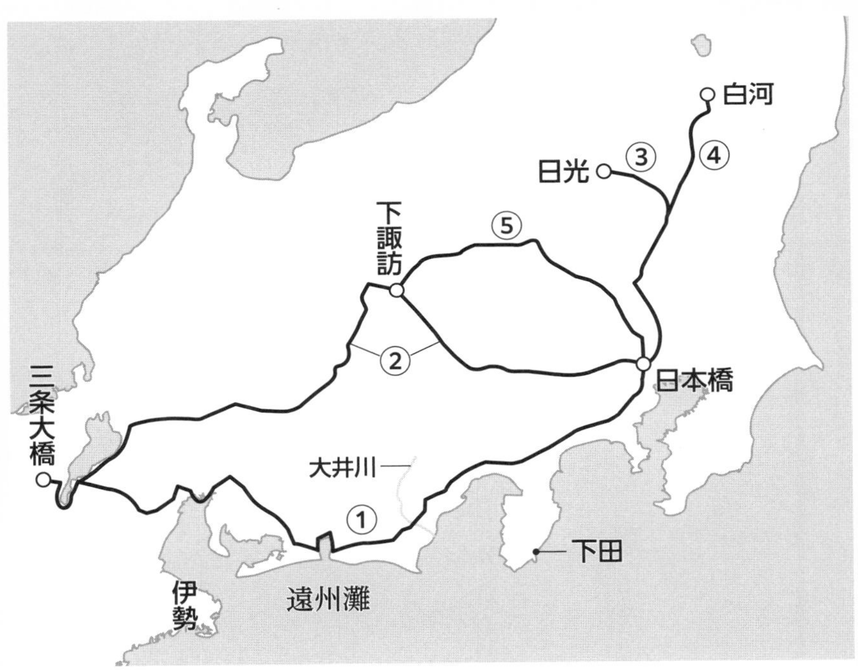

① 東海道	日本橋 — 三条大橋（宿場数：53）
② 中山道	日本橋 — 守山（宿場数：67）
③ 日光道中	日本橋 — 日光（宿場数：21）
④ 奥州道中	日本橋 — 白河（宿場数：27）
⑤ 甲州道中	日本橋 — 下諏訪（宿場数：45）

▶五街道のうち3街道が、江戸と京都を結ぶルートだった。

江戸時代～戦国時代末期

年代	天皇	出来事
1841年	仁孝	水野忠邦により天保の改革が始まる
1837年	仁孝	大坂で大塩平八郎の乱が起こる
1825年	仁孝	異国船打払令を発布
1787年	光格	松平定信により寛政の改革が始まる
1782年	光格	天明の飢饉が起こる
1767年	後桜町	田沼意次が実権を握り、改革を始める
1716年	中御門	徳川吉宗が新将軍に。享保の改革が始まる
1639年	明正	ポルトガル人の来航を禁ずる(鎖国開始)
1637年	明正	島原の乱が起こる
1635年	明正	徳川家光により参勤交代が義務化される
1615年	後水尾	大坂夏の陣によって豊臣氏が滅亡する 武家諸法度と禁中並公家諸法度が発布
1603年	後陽成	徳川家康により江戸幕府が開かれる
1600年	後陽成	関ヶ原の戦いがおこなわれる
1592年	後陽成	朝鮮出兵を開始(文禄の役)
1590年	後陽成	奥州が平定され、豊臣秀吉が全国を統一
1582年	正親町	本能寺の変ののち、山崎の戦いが起こる 戦いに勝利した秀吉が太閤検地を開始
1573年	正親町	足利義昭が京都を追放され、室町幕府が滅亡

第3章

戦国時代

平安時代末期

01 なぜ織田信長ら戦国大名は、覇権を争うようになったのか？

応仁の乱により、室町幕府の支配力が弱まったから

幕府の弱体化で戦国時代が到来

いうまでもなく戦国大名らが活躍した時代を戦国時代と呼ぶ。大名たちが群雄割拠し覇権を争った一時代を指すのだが、なぜ日本にこのような激しい戦争が長期間続く時節が到来したのだろうか？ その最大の要因は、応仁の乱の勃発で時の室町幕府の力が著しく衰退したことだ。詳しく本項で紐解いていこう。

1467年に始まった応仁の乱は、室町幕府による支配構造を激変させ、日本に戦国の世を到来させた。

応仁の乱では、両軍の大将2人が戦いの途中で病死しても両軍は戦いをやめず、ようやく和議が成立したのは1477年のことだった。

貴族のなかには戦乱を避け、つてをたどったり、自分の荘園へ下ったりするなど、地方へ避難する人びとも少なくなかった。そのおかげで地方に京文化が拡散したともいえる。

終息までに11年間かかっており、その間に室町幕府の支配力は京都周辺にしか及ばなくなる。また、京都での合戦に参加した守護大名たちも疲弊してしまう。乱の舞台となった京都自体も、焼け野原となってしまった。

応仁の乱後、畿内の実権は管領の細川氏が握っていたが、やがて家臣であった三好長慶（みよしながよし）が、主君である細川晴元を駆逐して権力を奪ってしまう。ところがその後、今度は主家の三好家を凌駕（りょうが）して家臣の松永久秀（まつながひさひで）が畿内で覇権を確立していった。

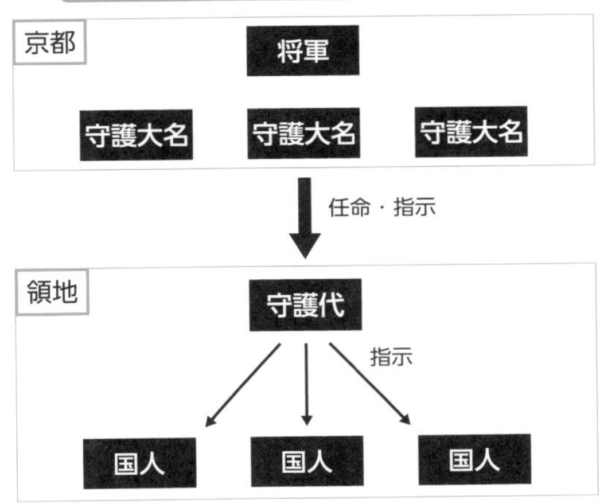

【主な戦国大名の出自】 ※(　　)内は拠点のあった国

守護大名出身

大内義隆(周防)　島津貴久(薩摩)
今川義元(駿河)　武田信玄(甲斐)
大友義鎮(豊後)　佐竹義重(常陸)

国人出身

毛利元就(安芸)　結城政勝(下総)
宇喜多直家(備前)　龍造寺隆信(肥前)
長宗我部元親(土佐)　徳川家康(三河)
相良義陽(肥後)　浅井長政(近江)
伊達政宗(陸奥)

守護代・その一族出身

朝倉孝景(越前)　尼子経久(出雲)
陶晴賢(周防)　上杉謙信(越後)
織田信長(尾張)

その他・不明

北条早雲(伊豆・相模)　斎藤道三(美濃)
松永久秀(山城)

▶自身より地位が高い人物や仕えていた人物を倒すなどして、戦国大名化した。

この久秀という男、13代将軍・足利義輝を暗殺したり、東大寺大仏を焼失させたりするなどひどい人物だった。のちに信長の家臣になるが、やがて反旗を翻し、信貴山(しぎさん)城で自害して果てている。

この乱で、中央政府たる室町幕府に代わって各地では、守護代（守護大名に現地支配を任されていた守護の重臣）や国人（在地の有力武士）が力を強めていき、守護大名を駆逐して権力を握る者も登場した。

彼らは**周辺の国人や地侍を組織化し、地域で独自の支配を始めた**。こうした新興勢力を**戦国大名**と呼ぶ。

守護代出身の戦国大名としては、越後国の**上杉謙信(けんしん)**、尾張国の織田信長がいる。国人出身では陸奥国の**伊達政宗(だてまさむね)**、安芸国の**毛利元就(もとなり)**、三河国の**徳川（松平）家康**などが有名だ。

もちろん、守護大名がそのまま戦国大名化するケースもあった。駿河国の**今川義元**や薩摩国の**島津貴久(しまづたかひさ)**、甲斐国の**武田信玄**などがその典型だ。なかには美濃国の**斎藤道三(どうさん)**、山城国の**松永久秀**のように、出自不明だが戦国大名にのし上がっていった例もある。

戦国大名の支配体制

戦国大名は有力家臣を寄親(よりおや)とし、その配下に一般家臣を寄子(よりこ)として付属させて統制・管理する**寄親寄子制**をとった。そして家臣たちが所有する土地の生産力を銭に換算し、それぞれの経済力に見合った軍役を負担させた。また、領国支配の基本法である**分国法**（家法）を制定し、所領相続や婚姻を大名の許可制にしたり、**喧嘩(けんか)両成敗法**を採用するなど、家臣の統制・管理に心を配ったのである。

戦国大名はまた、防衛力を高めるため領内に多くの城を建設した。関東の小田原を拠点としていた北条氏などは支城をたくさんつくり、そのネットワークを巧みに利用し、領内に侵入した武田信玄や上杉謙信を追い払っている。

戦国後期になると、大名は居城や重要な城の周囲に重臣を集住させ、軍事的な機動力を高めていった。

そのうえ、城下へと続く街道を整備、関所を撤廃して通行の自由を確保し、城下町に楽市・楽座令を出して商活動を円滑にして商工業の発展をはかった。

戦国大名は、**領国を富ませることで収入を増やし、その収益で軍事力を強化して他大名との戦いに勝ち、さらに領国を拡大するというサイクル**をくり返して強大化していった。

富国政策の一環として、金・銀・銅山などの開発も盛んにおこなわれた。そのため、採掘技術や製錬技術が一気に進んでいった。甲斐国や伊豆国、越後国の金山、石見(いわみ)国や但馬(たじま)国の銀山などは、この頃に開発され、生産量が飛躍的に増えた鉱山だ。こうして獲得された金銀は、貨幣のように国内で取り引きされたり、南蛮貿易の輸出品となったりして、領国に大いなる富をもたらすことになる。

戦国大名が治水・堤防工事をおこなったり、積極的に灌漑(かんがい)施設をつくるなどして農業の発展に尽力したのも、やはり富国のためだ。たとえば山梨県に現存する信玄堤などは、甲斐国の武田信玄が釜無(かまなし)川と御勅使(みだい)川の合流地点につくらせたとされる堤防である。また、この時期には国内の耕地が拡大するのだが、戦国大名が強引に山野の開拓を家臣や領民に推進させたのがその理由である。

ただし、戦国大名といえども領民にそっぽを向かれては主(あるじ)として君臨するのは困難になる。だからこういった諸政策は、領民を慰撫(いぶ)する目的も含まれていたのだ。

このように、応仁の乱での幕府の支配力の低下を背景に、各地で戦国大名が出現し、やがてその1人である織田信長が強大化し、ついには日本統一を目指して動き始めることになるのである。

Go back

では戦国の世を招いた応仁の乱は、なぜ起こったのだろうか？

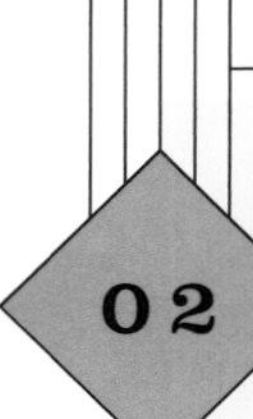

02 なぜ応仁の乱は起こったのか？

将軍の力が弱まっているところに、将軍家と管領家の家督争いが重なったから

さまざまな理由で東西陣営が対立

戦国時代を招いた応仁の乱だが、そもそもの原因は**室町幕府の足利将軍家と、有力守護大名家の家督争い**にあった。

息子に恵まれない8代将軍・足利義政（よしまさ）は、弟の義視（よしみ）を後継者とした。ところがその後、妻の日野富子（ひのとみこ）が妊娠し、男児（義尚（よしひさ））を産んだ。すると富子は、義尚を将軍にしたいと願い、有力な守護大名である山名持豊（やまなもちとよ）（宗全（そうぜん））を頼ったのだ。これを知った義視は、管領（将軍を補佐して政治をとる職）の細川勝元（ほそかわかつもと）に協力を要請する。

同じ頃、管領家の斯波（しば）氏と畠山（はたけやま）氏でも家督争いが起こり、やはり山名と細川を頼るようになる。じつはこの時期、山名や細川など有力な守護大名が幕府の実権を握っていた。幼くして将軍になった義政は政務に興味を示さず、その結果、将軍の威勢は弱まっていた。やがて**多数の守護大名が、利害関係から細川方と山名方に分かれるようになり、その二大勢力の対立が高じていき、ついに1467年、京都を主戦場として大戦争が始まった**のである。これが応仁の乱の始まりだ。

ただ、大規模な武力衝突は最初だけだった。その後は両軍とも堅牢（けんろう）な陣地をつくって守備を固め、主に足軽（素行の悪い傭兵（ようへい））を用いて局地戦を展開した。結果、京都の市街地は足軽の放火や略奪のために荒れ果ててしまった。争いは11年も続き、京都から両軍が撤兵し乱が終結したのは1477年のことであった。

応仁の乱の東西陣営

初期

西		東
足利義政 日野富子 足利義尚	→ 次期将軍職 ←	足利義視
山名宗全	→ 権力争い ←	細川勝元
山名宗全	→ 領地争い ←	赤松政則
畠山義就	→ 家督争い ←	畠山政長
斯波義廉	→ 家督争い ←	斯波義敏

後期

西		東
足利義視	→ 次期将軍職 ←	足利義政 日野富子 足利義尚
山名宗全	→ 権力争い ←	細川勝元
山名宗全	→ 領地争い ←	赤松政則
畠山義就	→ 家督争い ←	畠山政長
斯波義廉	→ 家督争い ←	斯波義敏
大内政弘	→ 利権争い ←	細川勝元

▶乱の前期と後期では対立の構図が変わり、参加する有力者が増えていった。

応仁の乱が大規模かつ長期にわたって続いたため、**中央の支配力は完全に衰え、それが各地に戦国大名を生み出す要因になった**ことは、すでに詳しく述べた。

大乱を招いた背景には、将軍の力が弱くなり有力な守護大名が幕府の実権を握っていたという実情があったのだ。

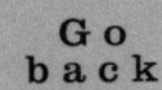

ではなぜ、室町幕府の将軍の力は弱体化してしまったのだろう?

03

なぜ足利将軍の力は弱まったのか？

6代将軍・足利義教が殺されたことをきっかけに以後、幼君が続いたから

次期将軍をくじ引きで決める

話は、応仁の乱当時の将軍・足利義政から4代前にさかのぼる。

4代将軍・足利義持は1423年、息子の義量に将軍の地位を譲った。ところが病弱で大酒飲みだった5代将軍・義量は、2年後に19歳であっけなく死んでしまった。

前将軍の義持はすでに出家していたが、将軍不在のため仕方なく法体のまま政務に復帰した。しかし、一人息子に先立たれ自分も酒で憂さをはらすようになり、また相次ぐ守護大名の謀反で心労も祟ったのか、それから3年後に43歳で亡くなってしまった。

その臨終が迫ったとき、幕府の重臣たちは、義持に将軍の後継者を誰にするか尋ねたのだが、なんと義持は「遺言してもお前たちが私の意見を用いなければ意味がない」と拒んだのだ。

結局、家臣たちは将軍の死後に弟のなかからくじ引きで新たな将軍を決めることを義持に同意してもらった。

こうして義持が死ぬとすぐにくじが引かれ、弟4人（義円・義昭・永隆・義承）のうち、青蓮院の義円が当選した。義円は名を義教と改め、翌1429年に6代将軍に就任したのである。

将軍暗殺で幕府の権威が失墜

この義教という男はなかなか曲者で、僧侶から将軍になったのだが、仏

光文社ノンフィクション編集部の好評既刊

もうこれ以上、稼ぐために働くのはやめませんか。

小飼　弾の超訳「お金」理論

小飼　弾

四六判ソフトカバー●1,500円

お金に苦労し成功を手にした天才プログラマーが教える、お金から読み解く世界の「仕組み」

「ブラック労働者」をやめましょう。「お金を増やさねばならない」思い込みを捨てましょう。働いたら負け。もう労働には価値はない。理想は、誰でも自由に生きて食べていける世の中。なのに、いつまでも「お金」に振り回されるのはなぜか——。実家の借金返済を経てお金の本質を学び、成功を収めたブロガーであり投資家が、この世界を動かしているお金の仕組みと、お金との付き合い方をやさしく解き明かします。

イラスト／村山宇希

光文社ノンフィクション編集部の好評既刊

こわいことほど、
人生にブレイクスルーを起こす。

新しい世界へ

安藤美冬

四六判ソフトカバー●1,500円

あなたの人生を一気に変える、最も簡単で最も確実な方法！
この本は、新しい世界への招待状。

「多くの人がこわくてできないことに、果敢に挑戦する人がいます。彼らは失敗をおそれずに前に進んでいくので、こわがって何もやらない人よりも、何倍の早さ、何倍の濃度で人生を動かしていきます。
その生き様はまるで、通常なら10回生まれ変わらないと実現できないような人生を、たった一回でやり切るかのようです」　　　（「プロローグ」より）

撮影　大倉英揮

あなたが今、おそれていることこそ、
未来を賭ける価値のあるもの——。

をも恐れぬ独裁政治を敷いて周囲を震え上がらせることとなる。

だが、独裁は長くは続かない。あるとき、播磨国の守護大名・**赤松満祐**が、将軍の恐怖政治に耐えかね、その殺害を決意したのだ。

満祐は義教にうとんじられており、「きっと自分の領地は没収され、義教が寵愛する（同じ赤松一族の）赤松貞村に与えられてしまう」と思い込んだのだという。こうして1441年6月、満祐は巧みに義教を自邸へ招き入れ、盛大な酒宴を開き、その最中、多数の刺客を室内に入れて、他の守護大名もろとも義教を殺したのである。

「将軍、此の如き犬死、古来、その例を聞かざることなり」（『看聞御記』）と伏見宮貞成親王が日記に書き残しているように、まさに前代未聞のことだった。

満祐はその後、悠々と屋敷を出て、剣先に突き刺した義教の首をかかげつつ、播磨国へと落ちていったという。しばらくぼう然としていた室町幕府だったが、やがて満祐を倒すべく、大軍を派遣した。ところがその軍事的な空白を突いて、京都周辺では嘉吉の土（徳政）一揆が起こる。

庶民層の土一揆も幕府を揺がした

土一揆は、惣村を基盤に畿内を中心に発生した農民（土民）の反抗活動のことである。荘園や公領（郷）の枠組みをこえ、幕府に借金の帳消し（徳政）などの要求をかかげて高利貸（酒屋・土倉・寺院）などを襲ったのだ。

ちなみに惣村というのは、鎌倉時代後期、畿内を中心にして荘園や公領のなかに農民たちがつくりだした自立的・自治的な村のこと。

惣村は、おとな（長・乙名）・沙汰人などと呼ばれる名主や地侍層が指導者になり、惣百姓（村人）がみんなで集まって寄合（村民会議）を開いて物事を決めた。さらに祭礼や共同作業、戦乱への自衛を通じて、惣村の人びとは強く結束していった。惣百姓たちは村内秩序を維持するため、村の規約である惣掟（村法・村掟）を定め、これに背く者を追放するなど、村人自身が警察権を行使（地下〔自〕検断）した。

また、惣村は入会地（山や野原などの共同利用地）を持ち、灌漑用水の管理もおこなったが、そのための税（村税）を村人から集めるケースもあった。領主へ納める年貢なども、地下請(村請・百姓請)といって惣村が請け負うことが多くなる。

ただ、凶作や荘官・地頭の非法に対し、惣百姓たちは領主に年貢減免や非法停止を求めて一揆（盟約）を結び、要求が受け入れられぬときは大挙して領主のもとへ押しかけたり（強訴）、他領や山野に逃げ込んだり（逃散）、そして、上で述べたように、ときには武力蜂起（土一揆）した。

一揆を結ぶ際、惣百姓たちは、神に誓う起請文を作成し、ときにはその起請文を焼いて、神前でその灰をまぜた水を飲み、団結を誓い合った。これを一味神水という。

日本で初めて発生した大規模な土一揆は、1428年の正長の土一揆である。近江国坂本の馬借（交通業者）の蜂起をきっかけに、近江国から畿内の大和国や河内国、さらには播磨国へと広がり、庶民は徳政（借金帳消し）を要求して証文を破り捨て、質物などを奪った。

ともあれ、嘉吉の徳政一揆はこれまで以上に大規模な土一揆で、数万人が蜂起し、一揆勢は連携して京都の出入口を完全に封鎖してしまった。その結果、仕方なく幕府は徳政令を発して借金の帳消しを認めたのである。**こうした庶民層の台頭も幕府の弱体化に大いに関係がある**のだ。

2代続いた、幼すぎる将軍

将軍が暗殺されてしまったので、管領の細川持之は、義教の子でわずか10歳だった義勝を7代将軍にすることを決定した（就任は翌年）。なお、赤松満祐を討つべく幕府の征討軍が発向したのは、暗殺の翌月であった。

一方の満祐は、足利直冬の子孫・義尊を奉じて幕府軍を迎撃したが、細川持常、赤松貞村、山名持豊、河野通直ら幕府方の諸将が次々と赤松方の城を落とし、9月、城山城に追いつめられ自害して果てた。

将軍になった義勝だが、1年経たずに病没（異説として落馬事故死）してしまい、代わって義勝の弟・義政が8代将軍となった。わずか8歳であった。

6代将軍の暗殺をきっかけに幼君が2代続くわけだが、幼い将軍に統治能力を求められるはずもなく、結果的に幕府内での将軍の権力は弱まり、有力守護大名や管領（将軍の補佐役）が実権を握ることになっていく。

先述のとおり、成人してからも義政は政治に意欲を見せず、有力な守護大名や側近、妻の日野富子らに政治を任せきりにして、自分は芸事に熱中する。結果、次の将軍の座をめぐって応仁の乱は始まるのだが、それを終息させる意欲すら見せなかった。

このようにさかのぼってみれば、**6代将軍の強権政治が原因となり、将軍暗殺が起こり、2代続く幼君の擁立を余儀なくされ、足利将軍の幕府内での政治力は衰えていったのだ。**

室町幕府の歴代将軍（前半）

時期	代	将軍	事績	享年
草創期	初代	足利尊氏（在位1338〜58）	室町幕府を開く	54
草創期	2代	足利義詮（在位1358〜67）	南朝と死闘を演じ、幕府権力の確立に尽力	38
最盛期	3代	足利義満（在位1368〜94）	南北朝の合一、日明貿易を開始。北山文化	51
最盛期	4代	足利義持（在位1394〜1423）	日明貿易を中止	43
最盛期	5代	足利義量（在位1423〜25）	大酒飲みで早世	19
混乱期	6代	足利義教（在位1429〜41）	くじ引きで選ばれる。赤松満祐により謀殺	48
混乱期	7代	足利義勝（在位1442〜43）	早世	10
混乱期	8代	足利義政（在位1443〜73）	応仁の乱を勃発させる。東山文化	56

▶3代将軍の義満の時代に室町幕府は絶頂期を迎え、徐々に権勢は衰えていく。

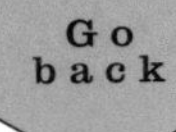

ではなぜ、6代将軍・義教は（暗殺されるほどの）独裁政治をおこなったのであろうか？

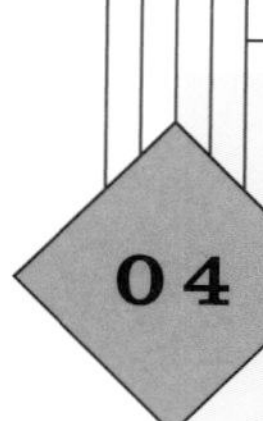

04 なぜ将軍・足利義教は、独裁的な政治をおこなったのか？

室町幕府を安定させた父・義満を手本にしたから

将軍に反抗的な勢力を滅ぼす

独裁者として君臨した“くじ引き将軍”足利義教は、反感を買って暗殺された。その結果、将軍の権威は失墜することになったと前項で解説した。

では、なぜ6代将軍・義教が独裁に走ったのかを紐解いてみよう。

足利義教は、3代将軍・義満(よしみつ)の五男として生まれ、幼少で僧侶となり、政治の世界とは無縁の暮らしをしていた。だから還俗(げんぞく)して将軍職に就いた当初は、管領や重臣に政務を一任していた。だが、次第に独裁的な政治を志向するようになる。

義教は気に入らない守護大名や公家を次々に処罰していった。その数は70人に及んだともいう。1435年には、反抗的であった比叡山延暦寺に軍勢を遣わして包囲し、門前町の坂本を焼いている。さらにその後、騙(だま)して京都にやって来させた**延暦寺の僧侶たちの首をはねた。**こうした仕打ちに怒った延暦寺の僧侶二十数名が根本中堂に火を放ち、抗議の焼身自殺をはかる事態に発展した。僧侶出身だったにもかかわらず、義教はまったく仏罰を恐れぬ行動をとったのだ。

さらに3年後、今度は鎌倉府を滅亡に追いやっている。

鎌倉府とは、室町幕府が関東支配のために鎌倉に設けた出先機関だが、次第に独立色を強め、幕府に対抗するようになった。鎌倉府の長官を鎌倉公方(くぼう)といい、当時は足利持氏(もちうじ)がその地位に就いていたが、持氏は将軍・義持の死後、自分が将軍になることを望んだ。だが、幕閣から拒否されてしまう。すると、管轄外の信濃国(しなの)への出兵を計画したり、我が子に新将軍である義教の諱(いみな)をつけなかったりと、幕府に反抗的な態度を見せるようになった。

そこで将軍・義教は、関東へ大軍を派遣したのである。

持氏は幕府軍に降伏し、**関東管領**（鎌倉公方の補佐役）の**上杉憲実**(のりざね)が将軍・義教に持氏の赦免を願い出たが、義教はこれを許さず、逆に持氏の殺害を命じた。このため憲実は、持氏の幽閉先である永安寺を包囲し、持氏を自害に追いやった。

このように、将軍・義教の強い意志によって、鎌倉府は滅ぼされたのである。

こうした恐怖政治を推し進めた独裁者・足利義教に対し、播磨国の守護

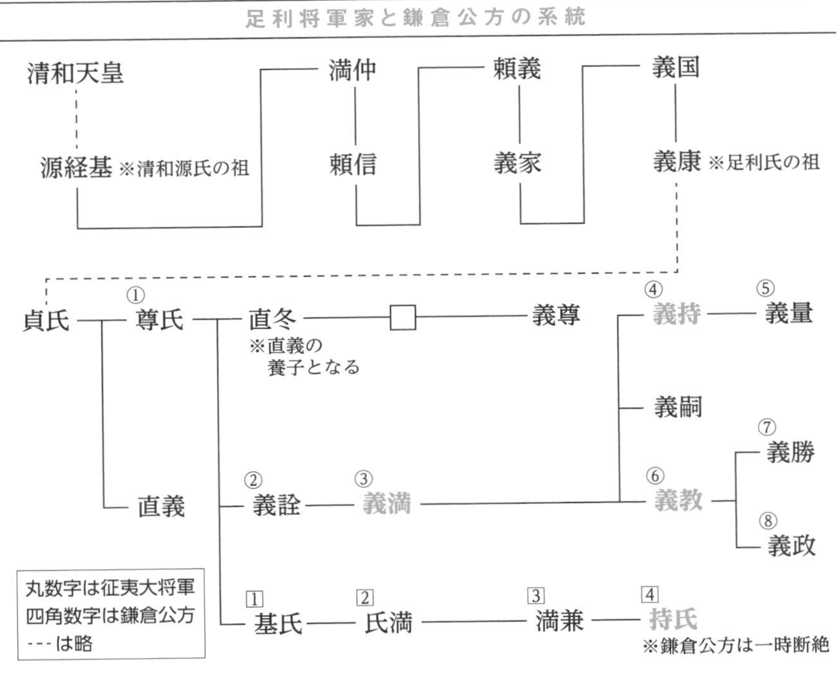

▶関東を統治していた鎌倉公方は、将軍家と同じく足利一門につらなる。

大名・赤松満祐が暗殺を決意したのは、前項ですでに述べたとおりだ。

父の政治を拒んだ兄と、まねた弟

ところで、**義教の独裁的政治は、父の義満の手法を参考にした**と考えられている。3代将軍・足利義満は、かなり強引な手法で政治を動かし、幕政を安定させた。義教はそんな父のやり方を成功例と考え、これをまねしたらしい。

義満は、嫡男に将軍職を譲って引退したあとも権力を握り続けた。その反動からか、義満が亡くなると、4代将軍・義持は父と正反対の政治をおこなうようになる。

たとえば、朝廷は死去した義満に太上天皇（上皇）の称号を贈ろうとするが、義持はこれを拒み、義満がおこなった日明貿易も「将軍が臣下の礼をとっておこなう形式は屈辱である」として中止した。

また、晩年に義満が住んだ北山第は、金閣などいくつかの建物を残して、ことごとく壊している。さらに、義満が建造し政務をとった館（通称「花の御所」）も捨て、三条坊門に新たな将軍御所をつくって、守護大名の意見を取り入れた合議的な政治をおこなったのである。

だが、義持の反動政治は、その死で終わりを告げた。その後は、**くじ引きで選ばれた義教が将軍権威の向上を目指し、父の義満をまねて独裁を始めた**ことは、すでに詳しく述べた。ちなみに義満が始め、義持が中断した日明貿易は、義教によって復活している。

いずれにせよ、このようにさかのぼってみると、義持と義教の父・足利義満という人物が、後世に大きな影響を与えていることがよく理解できるだろう。

Go back

では義満とはどのような人物だったのだろう？
なぜ彼もまた、強引な独裁政治をおこなったのだろうか？

05 なぜ将軍・足利義満は、独裁政治を展開したのか？

南北朝合一を達成し、幕府を安定させたかったから

武家と公家の最高位に就く

6代将軍・足利義教の独裁政治は、彼の父親でもあった3代将軍・足利義満の政治手法を手本にしたと述べた。

では、義満の政治とはどのようなものだったのか、そのあたりを詳しく語ろう。

1358年に2代将軍・足利義詮の子として生まれた義満は、父の死去によりわずか11歳で家督を継いだ。幕政は管領の細川頼之がとったが、1379年、権力を持ち始めた義満は頼之を失脚させ、京都室町に建造した「花の御所」と呼ばれる壮麗な自邸で、自ら政治をとるようになった。1381年には後円融天皇を「花の御所」に迎え、同年、朝廷の内大臣に就任する。これは、祖父の尊氏や父の義詮をしのぐ地位だ。

義満は京都に生まれ育った初めての将軍であり、少年時代、前関白・二条良基に貴族的な素養を注入されたため、朝廷文化にあこがれを持っており、この頃から花押を公家風に変え、諸儀式も摂関家を模すようになった。

この約60年前から朝廷は南北に分裂し、幕府は北朝を奉じて南朝と戦ってきたのだが、**義満は弱体化した南朝の後亀山天皇に働きかけ、ついに南北朝の合一を承諾させる**。こうして1392年閏10月、京都に戻った南朝の後亀山天皇が**北朝の後小松天皇**に神器を譲るかたちで、朝廷は久しぶりに一つになった。

ところで、室町幕府を創立した初代将軍・足利尊氏や2代・義詮は、長

南北朝の分立から合一までの流れ

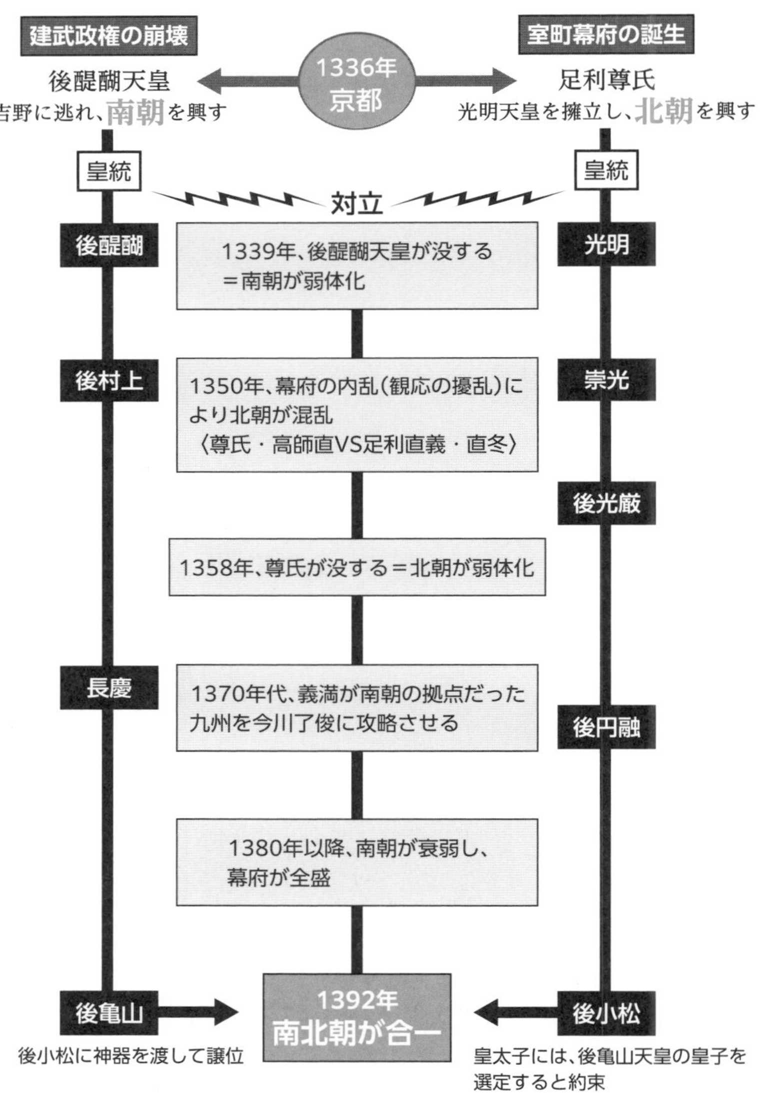

▶ 義満の提案で南朝は神器を渡すも、約束は反故にされ、南朝の皇統はついえる。

年続いた南北朝の動乱に勝つため、守護大名（各国を統治する幕府の役人）の力を強くしていった。だが、**南北朝が合一したいま、強大化した守護大名は、逆に将軍家にとっての脅威となった。**そこで義満は守護勢力の削減に乗り出し、土岐康行、山名氏清、大内義弘などを滅ぼし、足利一門以外の有力守護を押さえ込むことに成功する。

自身を日本国王として国交を開く

1394年、義満は将軍職を嫡男の義持に譲り、朝廷の太政大臣に就任した。将軍経験者として太政大臣になったのは義満が初めてだった。さらに翌年、太政大臣を辞して出家するのだが、その後も権力を握り続け、4代将軍・義持を奉じながら、幕政を主導した。

まるで院政（天皇を退位した上皇や法皇が権力を握る政治）の幕府版だが、義満もそれを意識していたと思われる。というのは、1397年に義満が京都北山に造営した邸宅は、上皇の御所である仙洞を模していたからだ。

続いて義満は、明との国交を開いた。明を建国した朱元璋（洪武帝）は、倭寇の乱暴に手を焼いたため、室町幕府にその取り締まりと国交を求めてきた。

そこで義満は1401年、側近の祖阿を正使として明へ使者を派遣して国交を開き、1404年から日明貿易を開始する。貿易は幕府が貢ぎ物（輸出品）を持って明へ赴き、明が返礼として土産物（輸入品）を下賜するという朝貢形式がとられた。ただ、明が貢ぎ物を高く買ってくれたうえ、交通費や滞在費は明側が負担してくれたので、幕府の利益は莫大なものとなった。

義満は明に対して日本国王を名乗り、さらに1408年に後小松天皇を北山第に招いたとき、自らが天皇専用の衣をまとい、寵愛する四男の義嗣を関白の上座においた。その後、義嗣の元服を親王（天皇の子）の儀式に倣って宮中で執行、同時に後小松天皇の猶子とした。もともと義満には、天皇家の血が流れていた。実母の紀良子が順徳天皇の子孫なのだ。**だから義満は、四男の義嗣を天皇にすえ、天皇と将軍という2人の息子の上に立っ**

室町時代の対外関係

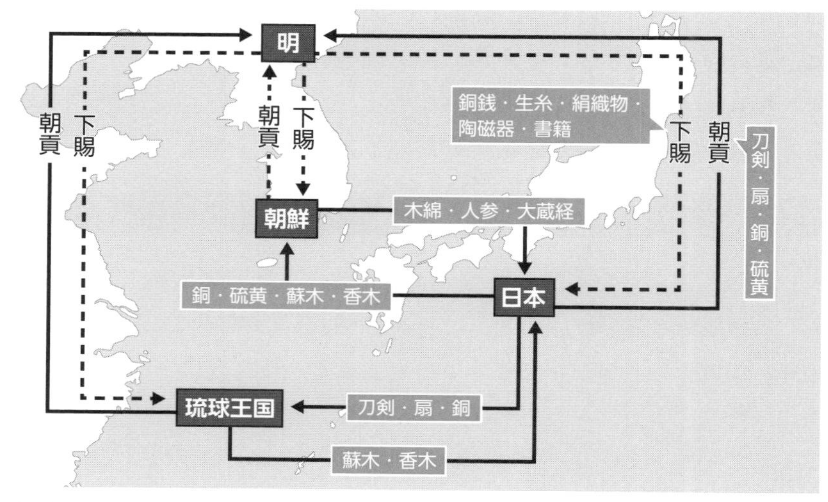

▶日明貿易の他にも、李氏朝鮮や琉球王国との交易もおこなわれていた。

て公武統一政権をつくろうと考えたようだ。が、皮肉なもので、義嗣の元服からわずか2カ月後、義満は病気で急死してしまった。

ようやく父から解放された4代将軍・義持は、父への反発から徹底した反動政治を開始するのだが、その詳細は前項で述べたとおりだ。なお義持は、関東で起こった上杉禅秀(ぜんしゅう)の乱に呼応したとして弟の義嗣を捕らえ、相国寺の林光院に閉じこめ、最後は焼き殺している。

いずれにせよ、**3代将軍・義満は、長くたもとを分かっていた南北朝を合一したあと、強くしすぎた守護大名たちの力を強引に弱め、さらに、朝廷の権限をも自分に吸収しようとした**のである。こうした強権政治によって義満は、将軍の地位を絶対的に上昇させ、南北朝時代の混乱をぶり返さぬようにしたのではなかろうか。

Go back

ではなぜ室町幕府成立後からここに至るまで、動乱の時代が続いたのだろうか？

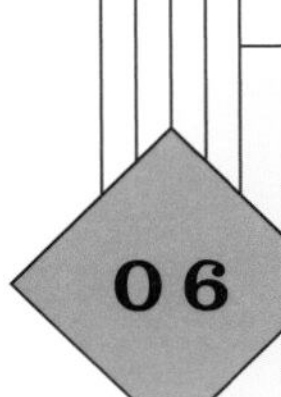

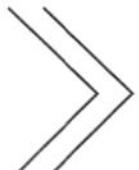

06 なぜ室町幕府成立後60年もの間、動乱が続いたのか？

> 後醍醐天皇が南朝を打ち立て、室町幕府（北朝）と対立を始めたから

後醍醐天皇の建武政権に、武士の不満がくすぶる

話は室町時代から一つ前、鎌倉時代の末期にさかのぼる。

後醍醐天皇（ごだいご）は1331年に鎌倉幕府打倒の兵を挙げるが、敗れて翌年、廃位となり隠岐島（おき）へ流罪になった（元弘の変（げんこう））。だが、足利尊氏や新田義貞（にったよしさだ）の活躍で1333年に鎌倉幕府が滅亡すると、京都に戻って親政を始めた。

後醍醐は「私が始めたことは、未来の先例となる」と豪語し、鎌倉幕府が即位させた光厳（こうごん）天皇を廃し、元号の「正慶（しょうきょう）」を自分の頃の「元弘」に戻し、元弘の変以前の叙任は無効としたうえ、摂政・関白を廃した。そして、太政官制に大規模な改変を加え、天皇独裁体制を強化したのである。翌年、後醍醐は元号を「建武（けんむ）」と改めたので、新政権を建武政府と呼ぶ。

後醍醐は「土地の所有権は私が改めて許可し、綸旨（りんじ）（天皇の文書）を与える」とする個別安堵法を発令した。このため武士が土地の安堵を求めて京都に殺到、とても後醍醐だけで聖断するのは不可能となった。すると安堵は、各国の国司にゆだねる「諸国平均安堵法」に切り替えたのだ。

このように**後醍醐は、新令を出すものの、それが失敗とわかるとすぐに改令したので、政治は大きく混乱した。**

後醍醐はまた、公家に政治能力がないとして、政府の職制を鎌倉幕府のそれに近づけ、旧御家人を大量に登用したので公家に不満を抱かせた。武士もまた、倒幕の恩賞が厚い公家に比べて薄かったため、政権に不満を持った。

そうした不満の高まりを見て、1335年、北条時行（鎌倉幕府を支配していた得宗・高時の遺児）が挙兵、鎌倉へ攻め込んだ（中先代の乱）。

足利尊氏が室町幕府を開く

鎌倉で建武政府から関東の統治を任されていた足利直義（尊氏の弟）は、時行軍に敗れて三河国まで逃れ、京都にいる兄の尊氏に救援を求めた。そこで尊氏は後醍醐に「自分を征夷大将軍に任じ、関東へ向かわせてほしい」と頼んだが、後醍醐は許さなかった。手放したら尊氏が自分を裏切り、刃向かってくると恐れたからだという。

しかし尊氏は天皇の許可なく関東へ下り、時行軍を壊滅させたあと、直義の進言に従って京都に戻らず、関東で独自に勢力を培っていった。

そこで後醍醐は、新田義貞に尊氏の討伐を命じたが、新田軍は箱根竹ノ下で足利軍に撃破された。尊氏は敗走する新田軍を追撃し、ついに都を制圧する。

後醍醐らは比叡山へ避難したが、その後、陸奥国を支配する北畠顕家率いる東北軍が駆けつけ、後醍醐を助けて足利軍を打ち破った。

敗北した尊氏はいったん九州へ逃れて力を蓄え、やがて20万の大軍を陸と海の二手に分けて西上を始めた。海路の将は尊氏、陸路の将は直義であった。足利軍の来攻に対し、新田義貞軍や楠木正成軍が迎撃するが、あっけなく敗れ、再び足利軍が京都を制圧した。

再び比叡山に籠もった後醍醐天皇だが、仕方なく尊氏に降伏し、別の皇統の豊仁親王に譲位した。豊仁は即位して光明天皇となった。

尊氏は1336年、建武式目17カ条を定めた。中原章賢ら8名が尊氏の諮問に答えるというかたちで出された室町幕府の開設宣言であり、施政方針であった。

兄弟争いが動乱を長引かせる

建武式目のなかで尊氏は、政権は治安維持の必要上から当面、京都に設

建武政府と室町幕府の政治組織

建武政府

天皇 ― 綸旨

- 中央
  - 記録所：一般事務・重要事項の審議。中級公家や側近武士が担当
  - 武者所：軍事や京都の警備を担当。長官（頭人）は新田義貞
  - 恩賞方：建武政府への功績を審査して、恩賞に関する事項を担当
  - 雑訴決断所：所領問題の訴訟・審理を担当
- 地方
  - 鎌倉将軍府：関東８カ国に加え、伊豆・甲斐を合わせた10カ国を管轄。成良親王を奉じて足利直義が統括
  - 陸奥将軍府：陸奥・出羽を管轄。義良親王を奉じて陸奥守の北畠顕家が統括
  - 国司：公家中心
  - 守護：武家中心。諸国に設置され兼任も多い

室町幕府

将軍

- 中央
  - 奉公衆 将軍の直轄軍（将軍の護衛・御料所の管理、在京）
  - 管領 ― 三管領（細川氏、斯波氏、畠山氏）
    - 政所 将軍の財務管理。長官は執事
    - 侍所 京都市中の警備・刑事裁判。長官は所司　四職（山名氏、一色氏、赤松氏、京極氏）
    - 問注所 記録・訴訟文書の保管。長官は執事
    - 評定衆 ― 引付衆 所領関係の訴訟・裁判
- 地方
  - 鎌倉府 10カ国（関東８カ国に伊豆・甲斐）を統治
    - 鎌倉公方：足利尊氏の子孫が世襲 ― 関東管領：鎌倉公方を補佐。上杉氏が世襲
      - 政所
      - 侍所
      - 問注所
      - 評定衆・引付衆
  - 奥州探題 陸奥統治
  - 羽州探題 出羽統治
  - 九州探題 九州統治
  - 守護・地頭 諸国統治

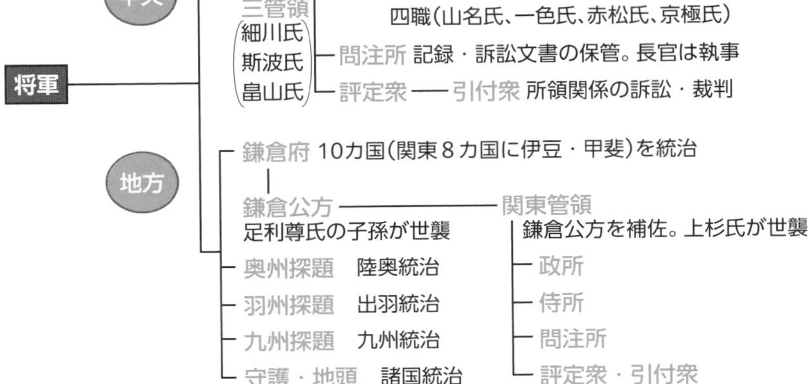

▶室町幕府と違い、建武政府は天皇一族や公家が政治の主導権を握っていた。

置すること、政権は場所ではなく「政治の良し悪しによる」ものであり、執権政治と延喜（えんぎ）・天暦（てんりゃく）の治を理想とし、公平な政治を進めることを約束している。

こうして武士政権が発足しようとしていた同年12月21日、後醍醐天皇が京都から行方をくらました。楠木一族に伴われ、自らの意思で都を脱出したのである。

やがて後醍醐は大和国の吉野を根拠地に定め、「光明天皇に渡した三種の神器は偽物で、本物はいまも自分が所有している」と告白、自らの天皇の正統性を主張し、朝廷開設を宣言したのである。

地理的な位置から**後醍醐の朝廷を南朝、尊氏の京都の朝廷を北朝と呼ぶ**。朝廷が南と北に分立するという異常事態が出来（しゅったい）したのである。

ただ、後醍醐はそれから3年後に死去してしまう。このため南朝は急速に衰退するが、1350年から尊氏と直義が内乱（観応の擾乱（かんのうのじょうらん））を始め、有利に戦いを進めようと、互いに南朝を利用するようになる。

また当時、単独相続制（土地や財産すべてを1人だけが相続する制度）が進み、**兄弟の家督争いが激化、互いに南朝や北朝を後ろ盾にして争うケースが激増した**。

結果、南朝の力が復活し、以後、1392年まで南北朝の動乱が続いていくことになったのである。

このように後醍醐天皇は非常に野心的な政治家で、完全に屈伏させられた足利尊氏の元から逃れ、再び己の正統性を唱え、南北に政権が分かれる時代が到来する。**一度分かれたものを戻すのは大変で、足利義満の代に合一されるまで60年もの間、武士の内紛などに利用され、南北朝は存在し続けるのだ。**

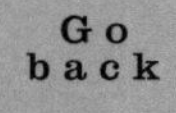

ではなぜ後醍醐天皇は、150年続いた鎌倉幕府を倒して、京都に朝廷の新政権（建武政府）をつくることができたのだろうか？

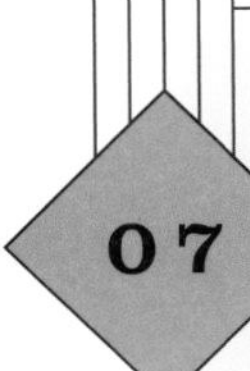

07 なぜ後醍醐天皇は、建武政府を樹立できたのか？

元寇後に御家人たちが貧窮化していき、鎌倉幕府に不満を持つようになっていたから

幕府の仲介で両統迭立へ

鎌倉時代後期、皇室は持明院統と大覚寺統に分裂して皇位を争うようになった。いったいなぜか。その経緯について説明しよう。天皇家が分裂する要因をつくったのは、後嵯峨上皇である。

承久の乱以後、幕府優位のなかで幕府と朝廷の関係は安定。幕府の支援で即位した後嵯峨上皇は、幕府の制度を模倣して評定衆をおくなど改革をおこなった。

ただ、後嵯峨は息子の後深草を譲位させてその弟・亀山を天皇とし、後深草に皇子の熙仁がいたにもかかわらず、亀山天皇の皇子・世仁を皇太子にすえたのである。後深草も亀山も、同じ皇后の藤原（西園寺）姞子から生まれたのだが、どういうわけか後嵯峨は亀山を偏愛した。

1272年、30年近く院政をとってきた後嵯峨上皇が没した。死に際して後嵯峨は「治天の君」を誰にするかを決定せず、鎌倉幕府にゆだねて亡くなってしまった。これが、皇統の分裂を誘ったのである。

治天の君とは、天皇家の惣領（家督・リーダー）のことを指し、実質的な朝廷の権力者といえる。もし後嵯峨が自分の気持ちに正直になって、亀山を治天の君に指名しておきさえすれば、同系統が代々天皇家の惣領となっていっただろう。だが、後嵯峨がそれをしなかったのは、幕府に遠慮したからだ。

後嵯峨は、貴族の反対を押しのけたうえ、鎌倉幕府の後押しによって皇

位に就いたという経緯があり、自分の意思を表明することをあえて控えたのである。

後嵯峨の死後、幕府は藤原姞子に対し、生前の後嵯峨が誰を治天の君にするつもりだったかを問うている。これに対して姞子は、亀山を寵愛していた事実を告げた。これにより亀山天皇は、皇位を息子の世仁（後宇多天皇）へ譲って院政を始めることができたのである。

一方、この状況に失望した後深草は、世をはかなんで上皇の地位を捨て、出家してしまおうとした。この噂を聞いた執権の北条時宗は、後宇多天皇の皇太子に熙仁をすえるよう命じたのである。

かくして後深草系統も治天の君を相続できることになり、以後半世紀近くにわたり、両統は天皇家の惣領権や皇室領をめぐり、水面下で激しい勢力争いを展開するようになる。

やがて皇室の醜い抗争に閉口した幕府は、1317年、今後は持明院統と大覚寺統が10年ごとに交代で皇位に就くという両統迭立を提案し、両統

持明院統と大覚寺統

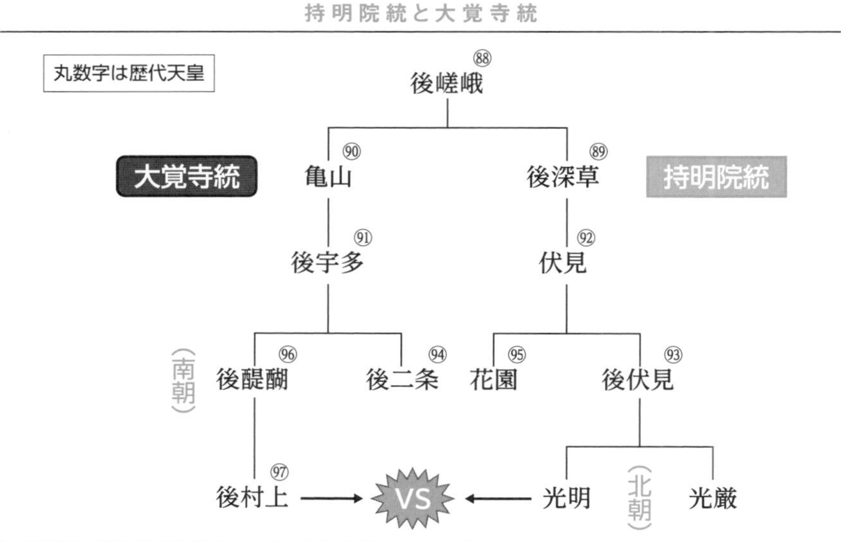

▶ 3世代にわたる両統迭立は、南北朝の争いへとつながっていく。

に受託させた。この結果、持明院統の花園天皇が譲位し、翌年、大覚寺統の尊治(たかはる)親王が皇位に就いた。すなわちそれが、後醍醐天皇であった。

後醍醐は一代限りの天皇とされていたが、剛毅(ごうき)な性格で、後宇多上皇の院政を停止し、親政を始めた。さらに宋学（朱子学）の大義名分論の影響を受け、「我が国では天皇が政治をとるのがあるべき姿だ」という信念のもと、幕府からの政権奪回をもくろむようになった。

そんな考えを押し出せたのは、貧窮化した御家人が幕府の実権を握る北条氏に不満を抱き、忠誠心が薄くなっていたことが大きく関係している。

元寇への恩賞に不安がうずまく

では、なぜ御家人たちは、忠誠心を保てないほどに貧しくなったのか。

理由は大きく三つある。

一つ目は元寇(げんこう)（蒙古襲来）である。

元（モンゴル帝国）のフビライが1268年、日本に使者を派遣して国交を求めてきた。しかし、幕府の執権（将軍を補佐して政治をとる役職）だった北条時宗は、これを無視。するとフビライは、1274年に3万の軍勢を博多に上陸させた。幕府軍は苦戦したが、どうにか敵は撤退した。

その後もフビライは日本に服属を要求したが、時宗は使者を切り捨て断固拒絶した。このためフビライは1281年に14万の大軍を送り込んだが、幕府軍は善戦し、やがて台風が戦地を直撃して元軍は壊滅したのである。

二度にわたる元寇で御家人は命をかけて戦い、多くが負傷したり討ち死にした。だが**外国との戦いだったので恩賞としての土地はあまり給与されず、御家人たちは経済的な打撃をこうむってしまった**のだ。

御家人を貧窮化させた二つ目の原因に、当時の相続方法があげられる。

武士の相続方法は、嫡男が主たる財産を相続し、その他を兄弟姉妹で分配する分割相続であった。けれど、この方法をくり返していけば必然的に所領は細分化し、経済的に苦しくなる。

さらにもう一つ、貨幣経済に巻き込まれたことも御家人が貧困化して

元寇が起こった原因と結果

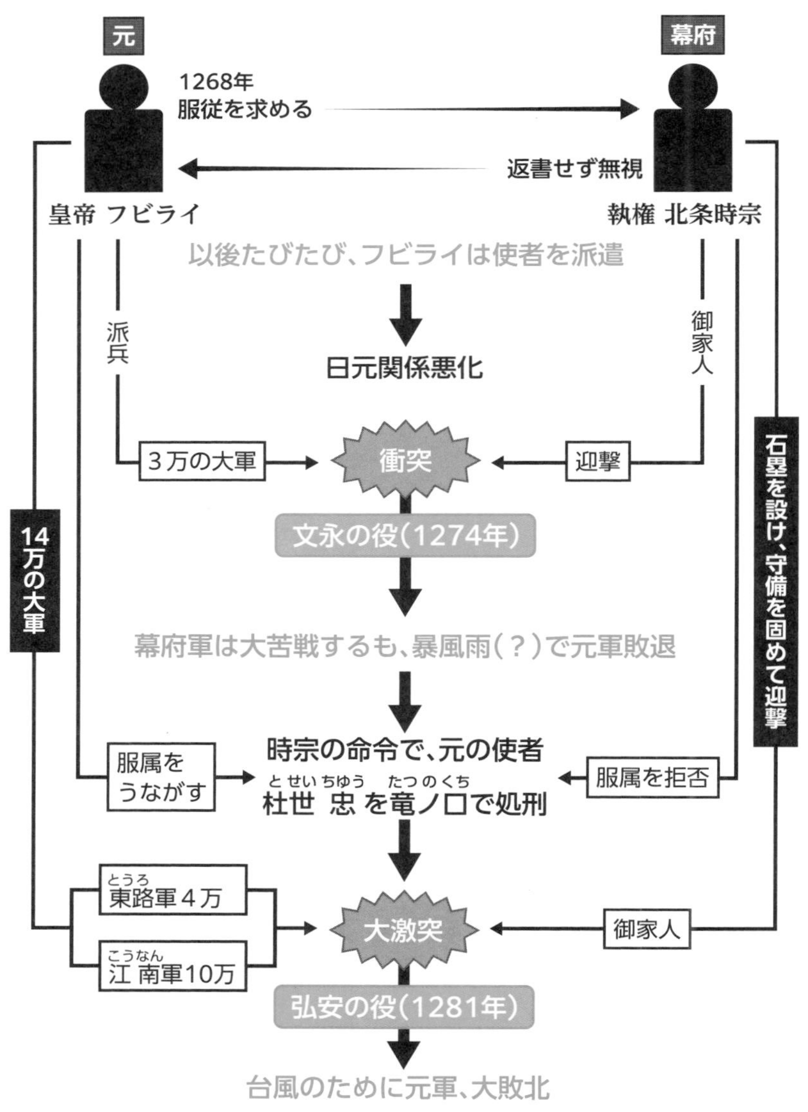

▶フビライの再三の求めを無視し、兵を送り込まれるも、二度にわたり元軍をしりぞける。

いった理由だ。

鎌倉時代も中期になると、全国に貨幣が流通するようになり、高利貸である借上も登場する。そんな借上に金を借り、返済できずに土地を手放す御家人も増加していった。

こうした状況に幕府は、1297年、御家人に限って売却や質流れによって失った所領を取り戻してよいとする法律を出した。これを永仁の徳政令という。これで一時的に御家人は救われたが、その後も所領を手放す者は減らず、御家人の貧窮化は結局、止まらなかったのだ。

さらに当時は、得宗（鎌倉幕府を実質支配する北条氏宗家の当主）が、独裁的な政治をおこない、守護（各国に1人配置され、その国を統治する役人）の多くも北条一族が独占してしまう。この結果、御家人の鎌倉幕府に対する忠誠心は薄れ、幕府の実権を握る北条氏に不満を抱くようになっていった。

こうした状況だったからこそ、**後醍醐天皇は百数十年も続く幕府政権を打倒できると判断した**わけだ。

足利一門が鎌倉幕府を滅ぼす

1324年、後醍醐は倒幕計画を立てるが、事前に計画が漏れてしまう（正中の変）。しかし懲りずに1331年に再び倒幕計画を立て、これが露見すると、笠置山に拠って兵を挙げた。

六波羅探題（京都におかれた鎌倉幕府の出先機関）は、数万もの西国の御家人を派遣して攻撃するが、峻険な岩山なのでなかなか陥落しない。そこで、幕府の本拠地である鎌倉に援軍を依頼。幕府は、大仏貞直、金沢貞冬、足利高氏（のちに尊氏と改名）ら北条一族を総大将にして笠置山へ大軍を遣わした。驚くことに、その数は20万8000騎にまで膨れあがったという。

御家人たちは恩賞を期待して夜中雨のなか、我先にと崖をよじ登り、山頂にある笠置寺に放火したので、さすがの後醍醐も山を下って逃亡した。けれどまもなく捕縛され、隠岐へと配流されてしまった（元弘の変）。

しかし、その後も天皇方の楠木正成や後醍醐の皇子である護良親王の粘り強い抵抗によって時勢が変わり、幕府重臣の足利高氏が裏切って六波羅探題を滅ぼした。

ほぼ同時期に新田義貞が挙兵して鎌倉を目指し始め、これに多くの御家人たちが呼応し、数十万人に膨れあがった軍勢が鎌倉に乱入した。このため幕府の実権を握る北条一族は自害、ここに鎌倉幕府は滅亡したのである。1333年5月のことであった。

後醍醐天皇はその後帰京し、自ら政務をとった。建武政府の成立である。

鎌倉幕府は、御家人の経済的な行き詰まりと、北条氏への反感を背景に、後醍醐天皇らによって倒されたわけだ。

新田軍による鎌倉攻め

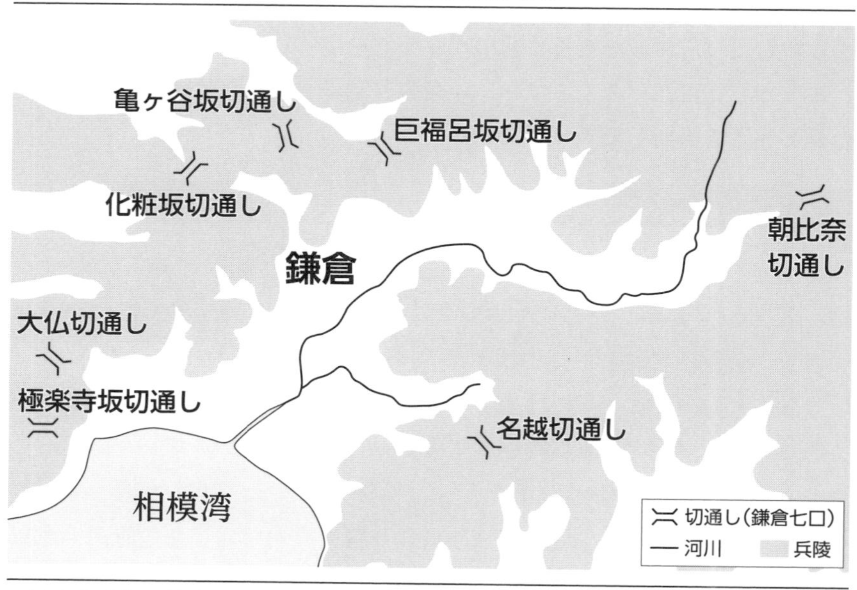

▶三方を丘陵に囲まれた要害の地である鎌倉に、新田軍は海岸沿いから攻め入った。

Go back

御家人の反感を買うほど強大化した北条氏だが、ではそもそも、なぜ北条氏が鎌倉幕府の実権を握ることになったのだろうか？

08 なぜ北条氏は、鎌倉幕府の実権を握れたのか？

源頼朝の妻となった北条政子を礎に、執権政治をおこない続けたから

北条政子が源頼朝に嫁いだのが始まり

北条氏が執権（侍所と政所の長官を兼ねる地位）として幕府の実権を握れたのは、北条政子が源頼朝の正妻となり、2人の男児を産んだからである。その結果、政子の父である時政や弟の義時が、将軍の外戚として力を振るうことができたのだ。

時は平安時代末期。平治の乱で平清盛に敗れた源頼朝は、13歳のとき伊豆国の蛭ヶ小島に流された。それから20年近くが過ぎ、政子が頼朝と男女の関係になった。

北条時政は平氏に仕えており、事実を知って政子を頼朝から引き離し、平氏の目代（役人）に嫁がせようとした。けれど政子はそこから逃げ出し、20キロ離れた頼朝の待つ伊豆山神社へ入ってしまう。さすがに時政も、2人の結婚を許すしかなかった。

それから3年後、頼朝は平氏打倒に立ち上がるが、北条氏は全面的に協力した。

源平の争乱の最中にあたる1182年に、政子は長男の頼家を出産し、さらに次男の実朝が誕生する。

1185年、平氏を滅ぼした頼朝は武家政権を発足させ、1189年には東北の奥州藤原氏を倒し、1192年、朝廷から征夷大将軍に任じられ、名実共に鎌倉幕府を創立した。しかし7年後、落馬がもとで、頼朝は53歳で死んでしまう。

そこで18歳の頼家が2代将軍となるのだが、側近を重用した独善的な政治を始めたので、有力御家人の支持を失ってしまう。これをみた祖父の時政が頼家を幽閉し、頼家の弟である実朝を3代将軍にすえ、執権として幕府の実権を握ったのである。

ところが時政は実朝を廃し、後妻・牧の方の娘婿である平賀朝雅を将軍にしようと画策。これを知った政子と弟の義時が時政を失脚させ、実権を掌握したのである。

だが1219年、実朝は甥の公暁に殺害されてしまう。これにより源氏将軍は途絶え、京都から摂関家出身の幼い頼経が将軍（摂家将軍）に迎えられ、**2代執権として義時が幕政をとるようになった。**

承久の乱における対立構図

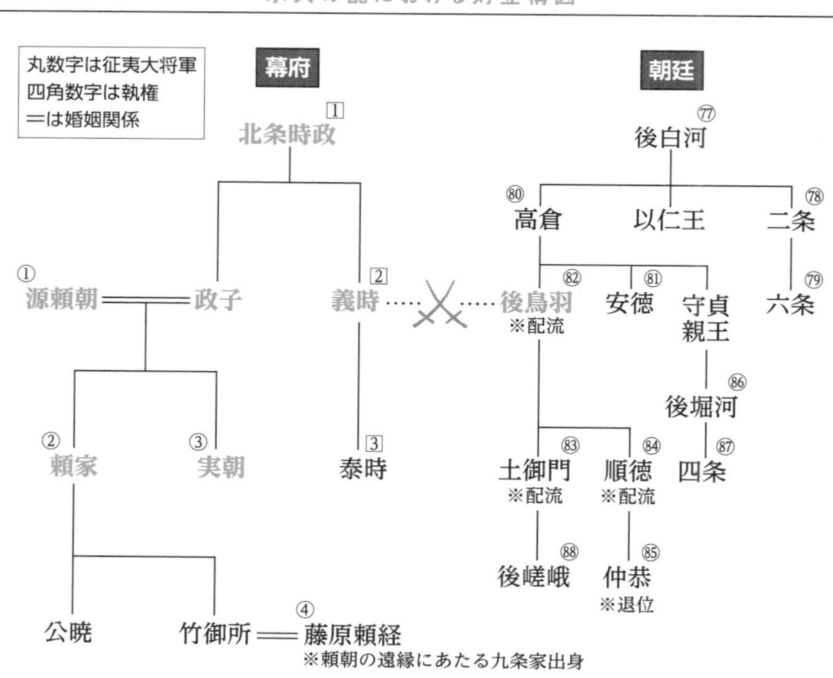

▶承久の乱の結果、3人の上皇は配流され、仲恭天皇は退位に追い込まれる。

御鳥羽上皇が大敗した承久の乱

この状況を幕府の弱体化ととらえた後鳥羽上皇は、1221年に義時追討の勅を発し、挙兵した（承久の乱）。このとき北条政子は動揺する御家人たちを集め、亡き頼朝の厚恩を説いて彼らの心を一つにまとめあげたのである。その結果、**幕府軍は後鳥羽軍に圧勝した**のだった。

しかし、それから3年後、北条義時が急死する。

甥の泰時を救った尼将軍

義時の嫡男・泰時は、京都の六波羅探題（幕府の重要出先機関）で西国の御家人を統括していたが、父の死を知ってすぐに関東へ戻った。しかしなぜか鎌倉へは入らず、伊豆の地にとどまったのである。

というのは、伊賀氏（北条義時の継室。泰時の腹違いの弟・北条政村の実母）が実兄の伊賀光宗と謀って、政村を執権にすえる動きを見せたからだ。光宗は、北条氏に次ぐ実力を持つ三浦義村を仲間に加えた。

この事態を解決に導いたのが、尼将軍と呼ばれた北条政子であった。

政子は自ら義村の館に出向くと、「次期執権の泰時に謀反をたくらんでいる者がいると聞く。ぜひとも泰時を守ってほしい」と依頼したのだ。義村が伊賀氏と結託しているのを知ったうえでの行動で、いわば機先を制したのである。

これで義村は動きを封じられ、鎌倉に入った泰時は無事、3代執権に就いた。

5代執権・時頼以降、北条氏に権力が集中する

父の義時は、侍所別当の和田義盛を倒すなどして独裁を強めたが、泰時はこうした政治手法を根本的に改めた。六波羅探題を統括していた叔父の時房を鎌倉へ呼び戻して連署（補佐役）とし、有力な御家人11名を評定衆に任じ、重要事項は執権・連署・評定衆の会議で決定することにしたのだ。

鎌倉幕府の職制の移り変わり

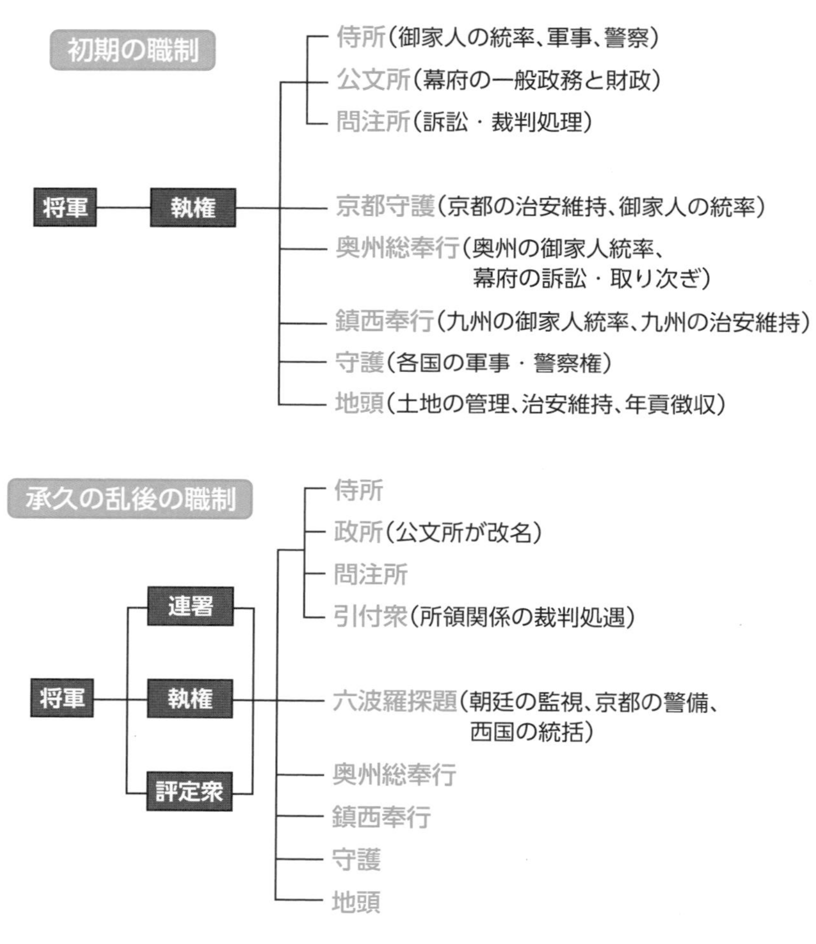

▶ 有力御家人が減っていき合議制が崩れ、得宗家が幕府を牛耳った。

評定衆には、泰時の排除を企てた伊賀光宗や三浦義村も加えている。驚くべき度量の広さといえる。1230年に飢饉が発生した際、泰時は農民を救うため自領の富者に米を放出させて貸し出すとともに、それが返済できないときは、自分が農民に代わって弁済すると宣言している。泰時自身も衣装や畳の新調を避け、昼食を抜き、酒宴を控えたという。このように泰時はとても誠実な為政者だったので、「有り難き賢人にて、万人の父母たりし人なり」(『沙石集』)といわれたのである。こうした合議政治を執権政治と呼ぶ。泰時は1232年、御家人の成文法である御成敗式目(貞永式目)を発布した。

このように、幼い源実朝を3代将軍にすえたところから、外戚である北条氏による執権政治が生まれる。**初代、2代までは独裁的な色合いが強かったが、3代執権・泰時により合議制の執権政治ができあがる。この時期、幕政はもっとも安定したとされる。**

だが5代執権・時頼が強大な三浦氏を滅ぼし、宗尊親王を将軍(皇族将軍)としたことで北条氏の力を強めていく。この頃から、北条一族でも得宗と呼ばれる義時の直系が力を持つようになる。

代を下り、9代執権で得宗の北条貞時は、有力御家人の安達泰盛を滅ぼし(霜月騒動)、重要な政策は御内人(得宗の家来)の寄合で決めるようになった。また、守護の多くは北条一族が占めた。

つまり、御家人たちが政治に参加する権利が制限されて、守護などの重職も北条一族が独り占めするようになったのである。こうしたことから元寇以後、貧窮化した御家人は、北条氏に対して不満を抱くようになっていった。

しかも、貞時の子で得宗の北条高時は、政務を内管領(御内人のリーダー)の長崎高資に一任し、自分は犬合わせ(闘犬)や田楽に明け暮れていた。さらにその高資も、いい加減な政治をした。

こういった状況から御家人たちの心は鎌倉幕府から離れ、幕府の瓦解につながっていくのである。

このようにさかのぼってみれば、**北条氏の台頭は、北条政子が自らの強い意志で源頼朝に嫁ぎ、その頼朝が権力を握ったところから始まる**わけだが、政子と結婚した当時の頼朝は前述したとおり、流人（るにん）であった。

北条氏の家系図

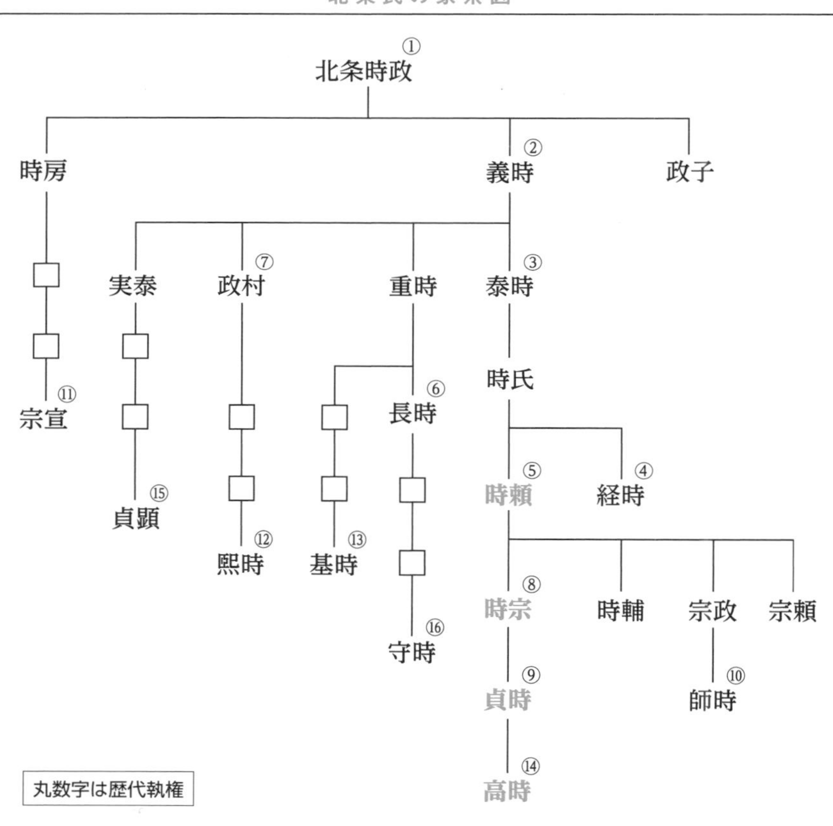

▶ 執権職は北条氏の血縁者が務めたが、権力は泰時の嫡流に集中した。

Go back

ではなぜ流人だった源頼朝が、鎌倉幕府をつくることができたのだろうか？ それまで権力を握っていたのは貴族たちだったのにだ。

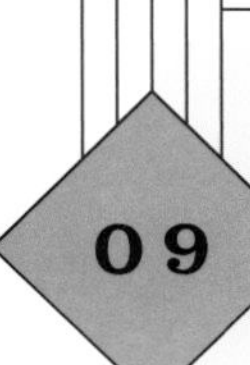

09 なぜ流人の源頼朝は、鎌倉幕府を樹立できたのか？

関東武士の支持を得て、朝廷を支配する平氏を滅ぼせたから

武家の名門の後継者だった頼朝

平安時代末期、源頼朝の父・義朝は平清盛との戦いに敗れ（平治の乱）、東国へ逃げる途中で部下に殺害された。だが、頼朝は父親一行からはぐれたところを捕縛され、伊豆国の蛭ヶ小島に流罪とされたと前項で解説した。

その源頼朝が鎌倉幕府を樹立できたのは、平清盛による平氏政権を滅ぼすことができたからである。清盛は頼朝にとって、父を没落させ、自分を伊豆国に流した憎き敵であった。

ではなぜ、平氏政権は滅亡したのか。それは頼朝のみならず、他の源氏、大寺院、さらには多くの貴族・皇族が、平氏政権に対して反感を持っていたからである。それらについては別項で詳しく見ていくことにして、まずは平氏滅亡の過程を具体的に解説していこう。

平治の乱から約20年後、平清盛は一族で朝廷の高位高官を独占し、後白河法皇を幽閉して朝廷で平氏政権を樹立した。これに反発した以仁王（後白河の皇子）は、1180年に平氏打倒の令旨（命令）を発し、挙兵した。

頼朝はこれに呼応して、伊豆国目代の山木兼隆を夜討ちして首をとり、三浦半島の三浦氏と合流しようとした。だが、大庭景親ら武蔵国・相模国の武士3000と伊東祐親ら300騎に挟み撃ちされ大敗する。しかしその後、真鶴から房総半島へ渡り、千葉介常胤や上総介広常の助力を得て、数万の勢力を擁するほどになった。

これを見た関東の武士は、続々と頼朝のもとに馳せ参じたのである。

関東の武士たちの信が厚かった頼朝

もともと関東の武士は、上方に経済的に依存していないこともあり、朝廷からの独立志向が強く、平将門の乱や平忠常の乱など、たびたび反旗を翻していた。

関東武士に推された頼朝は、鎌倉を拠点に朝廷とは別個の政治勢力をつくり始めた。鎌倉は、三方を山に囲まれた要害の地で、頼朝の先祖・頼信が朝廷から賜った場所。その子・頼義が八幡神（源氏の氏神）を分霊した源氏ゆかりの地であった。また、水陸交通の要衝であるうえ、風水（陰陽道）の相も最高だった。

この状況に危機感を抱いた平清盛は、孫の維盛を総大将に大軍を関東へ派遣した。しかし、都の生活に慣れた平氏一門は遠征に消極的で、坂東武者の剛勇ぶりが噂として流れてくるにしたがい離散していき、わずか4000にまで減少。さらに富士川に到着した際、水鳥が飛び立つ羽音を敵の襲来と勘違いし、武器を投げ捨て退却した。

頼朝は、御家人（頼朝に服属した武士）の統率機関として鎌倉に侍所を設置、有力御家人の和田義盛を別当（長官）とした。1184年には土地や財政を管理する公文所（後の政所）をおいて大江広元を別当とし、さらに御家人の訴訟を担う問注所もおかれ、ここに鎌倉幕府の統治機関の原型が形づくられた。

この間、北陸の木曽（源）義仲が平氏軍を破って上洛。かなわないと判断した平氏は、安徳天皇を連れて都落ちし、西国へ逃れた。こうして義仲が京都を制圧するが、次の天皇をめぐって後白河法皇と対立するようになった。このため後白河は、盛んに鎌倉にいる頼朝に助力を求めた。そこで頼朝は、東国の支配権と引き換えに弟の範頼・義経を大将として大軍を派遣したのである。

頼朝軍は木曽義仲軍を破り、その後、一ノ谷合戦、屋島合戦で平氏を追いつめ、1185年、ついに壇ノ浦の戦いで平氏を滅亡させたのだ。

主な源平の戦い（勢力範囲は1183年時点）

❶源頼政の挙兵（1180年）
頼政が以仁王を奉じて平氏打倒に立ち上がるも、宇治で戦死する。

❷石橋山の戦い（1180年）
伊豆で挙兵した頼朝は、平氏の大庭景親軍に敗北する。

❸富士川の戦い（1180年）
平維盛軍が頼朝軍と対決し、敗走する。

❹倶利伽羅峠の戦い（1183年）
源義仲が、越中の砺波山で平維盛軍を破る。

❺一ノ谷の戦い（1184年）
摂津の福原に集結した平氏を範頼・義経軍が攻めて破る。

❻屋島の戦い（1185年）
讃岐の屋島に逃れた平氏を、義経らが奇襲して破る。

❼壇ノ浦の戦い（1185年）
平氏一門は幼い安徳天皇を擁して戦うも、敗れてここに滅ぶ。

▶ 東方からの源氏の攻勢を受けて京都を落ちのびた平氏は、長門の地で滅ぶ。

守護・地頭の設置で全国に勢力が拡大

源平合戦で活躍を見せたのは源義経であった。義経は、捕虜にした平氏の総帥・宗盛（むねもり）を連れて鎌倉へ入ろうとするが、頼朝はこれを拒んだ。厳禁していたのに、許可なく朝廷の官位を得た義経に激怒したのである。驚いた義経は謝罪の手紙を出すが、頼朝は決して許さなかった。

そこで仕方なく京都に戻った義経は、後白河法皇を動かして頼朝追討の院宣を出してもらった。ただ、兵力が思ったように集まらず、義経は姿をくらました。

一方、後白河の行為に怒った頼朝は、1185年10月、大軍を率いて攻め上る態勢をとり、舅（しゅうと）の北条時政に1000の兵をつけて上洛させた。時政は、後白河が発した院宣を難詰、逆に義経追討の院宣を出させたうえ、**全国に守護・地頭と称する頼朝政権の地方役人をおくことを認めさせた。**

守護とは、各国の警察権を司る職。地頭とは公領や荘園におかれ、治安維持、土地の管理、年貢の徴収を請け負う職。この守護と地頭が各地に設置されることにより、頼朝の影響力は一気に全国に拡大する。同時に頼朝は、全国から兵糧米を徴収する権利も獲得した。

さらに、後白河に迫って藤原基通（ふじはらもとみち）に代えて九条兼実（くじょうかねざね）を摂政にすえるなど、朝廷の人事改革を断行させた。

このように、**1185年に頼朝の勢力が朝廷をしのいだことから、この年をもって鎌倉幕府の創設と考える学者が多い。**

黄金文化を築いた奥州藤原氏を滅ぼす

さて、行方をくらませた源義経は、奥州藤原氏のもとに逃げこんでいた。奥州藤原氏は、藤原清衡（きよひら）を初代として奥州（東北地方）を支配下においた一族だ。

東北地方の内乱（前九年合戦）を経て、清原武則（きよはらのたけのり）は鎮守府将軍として、その地を支配するようになる。武則の子・武貞（たけさだ）には、3人の息子がいた。

先妻の子で嫡男の真衡、後妻（安倍頼時の娘）の子・家衡、後妻の連れ子・清衡（藤原経清の子）だ。清原氏の内乱（後三年合戦）を制したのが清衡で、亡父の藤原氏（奥州藤原氏）に復姓し、出羽国・陸奥国の俘囚長（俘囚は、出羽国・陸奥国の蝦夷のうち朝廷の支配下に入ったもの）として平泉（岩手県奥州市）を拠点とし東北全土に君臨。以後、**清衡・基衡・秀衡と3代にわたって黄金時代を築いた**のである。1124年、清衡は地元で産出する豊富な砂金と馬を朝廷や中央の貴族に贈り、その代償として広範な自治権を獲得した。

同時に、中央文化の積極的な移植をはかり、宋とも交易して中国文化を採り入れ、**平泉という北辺の地に、まばゆいばかりの黄金文化を築き上げた**。その象徴といえるのが、中尊寺金色堂である。

清衡は、北上川と衣川が合流する平泉の関山に多数の堂宇を建立した。それが中尊寺で、建物の多くは外観に金箔を施してあったという。

金色堂が現存する唯一の遺構で、三間四方の建物には屋根から四壁にいたるまですべて金箔が施され、七宝荘厳の巻き柱には、琉球深海に棲む夜光貝の螺鈿、アフリカ象の象牙がふんだんに用いられている。

平泉周辺には奥州藤原氏の拠点であった柳之御所、また2代目の基衡が創建した毛越寺、3代目の秀衡がつくった無量光院などが建てられ、壮麗な平泉文化が花開いた。だが3代にわたって栄華を誇った黄金王国も、源義経をかくまったことで、4代目の泰衡の代に終焉を迎える。

1189年、頼朝は義経をかくまった理由で、奥州藤原氏を滅ぼして東北地方も平定した。そして翌年、久しぶりに朝廷に参内して権大納言・右近衛大将となり、2年後の1192年、征夷大将軍に任命されたのである。

このように、既存の貴族社会に食い込み権力を手にしたのが平氏なら、その政権を倒し、新たにまったく別個の武家政権をつくりあげたのが源氏というわけだ。

Go back

では そもそも平清盛は、どのようにして貴族社会で権力を握ったのだろうか？

10 なぜ平清盛は、貴族社会で権力を握ることができたのか？

保元・平治の乱に勝利し、強大な軍事力と財力を握ったから

桓武天皇につらなる平氏

朝廷の内乱を鎮めて一気に台頭し、権力を握った平清盛は、武士の身であった。

武士は、9世紀終わりに現れる。どのような過程で発生したかは、諸説あってよくわからない。おそらく有力農民や土豪が原野を開拓して領主となり、その土地を守るために子孫たちが武装し、中央から役人として下ってくる軍事的にすぐれた下級貴族たちと主従関係を結んで、武士団を形成していったのだろう。武士のなかには都に出て朝廷の警備や貴族の警固をする者もいたが、その地位は非常に低かった。

やがて武士団の統合が進み、桓武平氏と清和源氏という二大武士団が成立する。桓武平氏の主流は、桓武天皇の孫（曽孫とも）である高望王が、上総国司（上総介）として関東に下り、そのまま土着したことに始まる。

10世紀前半、**平将門が関東で反乱を起こしたが、これを平定したのが、将門の従兄弟にあたる平貞盛である**。その四男・維衡は伊勢国（三重県）に拠点を移すが、その系統を伊勢平氏といって、やがて平清盛を輩出するのである。

伊勢平氏が中央政界に進出するきっかけとなったのは、清盛の祖父・正盛の活躍にあった。正盛は海賊討伐で活躍するとともに、朝廷の権力者・白河上皇に土地を寄進するなどして近臣となった。その子・忠盛も白河・鳥羽上皇の近臣となり、昇殿（天皇の居住する清涼殿に入ること）を許されるまでになった。武人としても秀で、数々の反乱を鎮め、賊を退治している。また、日宋貿易で莫大な財を蓄えた。そんな忠盛の子として、清盛は1118年に生をうけた。

このように、祖父の代から朝廷に食い込み、父が戦に長け、そのうえ蓄財にも長けていたことが、清盛の代で平家一門が躍進を遂げる下地となっ

桓武平氏の家系図

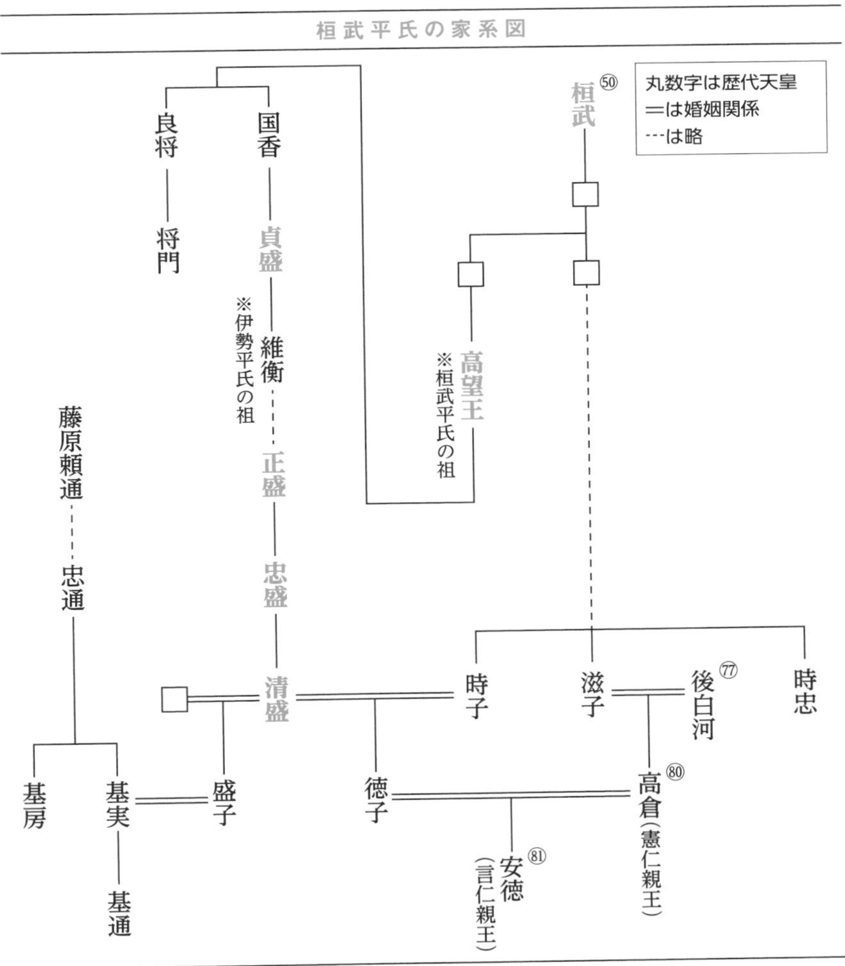

▶桓武平氏は高望王から始まり、その主流である伊勢平氏を清盛が率いた。

たといえよう。

清盛は、祖父と父に続いて上皇に近づき、1156年、天皇家や摂関家の争いから始まった保元の乱で後白河天皇に味方し、以後、後白河の軍事力として重用されるようになった。

その後、平治の乱でライバルともいえる源義朝を倒し、唯一の軍事力としてその存在感を高めた。1160年には、正三位に上って公卿（現代でいえば閣僚級の地位）に加わり、平氏一門を各地の国司（現在の県知事のような職）にしてもらった。

朝廷の内乱を抑え、政治力、武力、経済力を手にした清盛の勢いは止まらない。やがて関白・藤原基実に娘・盛子を輿入れさせ、基実が24歳で死没すると「基通（基実の子）が成人するまで摂関家領は平氏で管理する」といって広大な領地を手中にした。そして1166年、清盛の妻・時子の妹・滋子が産んだ後白河の子・憲仁親王を皇太子とし、ついに翌年、清盛は太政大臣の地位に就いたのである。

武士という低い身分出身でありながら、朝廷の最高職・太政大臣に就くのは、驚くべきことである。なぜ貴族社会は、そんなことを許したのだろうか。

もちろん清盛の政治手腕によるところも大きいが、それ以前に、清盛が白河上皇の子供だったから、という説もある。少なくとも貴族たちはそう信じていたようだ。

『平家物語』などによれば、清盛の母親は、白河上皇が平忠盛に与えた自分の愛人であり、すでにこのとき彼女は上皇の子（清盛）を妊娠していたのだという。そうでなければ、清盛が太政大臣になったことは説明できないとして、この御落胤説は、学界でもかなり有力視されているのだ。

ともあれ、清盛の台頭に危機感を募らせた院（後白河上皇）の近臣たちは、1177年に平氏打倒をたくらむ（鹿ヶ谷の陰謀）が、事前に発覚して多くの関係者が捕縛された。1179年、高倉天皇に輿入れさせた娘の徳子が皇子（言仁親王）を産んだ。これにより外戚（外祖父）となった清盛は、同年10月、後白河派の関白・藤原基房を解任、次いで院の近臣約40名を追放し、後白河を幽閉して権力を奪い、翌1180年2月、わずか2歳の言仁（安徳天皇）を即位させて平氏政権を樹立した。

清盛は、後白河一派の知行国や荘園を没収し、平氏一門は日本の国土の過半を独占。さらに日宋貿易を盛んにし、そこから莫大な収益を吸い上げ経済的基盤を強固にした。

清盛の死で平氏は瓦解

こうしてでき上がった平氏政権は盤石に見えたが、成立してすぐに動揺が起こった。同年6月、後白河の次男・以仁王が源頼政に奉じられて挙兵したのである。

彼らは宇治川橋の戦いであっけなく敗死するが、その直後、清盛は福原（兵庫県神戸市）へ遷都する。奈良の興福寺が反抗する姿勢を示し、延暦寺も不穏な動きを見せたからだ。京都は、守るに適した地ではない。そのため400年ぶりの遷都を強行したのだ。だが、遷都は平氏一族にも評判が悪く、結局、半年も経たずに京都へ還った。

こうした施策により平氏政権は信頼を失う。各地で源氏が挙兵し、そんな窮地において清盛は翌年あっけなく病死、これにより平氏政権は瓦解の道を突き進んでいく。ともあれ平清盛は、保元・平治の乱という朝廷の内乱を鎮圧して勢力を伸ばし、朝廷のなかで政権をとる道を選択した。

ところが、それとは別個の動きが起こりつつあった。自分たちの力を自覚した関東武士たちは、保元・平治の乱で動揺する朝廷からの自立を求め始めたのだ。ちょうどそこに、源頼朝という武士の棟梁が流されてきたのである。

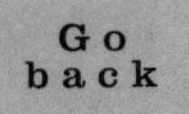

ではそもそも、朝廷の内乱である保元の乱とは、どのようなものだったのか？　なぜ乱は起こったのだろうか？

11 なぜ朝廷の内乱である保元の乱が起こったのか？

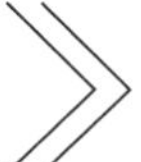

院政をおこなう「治天の君」の地位を、皇族らが争ったから

実権をめぐり天皇と上皇が対立

1156年、二十数年間にわたり権力を握ってきた鳥羽法皇が死去した。

当時、幼い天皇を次々と即位させ、その実父や祖父である上皇（天皇を退位した人物）や法皇（出家した上皇）が政治をとる院政がおこなわれていた。複数の上皇（法皇）がいても、政権を握れるのはただ1人。それを治天の君と呼んだ。鳥羽法皇は、治天の君であった。

本来なら次の治天の君は、鳥羽の長男・崇徳（すとく）天皇のはずだった。ところが鳥羽は崇徳を退位させ、1141年、崇徳の子・重仁（しげひと）親王ではなく、寵妃（ちょうひ）である美福（びふく）門院の子・体仁（なりひと）親王（近衛（このえ）天皇）を即位させたのである。まだ、わずか3歳だった。

治天の君は、我が子や孫を即位させ、そのもとで院政を敷く。つまり、このままでは崇徳は権力を握れない。近衛天皇に子ができれば、近衛が退位して上皇となって権力を握ってしまうからだ。だが、崇徳は鳥羽の措置をグッと我慢した。まだ父である鳥羽の意向次第で、我が子・重仁が即位できる可能性があるからだ。

1155年、近衛天皇が17歳で亡くなる。まだ子供はいなかった。当然、崇徳は重仁の即位を期待した。ところが鳥羽法皇は、なんと崇徳の8歳違いの弟を皇位にすえたのである。それが後白河天皇だ。しかも後白河にはすでに複数の息子がおり、**崇徳は完全に治天の君への道を断たれてしまったのである。**

なぜ鳥羽は、それほどまで長男の崇徳を嫌ったのだろうか。

じつは崇徳が、鳥羽の本当の子供ではなかったからである。祖父・白河法皇が自分の妻（中宮）・待賢門院と不倫して生まれた子だった。少なくとも鳥羽はそう確信し、形式的には自分の子だが、本当は叔父にあたるため、陰で崇徳のことを“叔父子”と呼んでいた。

もともと待賢門院は、幼い頃に白河法皇のもとで育てられ、成人後は彼の愛人となっていた。その後、白河は彼女を孫の鳥羽と結婚させたのだが、それからも男女関係を続けていたのである。驚くべきドロドロとした人間関係だ。

だから1156年に**鳥羽法皇が死去したことで、朝廷の実権をめぐって崇徳と後白河の関係は一気に悪化していく**。

このとき摂関家でも、関白の藤原忠通と、その弟で左大臣の頼長が対立していた。2人の父・忠実は頼長を寵愛するあまり、忠通に対して関白職を頼長に譲るよう迫った。そこで忠通は、後白河天皇に助けを求めたのである。これに対し、頼長は崇徳方についた。

院政の全盛期の天皇家

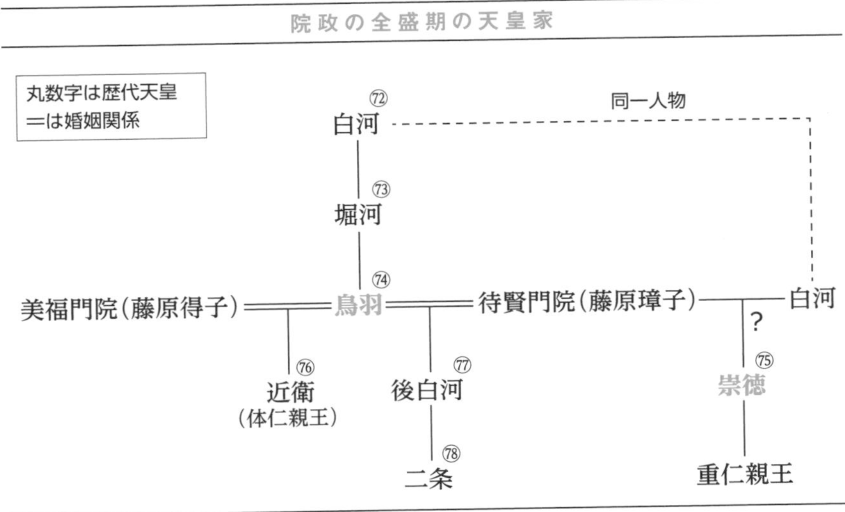

▶白河法皇をはじめ、朝廷における複雑な人間関係が争いの引き金となる。

保元の乱(1156年)

天皇方[勝ち組]		上皇方[負け組]
後白河(弟) ※院政開始	天皇家	崇徳(兄) ※讃岐へ配流
〈関白〉 忠通(兄)	藤原氏	〈左大臣〉 頼長(弟) ※戦死
清盛(甥) ※平氏政権を樹立	平氏	忠正(伯父) ※斬首
義朝 (子)(兄)	源氏	為義(父) ※斬首 為朝(弟) ※伊豆大島へ配流

平治の乱(1159年)

[勝ち組]		[負け組]
藤原通憲(信西) ※殺害	院の近臣	藤原信頼 ※斬首
清盛(父) 重盛(子)	平氏 院の近臣 源氏	義朝(父)※謀殺 義平(子)※斬首 頼朝(子)※伊豆へ配流

▶ 平治の乱で源義朝を打ち破った平清盛は、朝廷で頭角を現していく。

武士を後ろ盾とし、貴族が対立

こうして天皇家と摂関家がそれぞれ二派に分かれると、両派は懇意にしている武士たちを集め始める。**崇徳方は平忠正、源為義・為朝父子を、後白河方は平清盛、源義朝を招き、ついに双方は武力衝突に至った。**これが保元の乱だ。

戦いは後白河方の勝利に終わり、藤原頼長は首を射られて亡くなり、崇徳上皇は捕縛され、讃岐国に流された。

この乱により、**皇族・貴族間の対立を武士の力で解決する時代が到来し、武士が朝廷内で一気に台頭する**ことになった。

それから2年後、後白河天皇は退位して上皇となり、実の息子である二条天皇のもとで院政を始めたものの、今度は院の近臣間で対立が始まってしまう。

後白河の乳母の夫である信西（藤原通憲）と、後白河の若き寵臣・藤原信頼とがいがみ合い、翌1159年、ついに信頼が源義朝と結んで挙兵し、後白河上皇と二条天皇を幽閉したうえ、ライバルの信西を殺害したのである（平治の乱）。

このとき平清盛は、いったん信頼に従うそぶりを見せ、二条天皇の身柄を確保し、天皇の命令というかたちで軍事行動を起こし、信頼に味方する源義朝軍を打ち破った。信頼は捕縛されて処刑となり、東国へ逃れようとした義朝も部下に殺害された。

こうして平清盛が、朝廷の唯一の軍事力となったのだ。

二条天皇は若くして没したため、後白河の院政が続くが、そのもとで平清盛は急速に朝廷内で台頭していくことになるのである。

Go back

どのようにして、院政という政治形態が生まれたのだろうか？

12 なぜ上皇が政治をとる院政という政治形態が誕生したのか？

白河天皇が父の遺志に逆らい、退位したあとも幼君を立て権力を握り続けたから

幼い子供に位を譲り権力を握る

院政という新しい政治形態を始めたのは、白河上皇である。

白河上皇は、後三条天皇（ごさんじょう）の第1皇子として1053年に誕生した。

父である後三条は、母が摂関家出身でなかったため、皇太子に選ばれたものの廃太子になる可能性もあった。しかし、兄の後冷泉（ごれいぜい）天皇が摂関家の娘との間に男児ができぬまま没したため、後三条は35歳でようやく天皇となる。摂関家を外戚としない天皇の誕生は170年ぶりであり、後三条天皇は、関白の藤原頼通（よりみち）に遠慮せず、大江匡房（おおえのまさふさ）らを登用して親政をおこない始めた。

1072年、後三条は20歳の息子の白河に譲位した。彼が上皇となって院政をおこなうつもりであったかどうかはよくわからない。というのは、それからわずか半年後に40歳の若さで没してしまったからだ。ただ、後三条が白河を中継天皇にするつもりだったのは確かだ。それは、彼が退位するとき、次子で2歳の実仁（さねひと）親王を皇太子としていることでわかる。

実仁は、白河天皇の異母弟にあたる。白河天皇が摂関家の傍系で、実仁が直系だったため、新たな外戚家を生み出さないための後三条の措置だったといわれる。

ところが皇太子の実仁は、1085年に病没。すると翌年、白河天皇は8歳の長男・善仁（たるひと）を皇太子とし、その日のうちに善仁（のちの堀河（ほりかわ）天皇）に皇位を譲ったのだ。しかも白河は、次の皇太子を決めなかった。じつは死去し

た実仁には、同母弟の輔仁(すけひと)親王がいた。だから白河は、輔仁が皇位を継承する可能性を断とうと、彼を皇太子に任じず、空位のままにしたらしい。

そして白河は、上皇となってからも幼君のもとで政治の実権を握り、院庁(上皇の家政機関)で近臣たちを集めて政務をとり始めた。朝廷は、白河上皇が出す院宣(いんぜん)(命令書)や院庁から下達される院庁下文によって動くようになった。

それまでと大きく違うのは、**律令に縛られた天皇とは異なり、制約が少ない上皇の立場を利用して、政務をとった**ことだろう。こうした上皇(法皇)による政治を、上皇の居所である「院」にちなんで院政と呼ぶ。上皇は複数存在することが多かったが、権力を握れるのはただ1人であった。これを治天の君と呼ぶのは、前述したとおりだ。

藤原氏と白河天皇の関係

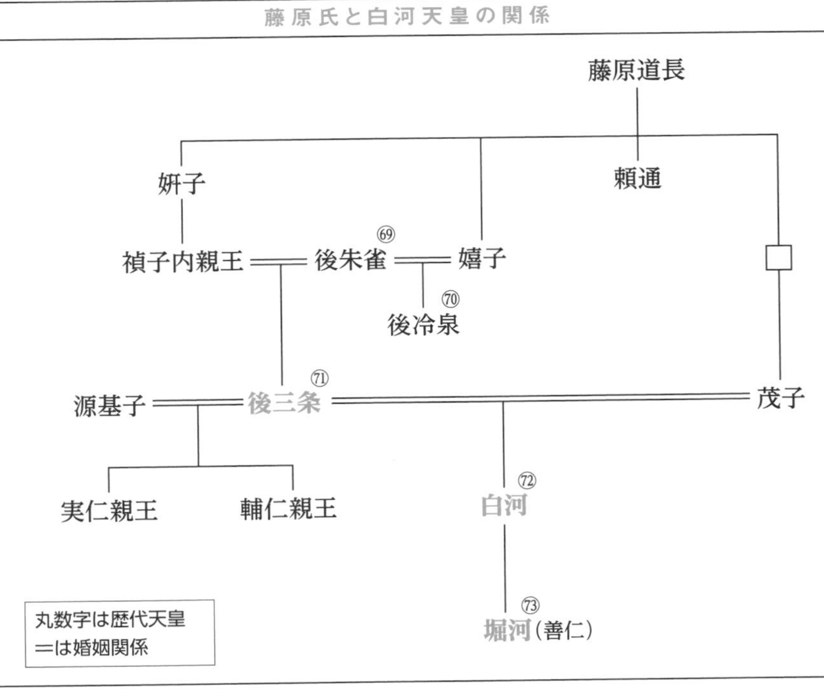

▶摂関家の強い影響力から脱した天皇によって院政が始まる。

院政下における支配構造と、武士の台頭

白河はまた、受領層（国司などの下級貴族）を院の近臣（側近）に登用し、慣例や先例にとらわれぬ政治を展開するとともに、畿内近国の武士たちを北面の武士として組織し、院を警護させるなど強大な軍事力を握った。

院政は、50年間権力を握った白河上皇のあと、鳥羽上皇、後白河上皇に引き継がれ、約100年続くことになった。

白河は後三条の方針を受け継いで、不法な荘園（私有地）を熱心に整理したが、その孫の鳥羽上皇の時代は、逆に荘園を認可する方向に転換をはかる。結果的に院への寄進が集中し、院政の経済的基盤は盤石になっていった。

そうしたこともあって、鳥羽院政期には荘園が急増し、荘園と国衙領（公領）が相半ばする状態となる。これを荘園公領制と呼ぶ。

さらに上皇（院）は、上級貴族や大寺社を知行国主として、一国の支配権（知行権）をまるごと与えた。知行国主となった者は、自分の子弟や側近を国守（国司）に任命して国内支配をおこなわせ、国衙領からの収益を全部自分のものにしてしまった。これを知行国制度と呼ぶが、国の切り売りが始まったわけだ。

白河・鳥羽・後白河の三上皇は篤く仏教を崇拝し、いずれも出家して法皇となった。この時代には六勝寺（法勝寺、尊勝寺など「勝」の字がつく6つの壮麗な寺院）が造立され、三上皇はたびたび紀伊国の高野山や熊野へ参詣した。こうした上皇たちの信仰心を利用して、興福寺や延暦寺などの大寺社は、僧兵（僧の格好をした武装兵）たちに神木や御輿を担いで、京都へ乱入させ、朝廷に強訴して自分たちの要求を呑ませるようになった。**困った朝廷や院は、これに対抗するため、仏罰を恐れない武士を重んじるようになった。それが、武士を中央政界に進出させることにつながったのだ。**

いずれにせよ、白河上皇が父の後三条天皇の遺志に背いたことがきっかけで、院政という「天皇の直系尊属に当る退位した上皇（院）が、天皇在

位中の種々の制約から離れた自由な立場で朝廷の政治を事実上左右する政治形態」（石井進著「一二――一三世紀の日本―古代から中世へ」『岩波講座　日本通史　第7巻　中世1』岩波書店より）が生まれたのである。

院政の全盛期はその後100年近く続き、結果的に朝廷における藤原氏（とくに摂関家）の影響力を削いでいくこととなった。

院政と朝廷の関係

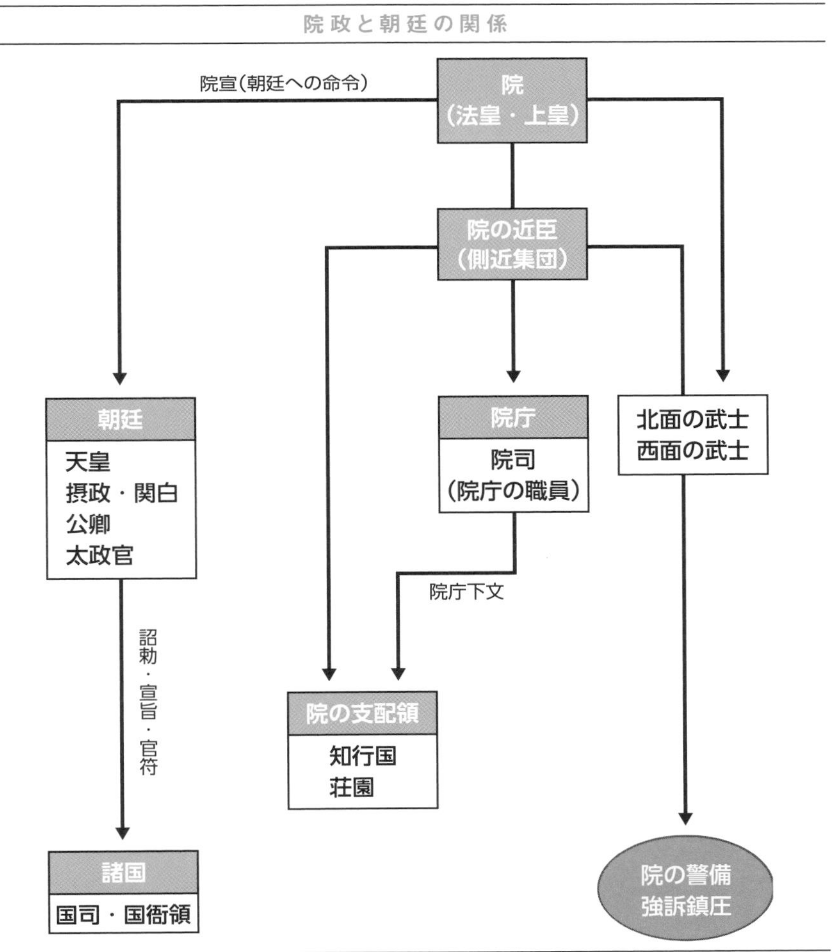

▶院の意向を受けた政治が、朝廷でおこなわれていた。

テーマ史 11

中世の文化

中世の文化は4つに大別される。鎌倉文化、南北朝文化、北山文化、東山文化だ。

鎌倉文化は、鎌倉時代を中心とした12世紀半ばから14世紀初頭までの文化である。初めての武家政権が誕生したものの、まだ文化の担い手は朝廷の貴族（公家）だった。

武士には文化を創造するだけの力量はなく、公家文化を受け入れる立場にあった。宋や元など大陸の影響を受けていることも、鎌倉文化の特徴の一つといえる。

文学では、軍記物語の最高傑作『平家物語』が琵琶法師によって語られ、鴨長明の『方丈記』、兼好法師の『徒然草』といった名随筆が生まれた。幕府の正史『吾妻鏡』、慈円の『愚管抄』などすぐれた歴史書も誕生した。建築や彫刻についても、東大寺南大門や東大寺金剛力士像など秀作がつくられた。

南北朝文化は、鎌倉幕府が崩壊し、建武の新政を経て南北朝が合一するまでの、戦乱の時代に開花した文化。世相を反映して軍記物語や歴史書が多い。代表作は南北朝の動乱を描写した『太平記』や北畠親房の『神皇正統記』『増鏡』『梅松論』がある。

鹿苑寺金閣に象徴される北山文化は、京都の北山に邸宅を構えた3代将軍・足利義満の治世に花開いたので、そう名づけられた。公家的な寝殿造と、武家的な禅宗様を折衷して建てられたのが金閣であり、まさにこの建物が示しているように、北山文化は公家と武家の融合文化であった。

代表芸術を一つあげるとすれば、能であろう。義満の保護によって観阿弥・世阿弥父子は猿楽能を大成し、世阿弥は『花伝書』を残している。

8代将軍・足利義政は、将軍義満をまねて京都の東山に別邸をつくった。邸宅には銀閣や書院造の東求堂同仁斎が建てられ、同地が侘び・幽玄などを基調とする文化の中心地となったので、この文化を東山文化と呼ぶ。

禅の精神が色濃く反映されているのも大きな特徴だ。とくに大徳寺大仙院庭園や竜安寺石庭など、石・砂で自然を表現した枯山水の庭園は見事である。

この時代、庶民文化も芽生え、連歌、小歌、古浄瑠璃などが流行した。

中世における4つの文化

文化名	特徴	代表的なもの
鎌倉文化	公家の文化を基盤とし、質実剛健な武士の気風、さらに宋の影響を受けた文化	＜文学＞ 『平家物語』『方丈記』『徒然草』『吾妻鏡』『愚管抄』『十六夜日記』『新古今和歌集』 ＜彫刻・建築＞ 東大寺南大門　金剛力士像 高徳院阿弥陀如来像（鎌倉大仏）
南北朝文化	新興の武士による華美さと贅沢さを備えた文化	＜文学＞ 『太平記』『神皇正統記』『増鏡』『梅松論』『菟玖波集』（連歌集） ＜建築・庭園＞ 天龍寺庭園　西芳寺　永保寺開山堂
北山文化	それまでの公家文化と武士文化が融合したできた文化	＜文学＞ 『花伝書』　五山文学 ＜建築＞ 鹿苑寺金閣 ＜芸能＞ 猿楽（能）　水墨画 茶の湯　立花
東山文化	北山文化に禅宗の影響が取り込まれた武士主導の文化	＜建築・庭園＞ 慈照寺銀閣　大徳寺大仙院庭園　竜安寺石庭 ＜芸能＞ 茶道（侘茶）　連歌 小歌　古浄瑠璃

▶従来の貴族文化に、権勢を握った武士の気風が浸透していった。

テーマ史 12

鎌倉新仏教（1）

源平の争乱や承久の乱などの戦乱に加え、飢饉や自然災害が頻発した平安時代末期から鎌倉時代初期、人びとは現世の不安や苦しみから逃れるため神仏にすがろうとした。しかし仏教は貴族のもので、庶民に救いの手をさしむける宗派は少なかった。

そうしたなか、積極的に庶民を救おうとした6人の僧侶がいた。法然（ほうねん）、親鸞（しんらん）、一遍（いっぺん）、日蓮（にちれん）、栄西（えいさい）、道元（どうげん）だ。共通点は厳しい修行を必要とせず（易行）、これに専修（専念）することで極楽に往生したり、悟りが開けると説いた。のちに彼らの興した宗派は鎌倉六仏教と呼ばれるようになった。

このうち浄土宗（じょうどしゅう）、浄土真宗（じょうどしんしゅう）、時宗（じしゅう）の3宗は「南無阿弥陀仏」（念仏）による極楽往生を説いた。浄土宗は、京都の法然によって平安時代末期に開かれ、その教えは貴族や武士だけでなく庶民にも広まった。

法然は美作（みまさか）国に生まれ、比叡山で天台宗（てんだいしゅう）を学び、頭角を現して「智恵第一」とたたえられたが、のちに下山して諸宗を研究、「ただひたすらに念仏を唱えれば人は救済される」という専修念仏に到達した。後白河法皇や九条兼実（かねざね）といった要人も帰依したが、比叡山延暦寺や興福寺など旧仏教勢力に憎悪され、1207年、念仏は禁止となり、法然は土佐国へ流された。だが1211年に罪を許され、翌年80歳で死去した。

浄土真宗の開祖・親鸞は京都の貴族の子で、比叡山で修行に励んだが、天台宗の教えに不足を感じ、山を下りて法然の門下に入った。師が流罪になった際、親鸞も連座して越後国へ流されたが、配流先で己の信念にもとづいて妻帯した。赦免されても京都へ戻らず、関東で念仏を布教した。

親鸞は、一度でも心の底から念仏を唱えれば、人は救済されると述べ、とくに自分が悪人だと自覚している人間こそ、阿弥陀仏は率先して救ってくださる（悪人正機説）と説いた。この教えは急速に普及し、生前の親鸞にはその気はなかったようだが、やがてその教義は浄土真宗という一派を生んだ。

時宗は13世紀後半に登場した。開祖の一遍は、念仏による一切の救済を唱え、踊り念仏をしながら全国を遊行して歩き、念仏往生のあかしとして信者に「念仏札」を与えた。死の間際、一遍は己の著作物をすべて焼き払ったと伝えられる。

鎌倉六仏教の概要❶

宗派	浄土宗	浄土真宗 （一向宗）	時宗
開祖（生没年）	法然 （1133 ～ 1212年）	親鸞 （1173 ～ 1262年）	一遍 （1239 ～ 1289年）
主な教義	＜他力本願＞ 厳しい修業によって悟りを開くのではなく、阿弥陀仏によって救済されること。 ＜専修念仏＞ 阿弥陀仏のいる浄土へ往生するために、ひたすら念仏を唱えること。	＜悪人正機＞ 自己修養できる人（善人）ではなく、できない人（悪人）こそが、阿弥陀仏によって救われるべきだとする考え。	＜遊行＞ 布教活動と自己の修養を兼ねて、各地をめぐること。 ＜踊り念仏＞ 太鼓やかねの音で音頭をとりながら、念仏を唱えること。
中心寺院	知恩院（京都府）	東本願寺（京都府） 西本願寺（京都府）	清浄光寺 （神奈川県）

▶極楽往生を説いているこの3つの宗派は、浄土教ともいわれる。

テーマ史 13

鎌倉新仏教（2）

鎌倉六仏教のうち、臨済宗、曹洞宗の2宗は、中国（宋）から導入された禅宗で、座禅によって自力で悟りを得ることができるとした。

臨済宗の開祖・栄西は、備中国出身で、若い頃に比叡山で修行し、のちに二度ほど宋に渡って禅の修行に励んだ。臨済宗は、座禅をしながら公案（師から与えられる難問）を解くことで悟りを得ようとするところに特徴がある。北条政子ら鎌倉幕府の要人に帰依されたので、その後、臨済宗は幕府の厚い保護を受けて飛躍的に発展した。室町幕府もこの方針を踏襲し、3代将軍・義満のとき、中国の官寺の制度を模して五山・十刹の制が確立した。

曹洞宗の始祖・道元は、内大臣・源通親と太政大臣・藤原基房の娘との間に生まれたと伝えられる。やはり比叡山で修行するうち、「天台宗では人はすべて仏であるというが、それならなぜ人は修行しなければならないのか」という疑問にぶつかり、中国の宋に渡る。禅のなかに答えを見出し、帰国後、禅の布教を始めた。臨済宗と異なり、座禅そのものを重視し、ただひたすらに座ることで悟りがひらける（只管打坐）と教えた。

道元は執権・北条時頼の招きを受けるが、それを断って権力に近づかず、北陸に永平寺を創建。ここを生涯の布教の拠点として、民間に教えを広めていった。

日蓮宗の開祖・日蓮は、安房国の武家出身。法華経（天台宗の中心経典）を最高の教えとし、「法華経を信じ、南無妙法蓮華経（題目）を唱えれば、人間は生きたまま仏となることができる。一国の人間すべてが法華経を信奉したとき、その国は浄土となる」と鎌倉で辻説法をおこない、他宗を激しく非難した。執権の北条時頼に自著『立正安国論』を提出、念仏を停止しないと他国の侵入を受けると主張。こうした言動が災いし、伊豆国や佐渡国に流されたが、やがて信者を増やしていった。

鎌倉六仏教のうち、鎌倉時代に栄えたのは臨済宗だけだった。しかし室町時代に他の5つの宗派も飛躍的な発展を遂げ、江戸時代に入ると、庶民仏教として定着したのである。

鎌倉六仏教の概要❷

宗派	臨済宗	曹洞宗	日蓮宗（法華宗）
開祖（生没年）	栄西（1141 ～ 1215年）	道元（1200 ～ 1253年）	日蓮（1222 ～ 1282年）
主な教義	**＜坐禅＞** 座って静かに思いをこらす（禅）こと。 **＜公案＞** 開祖などの言行録をもとに、真理を追求するための手立てとしてつくられた問題のこと。	**＜只管打坐＞** ただ無心にひたすら坐禅をすること。	**＜題目唱和（題目）＞** 「南無妙法蓮華経」の7字を唱えるなどすれば、功徳があるとする考え。
中心寺院	建仁寺（京都府） 建長寺（神奈川県）	永平寺（福井県）	久遠寺（山梨県） 法華経寺（千葉県）

▶幕府の後ろ盾を得た臨済宗は上級武士の間で、曹洞宗は地方武士や民衆の間で広まる。

14 テーマ史

中世の外交

遣唐使を停止して以来、平安時代は中国とは正式な国交はなかった。ただ、博多には多くの宋船が来航し、民間貿易がおこなわれていた。宋船が大陸からもたらす舶来品は唐物と呼ばれて貴族たちから珍重されたが、外国人と長い間接触しなかったことで、貴族たちの間では彼らに対する蔑視や嫌悪が強くなった。

平清盛は大輪田泊を修築、海賊を一掃して宋船を瀬戸内海まで引き入れ、日宋貿易を一手に掌握した。とくに大量の宋銭を輸入して貨幣経済を発達させた。

続く鎌倉幕府も中国とは正式な国交を樹立しなかったが、宋に代わって元が中国を支配すると、フビライは日本に服属を求めてきた。これを執権・北条時宗が拒絶したことで元寇が起こったことはすでに述べた。ただ、そのまま、日元関係が断絶していたわけではない。

1325年、鎌倉幕府は建長寺などの修築費を調達するため、民間商船を元に派遣している。さらに室町幕府を創建した足利尊氏も、天龍寺の創建費を得るために元に船を遣わした。

やがて元は北方に去り、代わって漢民族の国家である明が中国で成立する。すでに述べたように、室町幕府の3代将軍・足利義満は、1401年に明と国交を樹立し、1404年から勘合符を用いた朝貢貿易（日明貿易）を開始した。だが、4代将軍・義持はこの形式が屈辱だとして、貿易を中断してしまった。

しかし貿易の利益は莫大だったため、6代将軍・義教がこれを再開。義教が嘉吉の変で赤松満祐に殺害されたあとは、博多の商人と結んだ有力守

護大名の大内氏と、**堺の商人と結んだ細川氏**が貿易船をそれぞれ派遣するようになった。

ところが1523年、貿易の主導権をめぐって明の**寧波**（ニンポー）で大内氏と細川氏の争いが起こり、その後は大内氏が日明貿易を独占することになった。しかし、当主・大内義隆（よしたか）が重臣の陶晴賢（すえはるかた）に滅ぼされたことで、日明貿易は1551年に終わりを迎えたのである。

なお、将軍・義満は、朝鮮を建国した**李成桂**（りせいけい）が倭寇の取り締まりを要求してきたことを機に朝鮮とも国交を樹立。民間での**日朝貿易**も盛んになった。ただ、あまりに過熱化したため、対馬の宗氏が交易を統制することになった。

室町時代の主な貿易港

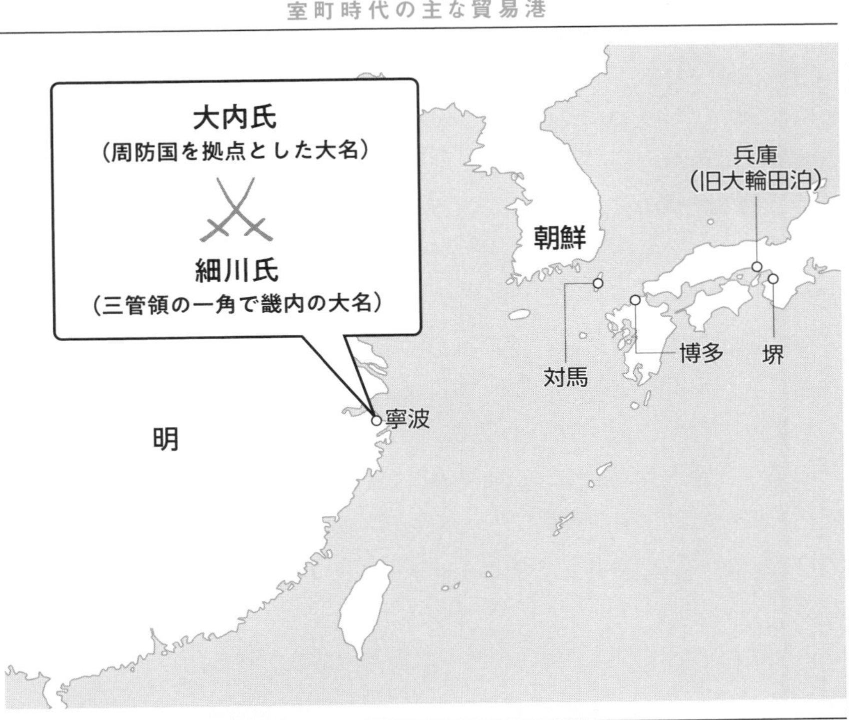

▶大内氏も細川氏も、自領に近い港を使い、貿易を牛耳っていた。

15 テーマ史

農業の発達

中世の主産業は農業だが、鎌倉時代になると、農業生産力は驚くばかりに向上した。これは、それまでの農法が大きく変化したからだ。田畑に刈敷（腐葉土）や草木灰、人肥（人糞尿）といった肥料を用いるようになったのである。さらに馬や牛を田畑に入れ、耕作させるようになる（牛馬耕）。鍬や鋤も安価に手に入るようになり、農具は木製から鉄製が主流となり深耕が容易になった。

稲も品種改良によって早稲・中稲・晩稲が開発され、二毛作も畿内を中心に普及していった。驚くべきことに、室町時代になると、畿内では三毛作もおこなわれた。

多収穫で気候の変動にも強い大唐米（中国からの輸入種）の栽培も鎌倉時代に盛んになっていく。溜め池や河川から水を引き上げる器具として、水車の他にも中国から伝わった竜骨車が用いられるようになった。多角化と集約化、それが中世農業のキーワードといえよう。

鎌倉時代末期になると、余剰生産物によって経済的に豊かになる農民が多数現れ、作人（一般農民）から名主（有力農民）へと転身したり、富裕になった名主が守護大名と主従関係を結んで武士（地侍）になり、近隣の同志と同盟を結んで、荘園を横領したり幕府に逆らったりするようになった。このような新興武士を悪党と呼び、彼らがのちに鎌倉幕府打倒の推進力となる。

南北朝期には、守護や地頭の介入から自分たちを守るため、農民は自治的村落（惣村）をつくり、一致団結して強訴（集団でおしかける）や逃散（耕地を捨てて逃げる）によって領主に抵抗、減税などの要求を受け入れさせるようになった。さらに借金の帳消しなどを求めて武力蜂起（土一揆）するようになったのは、本文で述べたとおりである。

鎌倉時代より年貢の銭納が始まり、農作物を市場で銭に替える者が現れた。室町時代にはさらに農村に貨幣経済が浸透、**六斎市**（月6回の定期市）での米や特産物の売買が盛んになった。桑や楮（こうぞ）、藍や茶といった商品作物を栽培したり、鍋や釜など日用品を生産する農民も次第に増え、そうした原料、あるいは生産した手工業品を六斎市で売る人びとも増加した。

鎌倉時代の農村の支配構造

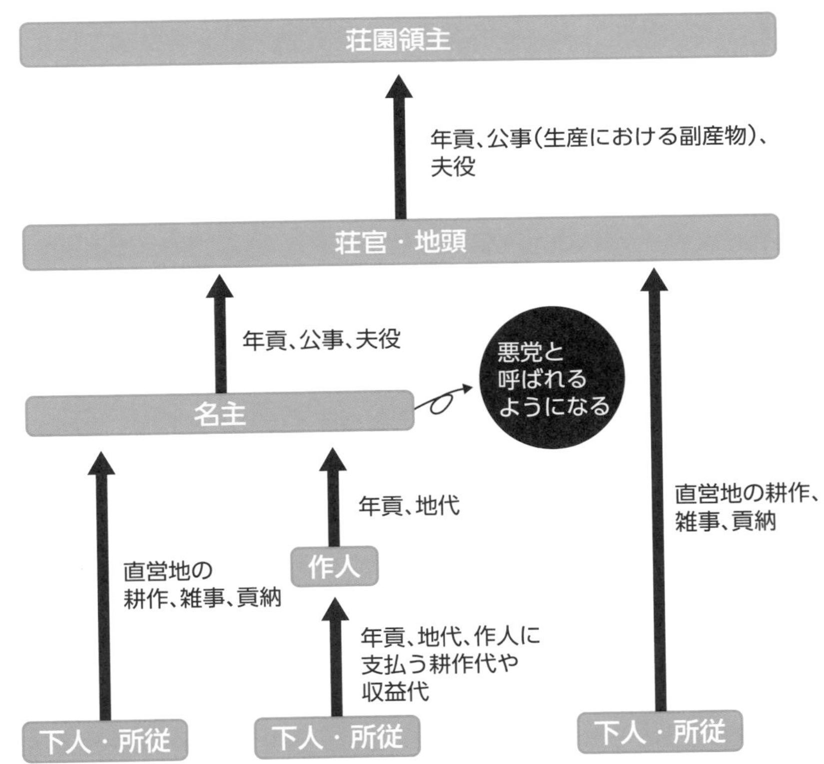

▶それぞれの管理者が利益を差し引いていく、多重構造になっていた。

16 テーマ史 室町時代の商業の発達

室町時代は商工業が発達した時代だが、その一翼を担ったのが行商人たちだ。

行商人には女性も多く、京都・桂（かつら）に居住する鵜飼（うかい）集団の女性は**桂女**（かつらめ）と呼ばれ、鮎（あゆ）や飴（あめ）を売り歩いた。京都・大原の**大原女**（おはらめ）は、洛中で炭や薪などを売り歩いた。

行商人は各地の六斎市をめぐって商品を販売したが、京都などの大都市では、常設の小売店である**見世棚**も多くなり、商店街が形成されていった。

同業の商工業者の組合を**座**と呼び、平安時代末に次々と誕生したが、室町時代になると大規模化する。代表的なのが**大山崎油座**（おおやまざき）だ。大山崎離宮八幡宮の神人を座衆（座のメンバー）とするこの座は、本所である石清水（いわしみず）八幡宮に座役（税）を支払う代わりに関銭の免除など大きな特権を与えられ、京都だけでなく近江国や美濃国などでも灯油販売を独占した。

この他、祇園社の綿座、北野神社の酒麴座、鎌倉の材木座、興福寺の塩座、日吉神社の紙座などが有名だ。

座の大規模化と並行して、座に属さない新興商人が力を持ち始めたのも室町時代の特徴である。とくに戦国時代になると、戦国大名のなかには座を否定する**楽座令**を発する大名が登場してきたため、やがて新興商人が商業の中心となっていく。

室町時代は、商業の発達によって流通する貨幣量が爆発的に増えた。ただ、貨幣は中国からの輸入銭を使用していた。鎌倉時代からの宋銭に加え、永楽通宝、洪武通宝、宣徳通宝など明銭も多かった。

ただ、輸入銭を模して鋳造した「びた銭」（粗悪な私鋳銭）も市場に多く出回るようになっていった。そこで室町幕府や戦国大名などは、「びた銭」の使用を禁じたり、良貨と「びた銭」の交換比率を決める（撰銭令）などして、円滑な流通と市場の安定をはかったのである。

なお、鎌倉時代には借上という高利貸がいたが、室町時代にも土倉という金融業者が存在した。さらに酒屋や寺院も人びとに多額の金を貸すようになった。

鎌倉時代と室町時代の商業

時代	業態	組合	通貨	高利貸
鎌倉時代	・行商 ・1カ月に3回開かれる三斎市	小規模な座	宋銭	借上
室町時代	・行商の活発化（京都の桂女や大原女） ・1カ月に6回開かれる六斎市 ・常設棚の出現	・座の大規模化 ・楽市令による新興商人の出現	宋銭に加え、明銭も	土倉

▶鎌倉時代と比べ、規模が拡大するなど室町時代の商業は活発化していった。

戦国時代～平安時代末期

年代	天皇	出来事
1467年	後土御門	応仁の乱が起こる
1441年	後花園	足利義教が暗殺される（嘉吉の乱）
1394年	後小松	足利義満が太政大臣となる
1392年	後小松	南北朝が合一する
1350年	崇光 後村上	観応の擾乱が始まる
1338年	光明 後醍醐	足利尊氏により室町幕府が開かれる
1333年	後醍醐	鎌倉幕府が滅亡する
1331年	後醍醐	後醍醐天皇により元弘の変が起こる
1297年	伏見	徳政令（永仁の徳政令）が発布される
1281年	後宇多	蒙古軍が再来襲（弘安の役）
1274年	後宇多	蒙古軍が来襲（文永の役）
1232年	後堀河	御成敗式目（貞永式目）が制定される
1221年	仲恭	承久の乱が起こる
1185年	後鳥羽	壇ノ浦の戦いに敗れ、平氏が滅亡 源頼朝が守護と地頭の任命権を得る
1167年	六条	平清盛が太政大臣となる
1159年	二条	平治の乱が起こる
1156年	後白河	保元の乱が起こる
1086年	堀河	白河上皇が院政を開始する

第4章

平安時代

旧石器時代

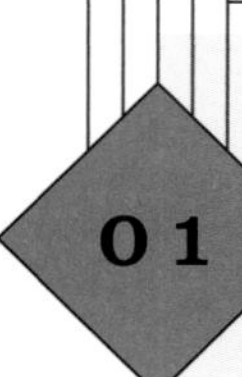

01 なぜ藤原氏による摂関政治が長く続いたのか？

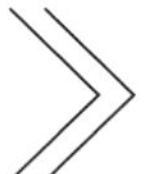

藤原氏が家族制度を利用した権力維持システムを構築したから

3人もの娘を天皇に嫁がせた道長

前章の最後で、院政によって長く続いた藤原氏の摂関政治が衰えていったと解説したが、ではなぜ藤原氏は長期間、摂関政治を続けられたのだろう？　これは藤原氏が、代々続く家族制度を用いて天皇家の外戚として君臨し、権力を維持し続けたからだ。以下に紐解いていこう。

摂関政治とは、天皇の外戚（母方の親戚、外祖父など）が摂政や関白の職に就いて、天皇の後見人として政務を代行・補佐する制度のことである。10世紀の後半に確立し、11世紀の前半に全盛期を迎えた。

摂政は天皇が幼少であったり女帝である際に設けられ、関白は成人天皇の政務を代行する。摂政・関白になれる家柄は決まっていて、それが、藤原房前（ふささき）を祖とする藤原氏北家（ほっけ）であった。

ただ、摂関職をめぐっては、北家一族で泥沼のような抗争がくり広げられた。政治の実権を握れることに加え、さまざまなうま味があったからだ。

人事権もその一つ。摂関職にいる者は、天皇の後見人として、位階の授与（叙位）や任官（除目）決定など官人（貴族や役人）の任免権を有した。そのため中・下級貴族のなかには、国司などのおいしい職を得ようと、摂政や関白に貢ぎ物を贈ったり、進んで家司（部下）になる者も現れてくる。

また、摂関職にある人物は、藤原氏の氏長者（うじのちょうじゃ）を兼ねた。氏長者とは、その氏（一族）の首長のこと。氏族全体を統率し、氏寺や氏社などを管理、一族の任官や叙位についての推挙権も持つ。また、朝廷から与えられた家司を用いて膨大な封戸(ふこ)（財産）を管理する権限もあった。

これだけのうま味を手にできるわけだから、**北家の男として生まれたからには、なんとしても摂関職を得たいと思う**のである。

ただし、その地位に就けるかどうかは、運が大きく左右した。

摂関政治の仕組み

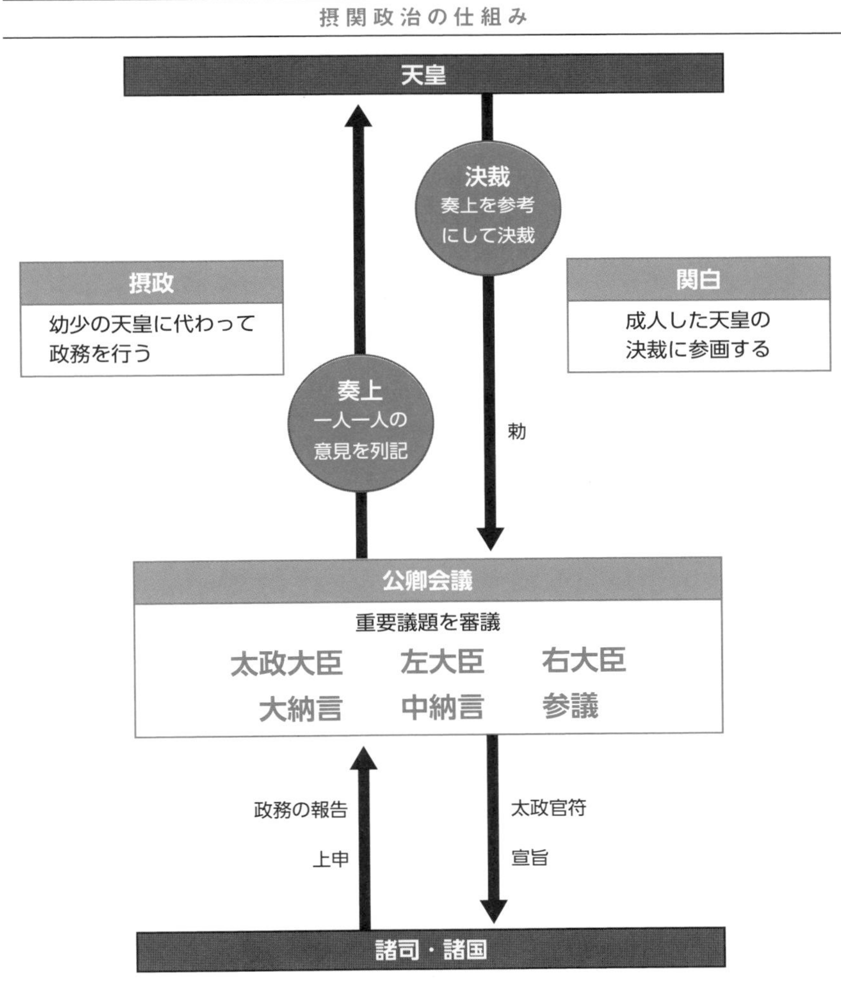

▶天皇を代行・補佐する役割から、摂関職は絶大な権力を有していた。

まずは、**天皇の外戚（母方の親戚）になることが絶対条件**だった。つまり自分の娘や妹を天皇の妻にしなくてはならず、そのために、彼女たちが天皇に見初められるよう、高い教養を身につけさせる必要があった。そこで優秀な女官（女房）を娘や妹の側に仕えさせたわけで、その代表が紫式部であり、清少納言だった。

さらに、娘や妹が天皇と結婚できたとして、今度は彼女たちが皇位を継げる男児を産まなくてはならない。このように、**権力を握れるかどうかは、まさに“運”次第だった**のだ。

そんな強運に恵まれていたのが、藤原道長である。

関白だった父・兼家には4人の男子がいて、道長はその四男であり、通常なら権力者になるのは難しい。しかし兄たちが次々と亡くなったうえ、兄たちの入内した娘らに皇子がほとんどいなかったことが幸いした。

藤原氏北家の家系図

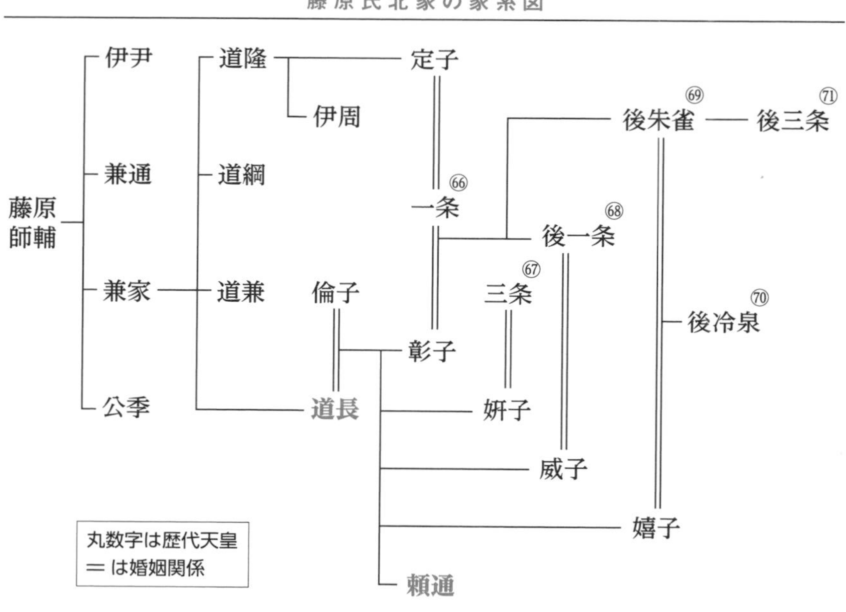

▶氏の長者であった藤原道長は、自身の４人の娘を次々と天皇の妃とした。

道長はまず、娘の彰子を一条天皇の中宮（皇后と同じ）にすることに成功する。ただ、一条天皇には定子という皇后がおり、その兄で、道長の甥にあたる伊周（道隆の嫡男）と道長の間で権力闘争が起こった。しかし女性問題で伊周が花山法皇（冷泉天皇の皇子）を憎み、法皇に対し矢を射かけさせるなどしたことが判明。これが大問題に発展し、伊周は失脚した。

こうしてライバルが自滅したあと、道長は朝廷の最大実力者となり、その後、彰子が一条天皇の皇子を産んだ。さらに道長は、娘の妍子を三条天皇（花山法皇の異母弟）の中宮、威子を後一条天皇の、嬉子を後朱雀天皇の中宮とした。**4人の娘を天皇の皇后にするのは、まさに前代未聞のことで、これにより約30年間、道長は権力の座にとどまり続け、摂関政治の全盛期を築きあげた**のである。

威子が中宮になったときはよほどうれしかったようで、道長は「この世をば　我が世とぞ思ふ　望月の　欠けたることも　なしと思へば」という歌（望月の歌）を詠んだ。「世の中は私のためにあるようなものだ。まるで満月が欠けていないように、私の人生も完全だ」という傲慢な意味がよみとれる。

ちなみに、道長は摂政に就いたが、関白にはなっていない。ここからわかるように、権力者になるには天皇の外戚であることこそが最重要だったのである。

なお、道長の後を継いだ息子の頼通は、半世紀の間、権力者の地位にあったものの、ついに娘は皇子を産まなかった。結局、**藤原氏北家を外戚としない後三条天皇が即位し、その子・白河上皇により院政が始まる。**

このように院政がおこなわれるまで、平安時代半ばからずっと藤原氏の摂関政治が続いてきたのだった。ただし前述したように、摂関職に就ける家柄は限られており、藤原氏のなかでも北家だけだったのである。

Go back

では なぜ藤原氏北家が、朝廷の実権を握るようになったのだろうか？

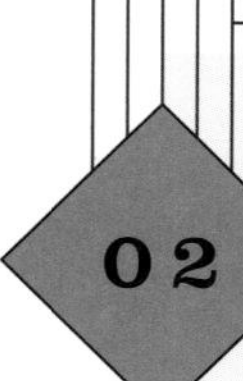

02 なぜ藤原氏北家は、朝廷で実権を握るようになったのか？

嵯峨天皇のもとで台頭した藤原冬嗣以降、北家が他氏排斥に成功していったから

天皇家と婚姻関係を結ぶ

藤原氏は、大化の改新で活躍した中臣鎌足が、天智天皇（中大兄皇子）から「藤原」の姓を与えられたところから始まる。その子・不比等は、奈良時代初期に娘たちを天皇と結婚させるなどして外戚となり、大きな力を持った。

不比等には、武智麻呂、房前、宇合、麻呂という四子がおり、それぞれ南家、北家、式家、京家という家（藤原四家）をつくった。そのうち**房前を祖とする北家が、藤原一族のなかでも、摂政・関白を独占する摂関家に成長していく**。

では、どのようにして藤原氏北家が権力の座に就くようになったのだろうか。

さかのぼること平安時代より一つ前の、奈良時代。藤原四子（四兄弟）は長屋王という皇族と権力を争っていたが、やがて長屋王を謀反の疑いで失脚させ（長屋王の変）、政権を手に入れることに成功する。ところが、流行した天然痘にかかって4人とも死去してしまう。そのため一時的に勢力は弱体化するが、その後も藤原四家は、武智麻呂（南家）の子・仲麻呂が朝廷の権力を握ったり、宇合（式家）の子・百川が山部親王（のちの桓武天皇）を皇太子に擁立するなど、朝廷でかなり大きな力を有していた。

そして時代は下り、平安時代の初め頃。藤原氏北家の藤原冬嗣が、嵯峨天皇のもとで蔵人頭になって寵愛され、天皇家と縁戚関係を結んで左大

藤原氏北家の権力の継承

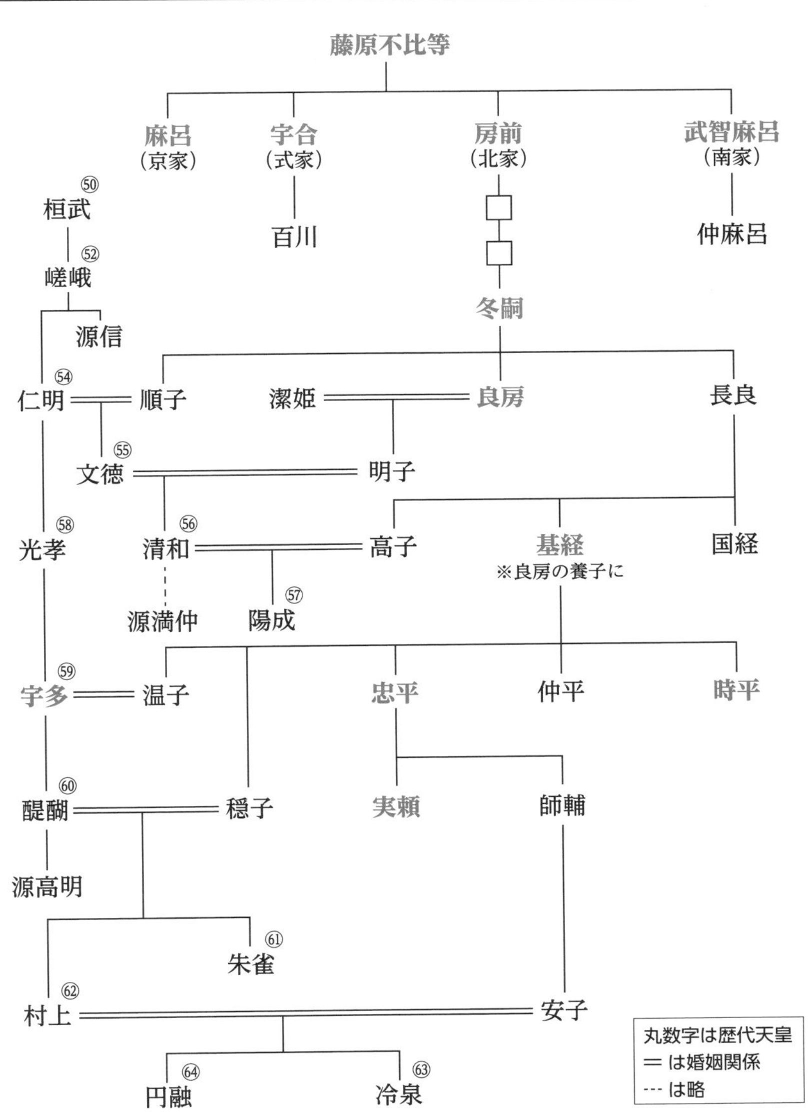

▶良房と基経の２人によって、藤原氏北家の繁栄の礎が築かれる。

臣となる。これを契機に、北家が朝廷で台頭してくるのだ。

冬嗣の子・良房は太政大臣（朝廷の最高職）に上り、さらに866年、清和天皇の外祖父として摂政の地位に就く。じつはそれまでの摂政はすべて皇族が就いており、**良房は臣下で初めて摂政に上り詰めた**わけだ。

次いで良房の息子（養子）の基経が摂政の地位を受け継ぎ、887年、関白になる。先に述べたように、関白は成人した天皇のもとで摂政と同様の仕事をする官職をいい、基経の時代に初めて設置された令外官（律令に規定されていない役職）だ。

この良房と基経の時代に、藤原氏北家は次々と有力な貴族を蹴落としていった。

良房と基経が北家の力を強めた

たとえば良房は、842年、皇位継承に関係する謀反の疑いで伴健岑と橘逸勢を配流した。これを承和の変という。

866年には応天門の変が起こる。大納言の伴善男が、左大臣だった源信の失脚をねらって応天門に放火し、これを源信の仕業に見せかけたのだ。だが、善男の悪巧みだと露見した。そこで良房は、関係者の善男と紀夏井を処罰し、有力な伴氏と紀氏を没落させたのである。源信もこれを機に政界から引退してしまい、良房の朝廷での力はさらに強大化した。

良房の後を継いだのが基経だ。良房の実子ではない。藤原長良の子で、叔父の良房の養子となったのである。876年、基経は陽成天皇の摂政となり、880年に太政大臣に就任。陽成天皇を退位させ、884年に光孝天皇を即位させて事実上の関白になった。正式に関白に就くのは887年のことだ。

そんな基経の晩年、阿衡の紛議が起こる。

新たに即位した宇多天皇が、橘広相に起草させた基経宛ての勅書に、「あなたに中国の阿衡のような関白の地位に就いてほしい」と記されていた。ところが文書を読んだ基経は激怒し、朝廷に出勤しなくなってしまったのだ。阿衡というのは、古代中国の最高職であり、かつて殷の賢臣とうたわれた伊尹が就いた職。起草者の広相は、この故事を引用したのだ。

ところが基経は、「阿衡の地位は高いが、実際の職務はない。俺のことを名誉職に祭りあげようというんだな」と腹を立てたというのだ。

たいへん屈辱的だったが、宇多天皇は、自分の非を認めて勅書を書き換えることで事態を収拾させたのである。ちなみに基経の狙いは、勅書を起草した広相を失脚させることにあったとされる。

広相は、奈良時代の権力者・橘諸兄の子孫で、娘を宇多天皇と結婚させ、2人の間には皇子がいた。対して基経は、宇多天皇の外戚ではなかった。だからもし広相の孫である皇子が即位して天皇になれば、広相が外戚として力を振るう可能性があった。そのため基経は先手を打って、広相を失脚させたというのである。

いずれにせよこの阿衡の紛議によって、関白としての基経の政治的立場は強化された。

ライバルの菅原道真を大宰府へ左遷

ただ、宇多天皇は基経の死後、摂政や関白をおかず、学者の家柄である菅原道真を重用し、藤原氏北家に対抗させた。さらに退位するとき、息子の醍醐天皇に道真を重用するよう命じた。このため道真は、中級貴族でありながら右大臣（現在でいえば副総理クラス）まで上ったのである。

このときの左大臣は、基経の長男・時平だった。時平はライバル道真を排除しようと、醍醐天皇に対し「道真が女婿・斉世親王を即位させようとしている」と讒言。これを信じた醍醐天皇は、901年に**道真を大宰権帥として九州の大宰府（朝廷の出先機関）へ左遷してしまう。**

こうして藤原氏北家は邪魔者を追いやり、再び権力を強めたのである。

なお、左遷された道真はショックだったのか、2年後に没してしまうが、それからまもなくライバルの時平も39歳の若さで死んだ。その後、さまざまな天変地異や皇室に不幸が起こり、さらに内裏に雷が落ちて貴族が感電死する事態が発生。一連の異変を貴族たちは「道真が怨霊（雷神）となった」

と信じ、その霊を慰めるため、九州に太宰府天満宮、京都に北野天満宮をつくったのである。ただ、道真は学者の家柄で、たいへん明晰だったことから、いつしか学問の神様として信仰されるようになり、現在に至ったというわけだ。

冬嗣以降も続いた他氏排斥

話を戻そう。藤原氏北家の他氏排斥はまだ終わらない。

時平のあとはその弟の忠平が醍醐天皇の政治（延喜の治）を支え、醍醐の死後、朱雀天皇のもとで摂政・関白になった。続く村上天皇のもとでも関白を続けたが、数年後に死去する。代わって、忠平の長男・実頼が村上天皇の政治（天暦の治）を補佐した。

なお、この延喜・天暦の治は、醍醐・村上天皇が親政をおこなって律令政治の再建を果たしたと考えられ、後世では「聖世」と賛美された。けれど、実際は藤原氏北家の力が強大で、伝説と実態は大きく異なっているのである。

続いて冷泉天皇が即位すると、967年、実頼は関白となった。その2年後の969年、「左大臣の源高明が謀反をたくらんでいる」という源満仲の密告があり、高明は大宰府へ左遷された。この事件を安和の変というが、これが藤原家北家による他氏排斥の最後の事件であった。

これ以後は、朝廷で摂政・関白が常置されるようになり、その職は藤原氏北家が独占することになった。

このように藤原氏北家は、嵯峨天皇の時代に重用された藤原冬嗣以降、他の有力皇族や貴族に摂政・関白の座を明け渡すことなく（摂関職がおかれなかった時代を除く）、次々と朝廷から他氏を排斥し、権力を独占した。

Go back

では藤原冬嗣が台頭する以前の政治は誰が見ていたのだろうか？　平安時代のごく初期の頃、天皇が自ら政治をおこなっていたのだ。

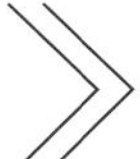

03 なぜ平安初期の天皇は、自ら政治をおこなうようになったのか？

奈良時代に栄えた仏教勢力の弊害を抑え、天皇の権力を強化する必要があったから

祟りを恐れて遷都

前項まで、平安末期は院政、それ以前は摂関政治がおこなわれていたと解説した。では、さらにその前は、誰がどのように政治を見ていたのだろうか？

じつは平安初期、平安京に遷都した**桓武天皇から平城（へいぜい）天皇、嵯峨天皇の時代までは、天皇が自ら政治をおこなっていた（親政）**のだ。本項で詳しく見てみよう。

784年、桓武天皇は、奈良の平城京を捨てて山背（やましろ）国の長岡京へ遷都した。70年以上も本拠地にしていた平城京を離れたのは、仏教の政治介入の弊害を断ち、天皇の権力を強化するためであった。

次項で詳しく述べるが、**奈良時代は、仏教を盛んにすれば国家が繁栄するという鎮護国家の思想にもとづき、各国に国分寺・国分尼寺がつくられ、東大寺に大仏が建造され、仏教の力が急激に増大した**。このため僧侶も政治に関与するようになり、称徳天皇のときには道鏡（どうきょう）が仏教政治を展開するまでになった。

そこで桓武天皇は、左大臣（通常の朝廷の最高職）をおかず、貴族や僧侶の力を抑えながら親政を展開し、積極的な政治改革を進めていった。さらに仏教都市である平城京を捨て、長岡京への遷都を決意する。大寺院は長岡京への移転を願ったが、桓武天皇はこれを許さなかった。

ただ、そのわずか10年後に、桓武天皇は長岡京を捨てて**平安京へと遷都**

する。

理由は、洪水が長岡京を二度襲ったことに加え、弟で皇太子だった早良親王の祟りを恐れたからだとされる。

話は長岡京造営の最中にさかのぼるのだが、新都造営の責任者である藤原種継が何者かによって暗殺される事件が起こった。

逮捕された犯人たちは早良親王に近しい者で、しかも早良はかつて僧をしており、仏教勢力とも関係が深い。くり返すが、**長岡京への遷都は平城京ごと仏教勢力を切り捨てることが目的の一つであった**。だから桓武は、種継の暗殺には早良親王も関与していたに違いないと断定し、早良を淡路島に流すことにしたのだ。

しかし早良は無罪を主張し、抗議のため飲食を絶ち、島へ送られる船のなかで死去した。それからまもなく、桓武の母・高野新笠や皇后などが次々に没し、皇太子に就いた子の安殿親王（のちの平城天皇）も原因不明の病にかかった。さすがに気になった桓武が陰陽師に占わせると、「すべて早良の祟りである」という結果が出たのだ。

驚いた桓武は、早良に崇道天皇の諡号を贈り、彼のために供養や墓掃除をする。

それでも不吉な現象はおさまらず、ついに桓武天皇は長岡京を捨て、新たに造営を始めた平安京に遷都したのだとされる。

遷都と蝦夷平定のため農民の負担が増す

桓武はまた、坂上田村麻呂を征夷大将軍に任じて蝦夷（東北に住み朝廷に従わない人びと）の平定事業に力を注いでいた。しかし晩年、参議の藤原緒嗣が「遷都と軍事の二大事業が民を苦しめているので中断すべきです」と主張したため、これを受け入れることにしたのである。

確かに二大事業によって農民は疲弊し、耕地の荒廃が拡大、結果として朝廷の財政は苦しくなった。そこで桓武は、農民の負担を軽減するため、6年ごとの班田（農民に耕作する口分田を分与する）を12年ごとに変更し、雑徭

畿内における主な都

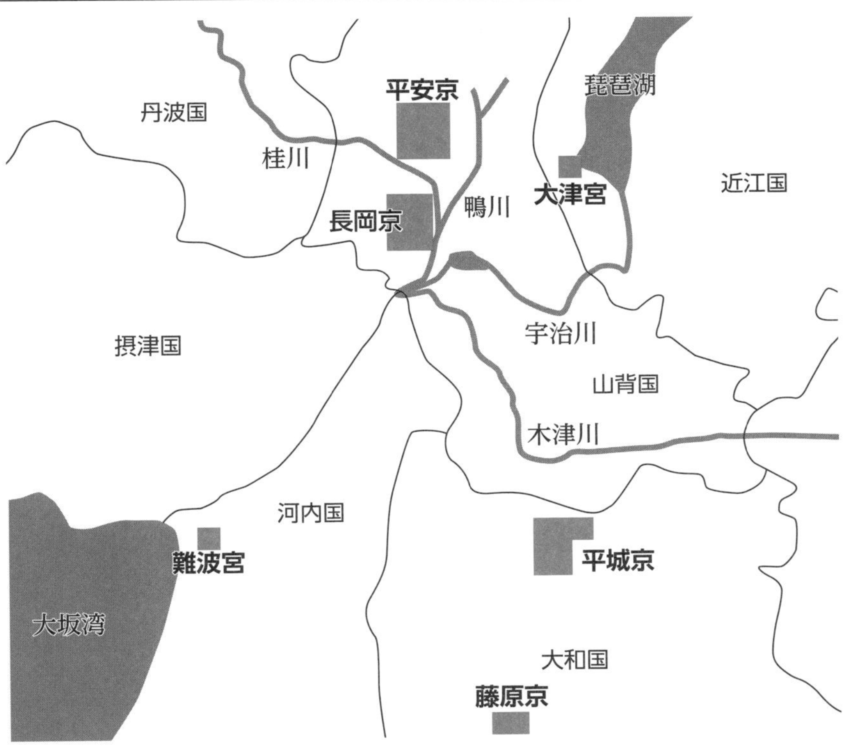

遷都した年	都の名称	所在（現在の所在）	遷都時の天皇
667	大津宮	近江国（滋賀県大津市）	天智
694	藤原京	大和国（奈良県橿原市、明日香村）	持統
710	平城京	大和国（奈良県奈良市）	元明
744	難波宮（後期）	河内国（大阪府大阪市）	聖武
784	長岡京	山城国（京都府向日市、長岡京市、京都市）	桓武
794	平安京	山城国（京都府京都市）	桓武

▶ 都が平安京に落ち着くまで、畿内で何度も遷都がくり返された。

（労働税）も60日から30日へと半減、農民の生活を安定させようとした。また徴兵制度（成人男性の3人に1人が徴発）も廃止し、792年、弓馬にすぐれた郡司（地方の有力者）の子弟や有力農民の、志願兵による軍事制度に改めていた（健児（こんでい）の制）。

このように**制度改革を断行してきた桓武だったが、最後は二大事業も中断**し、それからまもなくの806年にこの世を去った。

兄弟の争いは弟に軍配が上がる

桓武の亡きあとは、息子の安殿親王が即位して平城天皇となった。彼は政治改革に意欲を見せたものの、病気が再発し、在位3年で仕方なく弟の嵯峨に皇位を譲った。

ところが、太上天皇（上皇）になった平城はまもなく健康を取り戻し、寵愛する藤原薬子（くすこ）とその兄・仲成（なかなり）と結んで復位に動き出した。ちなみに薬子は、平城の姑（しゅうとめ）にあたるが、2人は男女の関係にあったとされる。

いずれにせよ、平城上皇は多数の貴族・官僚を率いて旧平城京へ移り、勅を発して政治を動かし始めた。こうして「二所（にしょ）朝廷」と呼ばれる二頭政治が始まったのである。さらに平城は、嵯峨に平城京への再遷都を強要し始めた。

ここにおいて嵯峨天皇は、兄である上皇との対決を決意し、810年、平安京にいた藤原仲成を捕まえて殺害した。激怒した平城は挙兵して伊勢を目指したものの、嵯峨方の坂上田村麻呂に行く手を遮られ、戦意を失い旧平城京へ戻って出家した。一方、薬子も毒をあおいで自殺した（平城太上天皇の変・薬子の変）。

このように平安時代初期は、仏教による政治の介入に加え、律令制度が確立してから100年近くが過ぎ、さまざまな矛盾が現れた。

そのため天皇自らがリーダーシップを発揮して政治改革を実施し、こうしたひずみを修正しようとしたのである。

たとえば嵯峨天皇は、蔵人頭（くろうどのとう）という秘書官長を頂点とした蔵人所とい

天皇家と藤原式家の関係図

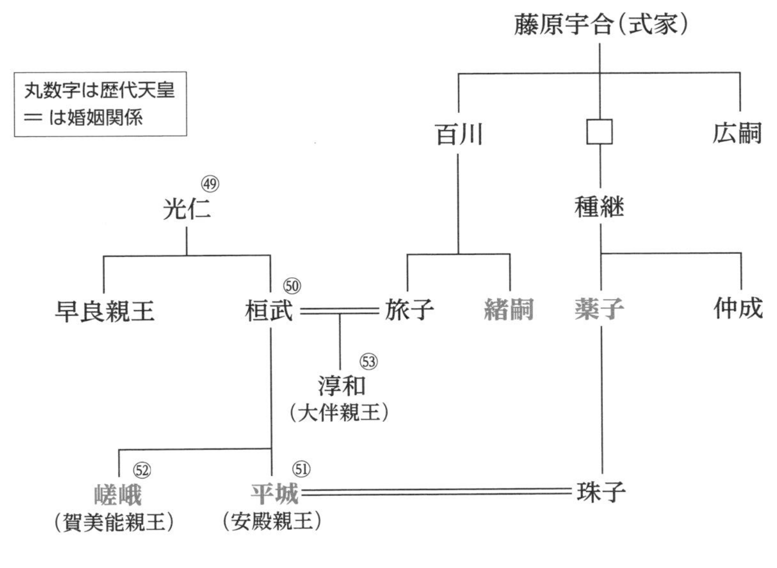

▶薬子の変によって式家は衰退し、代わって同じ藤原氏の北家が台頭する。

う役所を立ち上げた。政治の機密保持のため、天皇の側近にあって詔勅の伝達や訴訟などを太政官に取り次ぐ役所である。この役所をつくったのは、平城上皇方に機密が漏れないようにするためだったという。

ちなみに蔵人頭には、藤原北家の藤原冬嗣が就任。これがのちに藤原氏北家が台頭するきっかけとなった。

また、都の治安維持にあたる警察として検非違使（けびいし）を創設している。やがてそれまでの弾正台（だんじょうだい）や刑部省（ぎょうぶしょう）、京職（きょうしき）や六衛府（ろくえふ）といった仕事も検非違使がおこなうようになり、さらに各国にも設置されていく。

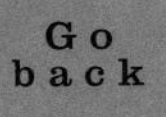

ではなぜ奈良時代に、桓武天皇が嫌がるほど、仏教が政治に大きな力を持つようになったのだろうか？

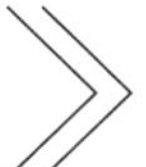

なぜ奈良時代は、仏教が政治に大きな力を持つようになったのか？

律令制度が揺らぎ、反乱が続くなか、天皇が仏教の力に頼ろうとしたから

仏教の興隆に注力した聖武天皇

710年に元明天皇は平城京へ遷都したが、これ以後、70年近くを奈良時代と呼ぶ。

この時代には中国にならった律令制度（大宝律令・養老律令）が導入されており、税制や行政の仕組み、規則に反した際の罰則などが定められていた。だが、律令の内容自体にかなり無理があり、施行されてすぐに、日本の律令制度は揺らぎ出していった。

律令では、すべての土地を国家所有とし（公地公民）、その土地を民に配り、税（租）を納めさせる仕組みがとられていた。ただ、この他にも男にはさまざまな税が課されたため、土地を捨てる民が出始めてしまう。

そこで政権は「耕した土地は一定期間、個人のものとしていい」という法（三世一身の法）を定めた。それでも事態は好転せず、743年、聖武天皇により墾田永年私財法が発せられる。「新たに耕した土地は私有地にしてよい」という法で、公地公民の考え方から大きく外れるものだ。必要な措置であったのだろうが、結果的に律令制度の根幹を揺るがすことになるのだ（古代の税制度と土地制度の詳細については、テーマ史にて後述）。

一方でこの時代は仏教が栄え、南都六宗という6つの学派（三論・成実・法相・倶舎・華厳・律）も成立した。多くの貴族や皇族が仏教を信奉したが、とくに聖武天皇が仏教の興隆に力を入れた。光明皇后の影響も大きかったといわれる。皇后はこれまで皇族がつとめてきたが、光明皇后は初めて

臣下（藤原氏）からその地位に上った女性である。彼女は孤児や病人を収容する悲田院をつくり、施薬院を設けて病人に薬をほどこし、治療させたと伝えられる。

聖武天皇が仏教を篤く信奉するきっかけになったのは、740年に九州の大宰府で**藤原広嗣**が反乱を起こしたためだ。当時は**橘諸兄**が聖武天皇を補佐して政治をとっていたが、広嗣はそのブレーンだった吉備真備と玄昉の排除を要求したのだ。

聖武天皇はすぐに軍隊を派遣して乱を鎮めたが、なぜか平城京を離れ、その後、山背国の恭仁京、摂津国の難波京、近江国の紫香楽宮など各地を転々とするようになった。この頃は、広嗣の乱の他に自然災害や疫病などがはやり、聖武天皇は精神的に不安定になったのではないかと思われる。

中国では、**反乱や天災が起こるのは為政者が悪いからだという考え方**があり、聖武は自身の治世の乱れに責任を感じ、741年、全国各地に**国分寺・国分尼寺の建立**を命じる。じつは当時、仏教を盛んにすれば世の中は平和になるという**鎮護国家の思想**があり、聖武天皇はそれを信じたのである。さらに743年、盧舎那大仏造立の詔を発し、紫香楽宮に盧舎那仏（大仏）を鋳造し始め、やがて事業は平城京に移された。こうして752年、**東大寺の大仏**が完成した。

また聖武天皇は、勝手に僧侶になる者が多いことを危惧し、仏教の戒律を授けて正式な僧侶にする制度を構築しようと考えた。そこで栄叡、普照らを唐へ派遣し、唐の高僧である**鑑真**がわざわざ来日してくれたのである。以後、僧侶になる者は東大寺につくられた戒壇院で鑑真から戒律をうけることになった。

天皇の寵愛を受け、政治に介入するようになった僧侶

756年に聖武天皇が死ぬと、**孝謙天皇**（聖武の娘、女帝）のもとで実権を握っていた**藤原仲麻呂**（南家の武智麻呂の子）が政務をとった。仲麻呂は、自身の叔母で天皇の生母である光明皇太后の信任を得ていた。

758年、孝謙天皇は仲麻呂らのすすめに従い、大炊王（淳仁天皇）に譲位する。孝謙は独身で兄弟姉妹がいなかったため、大炊王は孝謙とは血縁

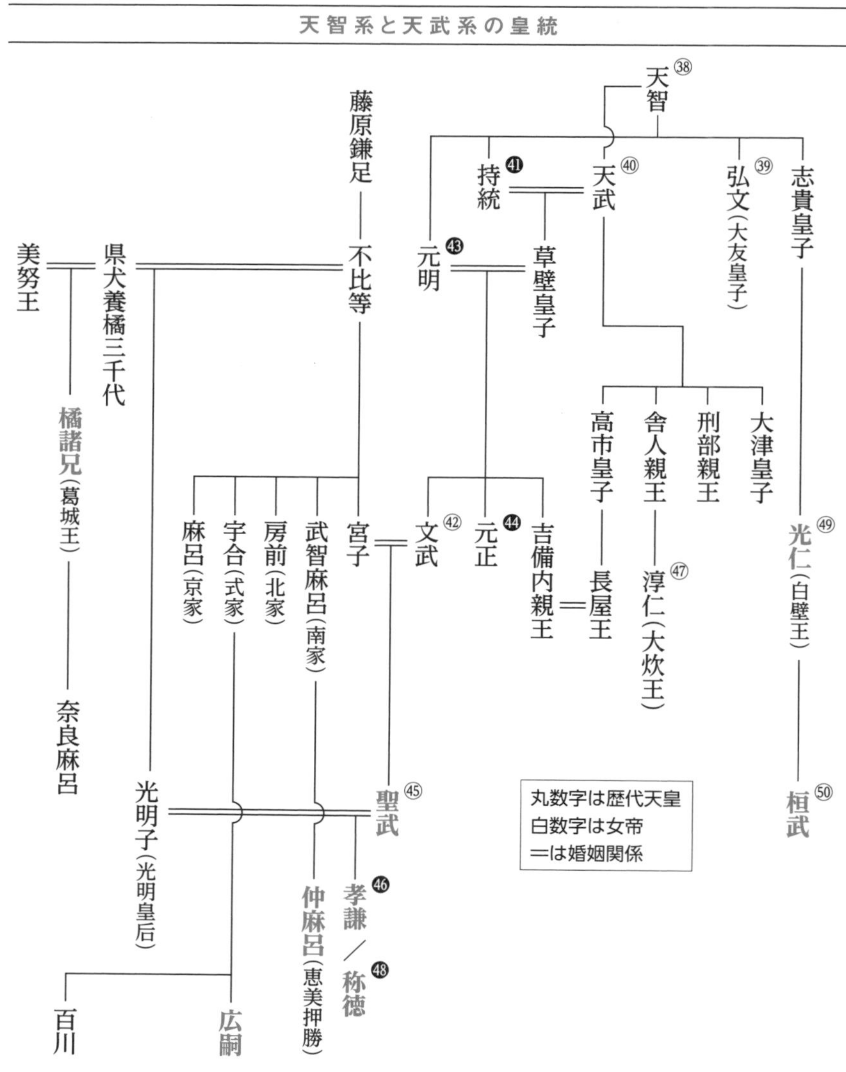

▶ 称徳天皇以降、皇統は天智系となり、江戸時代になるまで女帝は現れない。

の薄い皇族だった。

そうしたなか、上皇（太上天皇）となった孝謙は、病を治してくれた僧侶の道鏡を寵愛するようになる。これに危機感を覚えた仲麻呂が、淳仁を通じて孝謙に注意を与えると、激怒した孝謙は「今後、天下の大事は私が見る。天皇は小事のみを扱えばよい」と政権奪還宣言をしたのだ。焦った仲麻呂は反乱を起こす（恵美押勝の乱）が、敗れて殺された。残った淳仁は退位させられ、淡路島に流されてしまった。

すると孝謙は重祚して称徳天皇となり、道鏡を太政大臣禅師、さらには法王にとりたて、仏教政治をおこなわせたのである。ついに仏教が深く政治に介入するようになったわけだ。なお、称徳天皇と道鏡は愛し合っていたといわれ、高齢で独身の称徳は、道鏡に皇位を譲りたいと考えるようになる。

ちょうどそんなとき、九州の宇佐八幡宮から「道鏡を天皇にすれば、世の中は平和になる」という神のお告げが届いた。喜んだ称徳は、真偽を確かめるため、769年に和気清麻呂を派遣した。しかし清麻呂は、「道鏡を排除せよ」というお告げを持ち帰ったのである。怒った称徳は清麻呂を大隅国へ流したが、これにより道鏡の野望は消え、翌年、称徳天皇が死ぬと、道鏡は失脚して下野国薬師寺の別当に左遷された。

称徳天皇には近親者がいなかったので、実力者の藤原百川（式家出身）らは、天智天皇の孫にあたる62歳の白壁王を即位させた。それが光仁天皇だが、これにより**皇統は、天武天皇系から天智天皇系へ移った**。

光仁天皇のあとは、その長男である桓武天皇が即位したが、前項で述べたように、仏教の政治介入の弊害を断つべく、遷都を決行するのである。

このように振り返ると、奈良時代というのは律令制度が揺らぎ始め、各地で政変や反乱が起こり、天皇ら統治者が仏教にすがった時代であった。

Go back

ではなぜ、大和政権は律令制度をとり入れ、整備しようとしたのだろか？

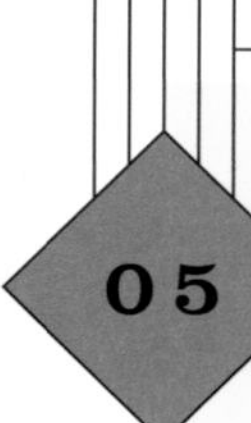

05 なぜ大和政権は、律令制度を整備しようとしたのか？

隋や唐という強大な統一国家が出現し、変化に対応する必要があったから

隋と対等の国交を結ぶ

587年、蘇我馬子（そがのうまこ）は物部守屋（もののべのもりや）を倒して朝廷の実権を握り、崇峻（すしゅん）天皇を擁立した。しかしのちに崇峻と対立するようになると、馬子は彼を暗殺し、592年、姪の推古（すいこ）天皇（初の女帝）を即位させた。歴史区分でいうと飛鳥時代の始まりの出来事だ。

この頃、北方（北朝）を支配していた隋（ずい）が300年ぶりに中国を統一した。**隣国に巨大な国家が誕生したことで、東アジアは大きく動揺し、変革を余儀なくされた。**

高句麗（こうくり）や新羅（しらぎ）、百済（くだら）が続々と隋と国交を結んだので、600年、推古天皇は遣隋使を派遣した。だが、隋の文帝（ぶんてい）は、日本の使者が「天皇の兄は天、弟が日である」などと意味不明なことを述べたので、たしなめている。つまり外交は失敗したのだ。

3年後の603年、**個人の功績や才能に応じて位を授与する冠位十二階**が創始され、翌年、**豪族の官僚としての自覚を求めた憲法十七条**が制定されたのは、このときの反省に立って隋の国家制度を模倣しようとしたからだという説もある。いずれにせよ、607年、再び小野妹子（おののいもこ）が遣隋使として派遣され、「日出（い）づる処（ところ）の天子、書を日没（ぼっ）する処の天子に致（いた）す。恙（つつが）無きや、云々」と記した国書を手交し、隋に対等外交を求めたのである。

書を読んだ隋の煬帝（ようだい）は激怒したが、結局、裴世清（はいせいせい）を答礼使として日本へ派遣した。つまり、対等な関係を認めたのだ。当時、隋は高句麗への遠征

蘇我氏が権力を握っていた頃の皇統

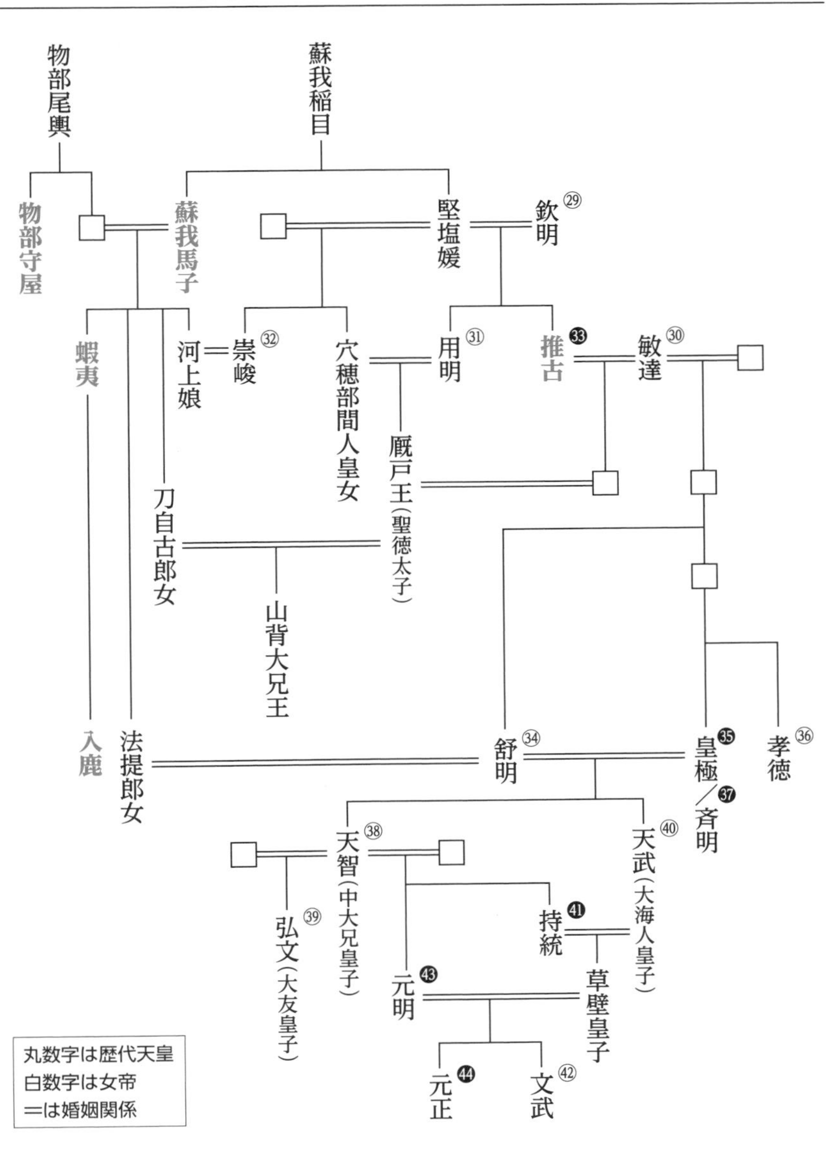

▶入鹿に追いつめられた山背大兄王が自害するなど、蘇我氏が権力を握っていた。

を考えており、日本との関係を悪化させたくなかったのだとされる。

まもなく隋は滅んで唐が成立するが、朝廷は遣唐使も定期的に派遣した。**律令（法律制度。律は刑法、令は行政法にあたる）を整え、中央集権化を達成した唐は、高句麗へ侵攻していった。このため日本でも律令による中央集権の確立が必要となった。**

蘇我氏が滅ぼされ、天皇中心の体制に

しかし、冒頭で述べたとおり、当時は蘇我氏の力が天皇家をしのぐほどだった。そうしたなか中臣鎌足は、天皇を中心とした中央集権体制の実現を目指し、中大兄皇子（皇極天皇の子）と結んで、645年、蘇我入鹿を討ち、その父・蝦夷を自殺に追い込んで蘇我氏を滅ぼしたのである（乙巳の変）。

すぐに朝廷の人事が刷新され、孝徳天皇が即位、中大兄皇子は皇太子となり、左大臣、右大臣、内臣、国博士などの新たな職制が整備された。

また、唐にならって「大化」という年号をたて、都を飛鳥から難波の長柄豊碕宮（難波宮）へ遷した。そして翌646年正月元日、孝徳天皇は改新の詔を発布し、政治改革（大化の改新）を開始したのである。

詔には、私有地と私有民を廃止して公地公民制へ移行すること、国・郡・里といった行政区画を定め地方官を任命すること、戸籍や計帳を作成して班田収授法を実施すること、統一的な税制度を施行することなどが明記された。

律令制度の成立

663年、滅んだ百済の再興を目指す遺臣の要請に応じて、中大兄皇子は朝廷軍を渡海させたが、**新羅・唐連合軍に大敗を喫してしまう**（白村江の戦い）。中大兄は、敵が渡海して攻めてくると信じ、巨費を投じ各所の防備体制を固め、貴族の反対を押し切って都を飛鳥から近江国の大津へ遷した。琵琶湖のほとりに遷都すれば、敵が来た際、すぐに逃亡できるからだろう。

古代の行政区分

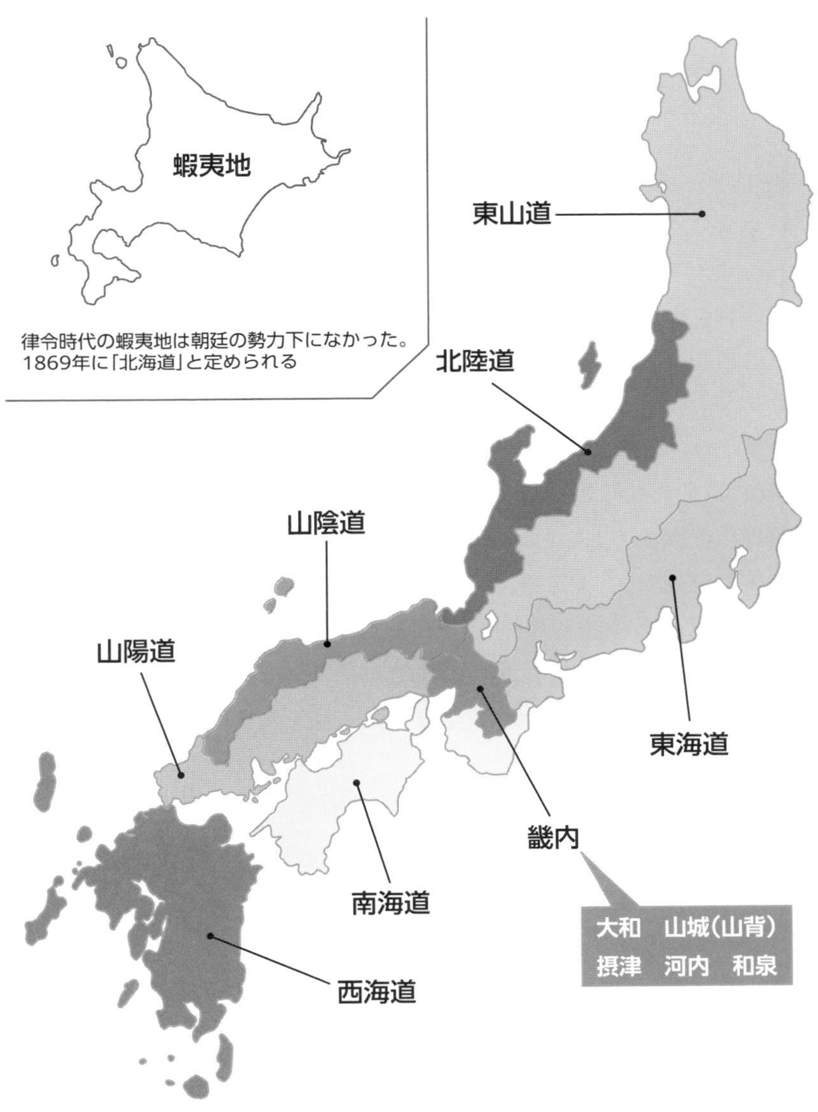

▶5つ国に分けられた畿内と7つの道に分けられたため、五畿七道と呼ばれる。

668年、中大兄皇子は即位して天智天皇となるが、この年、近江令が完成した。その内容は伝わっていないが、中臣（藤原）鎌足が中心となって編纂された初めての行政法だ。さらに670年、庚午年籍（最初の完備した全国的戸籍）が作成された。このようにして、着々と国内で律令制度が整っていった。

天智天皇が死去すると、翌672年、後を継いだ大友皇子の近江朝に対し、大海人皇子（天智天皇の兄弟で大友の叔父）が挙兵した（壬申の乱）。天智の強引な政治手法に不満を持っていた貴族の多くが呼応し、戦いは大海人皇子の勝利に終わった。

大海人皇子は翌年、飛鳥浄御原宮で即位し天武天皇となった。武力で権力を手にした天武は、大臣をおかずに皇后や皇子とともに政治をとった。これを皇親政治と呼ぶ。

684年には新たな姓を制定（八色の姓）し、天皇中心の身分秩序（氏姓制度）を再編成、豪族は天皇を支える官人（官僚）だと規定した。

天武天皇が死去すると、その皇后（天智天皇の娘）が即位して持統天皇となる。持統は飛鳥浄御原令を689年に施行し、翌年には庚寅年籍を作成。694年には藤原京に遷都した。唐の都である長安の都城にならい、宮の周囲に条坊（縦と横の道路で区切られた碁盤目状の区画）を持つ日本初の巨大帝都である。

そして701年、大宝律令が制定されたのである。初めて律（刑法）もセットになった完成版で、文武天皇の時代に刑部親王と藤原不比等が中心になって編纂にあたった。

これによって**律令を支配の基本法とする制度、すなわち律令制度が確立し、天皇を頂点とする中央集権的な官僚制度が整った**のである。

Go back

では律令制度が整う前の時代は、どのような統治形態をとっていたのだろうか？

06 隋や唐が出現する前の大和政権とは、どのような形態だったのか？

畿内の豪族たちを中心とした連合政権だった

古墳からわかる大和政権の成り立ち

前項で述べたように、隋・唐の出現という外圧によって、**大和政権**は律令制度を整備して天皇を中心とする集権国家をつくる必要に迫られた。では、それ以前はどのような形態をとっていたのだろうか。

本項では日本初の全国政権である大和政権の成り立ちにさかのぼって語っていこう。歴史区分では古墳時代と呼ばれる頃の話だ。

大和政権の発祥と全国化は、**古墳**（前方後円墳）の広がりから読み取れる。

古墳とは、大きな丘を持つ豪族の墓のこと。そんな古墳が近畿から瀬戸内海の沿岸に出現するのは3世紀半ばのことだった。

とくに大規模な前方後円墳は近畿の大和川沿いに集中しており、このことから、この一帯に、強大な力を持つ豪族たちが存在し、連合体としての大和政権をかたちづくっていたと考えられている。4世紀半ばになると、前方後円墳は関東から九州北部にも見られるようになるが、これは、大和政権の全国統一が進んだ結果だと推測される。

5世紀に入ると、大阪平野に巨大な前方後円墳群が出現する。これまでとは比較にならないほど大きく、副葬品も武器・武具・馬具が激増、被葬者が武人的な性格を有していたとわかる。武力での全国統一を進めていた大和政権の実態が反映されたのだろう。

この時期の古墳でとくに巨大なのが、世界遺産にも指定された百舌鳥（もず）古墳群（堺市）の**大仙陵古墳**（だいせんりょう）（仁徳（にんとく）天皇陵）と、古市（ふるいち）古墳群（藤井寺市・羽曳野（はびきの）市）

の誉田御廟山古墳（応神天皇陵）だ。

大陸から文化や技術が伝来

全国的な規模になった大和政権は、次に朝鮮半島へと進出していく。

4世紀の中国は、華北で五胡十六国が、江南では宋など4国が興亡する南北朝時代を迎え、中国の周辺諸国への影響力が弱くなる。そうしたなか、高句麗（中国東北部から朝鮮北部の国家）が強大化し、半島を南下していく。一方、半島南部では西に百済、東に新羅、そして南に加耶（加羅）が成立。ただ、加耶は国家というより小国の連合体だった。大和政権は、**鉄などの資源や農業・土木・建築といった各種の進んだ手工業技術を吸収するため**加耶へ進出し、また百済との関係も深めた。そして南下する高句麗とたびたび交戦するようになったのだ。

5世紀、倭（大和政権）の五王（讃・珍・済・興・武）は高句麗に対抗するために、中国の南朝（主に宋）に朝鮮南部の支配権を認めてもらおうと朝貢している。

大和政権は支配地域を広げるにつれ、統治の仕組みも整えていく。

具体的には、大王（のちの天皇）を頂点として大和・河内（奈良県・大阪府）周辺の豪族が中心となって氏姓制度がつくられていった。氏という血縁集団である豪族が、家柄や職務に応じて臣、連、君、直といった地位や身分を示す姓を大王から与えられ、政権の政務を分担するという仕組みだ。

最高職は大臣・大連といい、臣姓や連姓を有する中央の有力豪族から任じられ、大王を補佐し政治をとった。さらにそのもとに伴造という祭祀や軍事など特定の職務を担当する豪族がおり、伴や品部と呼ばれる官人や技術者集団を従えた。君、直、首などの姓を与えられた地方豪族は、国造や県主に任じられ、地方支配にあたった。**現代でいえば、大臣・大連は総理大臣、伴造は国務大臣、国造は県知事といえようか。**

また、この古墳時代には、大陸や朝鮮半島から渡来人が多数来日し、最新の学問や技術をもたらした。すぐれた養蚕・機織り技術、漢字、儒教、仏教、須恵器（窯で焼いた硬質の土器）、医・易・暦などもこの時期に伝来した。

とくにその後の日本社会に絶大な影響を与えたのは仏教だ。欽明天皇の538年、百済の聖明王が教典や仏像をもたらした。豪族の間では、仏教の受容をめぐって崇仏派の蘇我稲目と排仏派の物部尾輿が論争、このときは物部氏に軍配があがり、欽明天皇は公式に仏教を崇拝せず、蘇我氏が個人的に信奉するのを許すにとどめた。

しかし**その後、蘇我氏が朝廷の実権を握ると、仏教は国家的に崇拝される**。やがて政治や文化などに大きな影響を与えることになるのは、すでに見たとおりだ。

このように大和政権は畿内の豪族連合から始まり、やがて支配地域を全国へ拡大し統治の仕組みも整えていったのである。

大和政権の支配機構

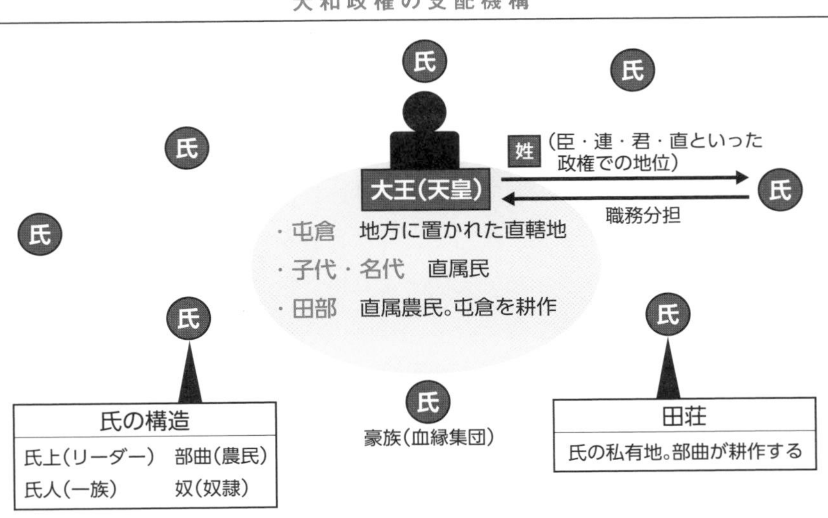

▶大王が政権での地位を与える代わりに、豪族は政権の職務を担った。

Go back

ではなぜ、豪族たちの連合国家が形成されることになったのだろうか？

なぜ豪族たちの連合政権が、形成されることになったのか？

弥生時代、土地や灌漑施設をめぐって小国どうしが争い、統合が進んだから

田畑等の奪い合いで集落が形成される

大和政権は豪族たちの連合政権だった。ということはすなわち、もともと豪族がそれぞれ小さな国家（小国）をかたちづくっていたわけだ。本項ではそのあたりに触れたい。

日本に小国（くに）が勃興してくるのは、弥生時代のことだ。**弥生時代になると、縄文晩期に伝来した水稲耕作（稲作）が日本社会へ広まっていった**。それまでは狩猟採集の社会だったが、農耕社会に変わったことで、灌漑施設や田畑、長期間保存可能な米穀などの生産物が登場する。

とくに田畑や灌漑施設は、つくりあげるのに労力がかかる。そこで奪い合うという戦争が起こった。各村では、侵入者から身を守るため、周囲に濠（ほり）をめぐらす環濠集落や山頂や丘陵上に高地性集落を築くようになったのである。また、戦いに勝ち抜くため、鉄剣、鉄鏃（てつぞく）、石剣、石鏃といった殺傷能力の高い武器が使用されるようになった。

そんな日本の姿が初めて記録として残るのは、紀元前1世紀のこと。中国の『漢書（かんじょ）』の「地理志」という項目に、当時の日本の様子がわずかに載っている。

同書によれば、この頃の日本は倭と呼ばれ、百余国に分かれていたという。こうした小国は、漢の直轄地である朝鮮半島の楽浪郡（らくろうぐん）（紀元前108～紀元313年）に定期的に朝貢していたと記されている。

続く『後漢書』東夷伝（とういでん）には、西暦57年、倭の奴国（なこく）が後漢の光武帝（こうぶてい）に使いを送り、光武帝から奴国の王を臣下と認める印綬を与えられたとある。ちなみにこの金印は、1784年に筑前国志賀島（福岡市）で発見された。印には「漢委奴国王」と刻まれ、奴国が福岡県の博多湾沿岸に存在したことが判明した。107年には倭国王の帥升たちが、生口（奴隷）160人を後漢の安帝に献上している。

このように、日本の小国の王たちは自国の勢力を拡大するため、漢などの中国王朝の権威を利用していたことがわかる。

女王が支配する邪馬台国が成立

ところが、その後の日本では、147年から189年まで倭国大乱と呼ばれる大戦争が勃発してしまう。

しかし3世紀前半（弥生時代後期）になると、卑弥呼を女王とする30の小国連合、邪馬台国が成立したことが『魏志』倭人伝（『魏書』東夷伝倭人の条）に書かれている。

卑弥呼は鬼道（呪術）を用いて人びとをよく支配し、政治は弟が補佐したという。独身で高齢、いつもは城柵や櫓に守られた宮殿に住み、人びとの前に姿を見せることはなかった。邪馬台国には王、大人（貴族）、下戸（庶民）、生口（奴隷）といった身分があり、租税や刑罰制度も整っていた。婚姻形態は一夫多妻制で、身体に彫り物をしていたとある。

239年には、卑弥呼は難升米を魏へ送っている。ライバルの狗奴国に対抗する目的だったと推測される。このとき魏の明帝は、卑弥呼に対し「親魏倭王」の称号や金印や銅鏡100枚を与えた。

それから約10年後に卑弥呼は没し、今度は男が邪馬台国の王となるが、再び内乱が勃発したので、卑弥呼の一族の女性・壱与（台与）が即位した。彼女はまだ13歳の少女だったが、国内は安定したという。

邪馬台国は畿内にあったか、九州にあったか？

なお、『魏志』倭人伝の記述が曖昧であるため、邪馬台国の所在地は特

定できない。畿内（大和）説と九州説が有力だ。畿内説だとすれば、そのまま邪馬台国が強大化して大和政権になったと考えられる。九州説については、邪馬台国は単なる地方政権に終わったという考え方と、その後、大和へ移って大和政権になったという説がある。

近年は、卑弥呼の墓と伝えられる箸墓(はしはか)古墳のある**纒向(まきむく)遺跡**に、卑弥呼時代の遺跡や遺物がいくつも発見されており、邪馬台国の候補地としてにわかに注目が集まっている。

いずれにせよ、3世紀前半には30の小国連合体が成立していることから、この時期、日本列島の小国は急速に統合が進んでおり（邪馬台国がそのまま大和政権に発展したかは諸説あるが）、強大な連合政権が誕生する素地はできていたのである。

邪馬台国の所在

畿内説

九州説

纒向遺跡（奈良県桜井市）

▶いまなお、九州説と畿内説をはじめ、邪馬台国の所在について論争が続いている。

ではその前の時代の人びとは、どのような暮らしをしていたのだろう？

08 水稲耕作が広まる前、人びとはどんな暮らしをしていたのか？

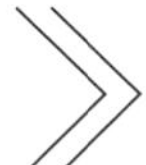

土器の発明により、縄文人は豊かな狩猟採集の定住生活を送っていた

農業技術が進展する以前の生活

縄文時代の晩期（紀元前5～4世紀頃）、朝鮮半島から北九州に渡来してきた集団が水稲耕作（稲作）を伝える。そして弥生時代になると、西日本まで稲作が普及していった。こうして新しい時代、弥生時代が始まったのである。

ただ、弥生前期は低湿地に簡単な灌漑施設をつくった小さな田んぼ（湿田）が中心で、農具もまだ木製だった。稲は石包丁で穂首刈りして土器のなかに入れ、貯蔵穴や高床倉庫で保存した。

それが中期以降になると次第に鉄器が普及し、石包丁も鉄鎌に代わり、鉄の刃先を持つ鍬などが登場する。土木技術も発達し、微高地に水路や堰（せき）などの灌漑施設が設置された。

こうした農業技術の進展によって、**収穫が増加すると当然人口も増え、集落の規模は拡大。やがて土地や灌漑施設、収穫をめぐって村どうしの戦争が激化し、小国が誕生していった**のだ。

では、水稲耕作が導入される前、人びとはどんな暮らしをしていたのか。

一言でいえば、**狩猟採集の生活**である。

時代的には縄文時代だ。この時代名は、当時使われていたとされる縄目の文様を持った土器に由来する。

縄文時代、**土器の登場によって人びとの生活は一変する**。食べ物を煮炊きでき、またアク抜きして食べられるようになるなど、食生活が格段に豊かになったのである。

また、温暖化によってナウマンゾウやオオシノジカなどの大型獣が消滅したため、弓矢が発明され、中小動物が容易に捕獲できるようになった。石器も進化し、磨いて鋭くした磨製石器が使用されるようになる。

縄文人は20～30人程度の集団をつくり、**定住的な生活を送った**。その住居は、地面を掘りくぼめて半地下式にし、真ん中に炉をおき、屋根をのせた竪穴住居が一般的だった。ただ、なかには長細く巨大な住居跡もあり、アパートのような集合住宅だとする説もある。また、次第に平地居住も増えていった。

食べ物は、動物性タンパク質より、植物性のほうが圧倒的に多いことが判明している。ドングリやクリ、トチなどの木の実を主食としていたらしい。青森県の三内丸山（さんないまるやま）遺跡では、クリを人工的に栽培していた痕跡が縄文

縄文土器の主な変遷と特色

草創期

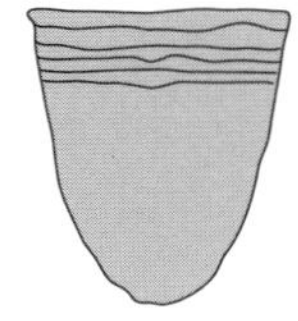

方形平底や円形丸底のタイプが多く、煮炊きに用いられる。徐々に縄の模様が多様化していく。

前期

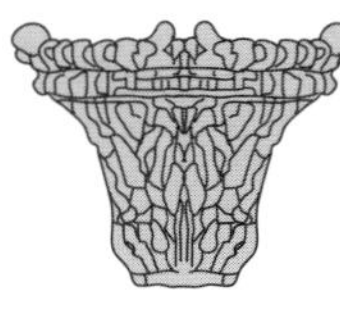

大型化するとともに平底タイプが普及する。煮炊き用以外に、保存用としても使用される。

後期

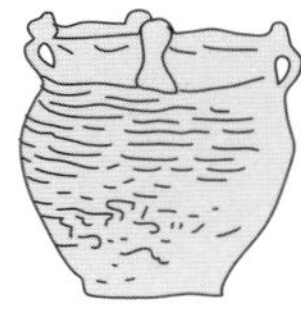

用途に応じた器形が登場するとともに、小型化が進む。縄の模様もシンプルになっていく。

晩期

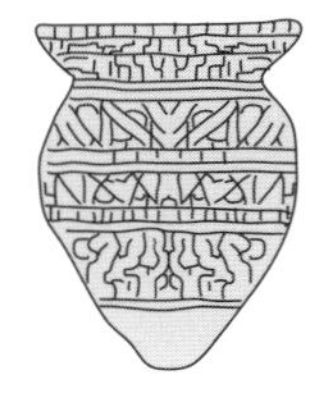

東日本では器種の多様化が進み、精巧な文様のものが増える一方、西日本では器種が減る。

▶時代を経て用途が増えるにつれ、さまざまな器種がつくられるようになる。

縄文時代に登場した二つの道具

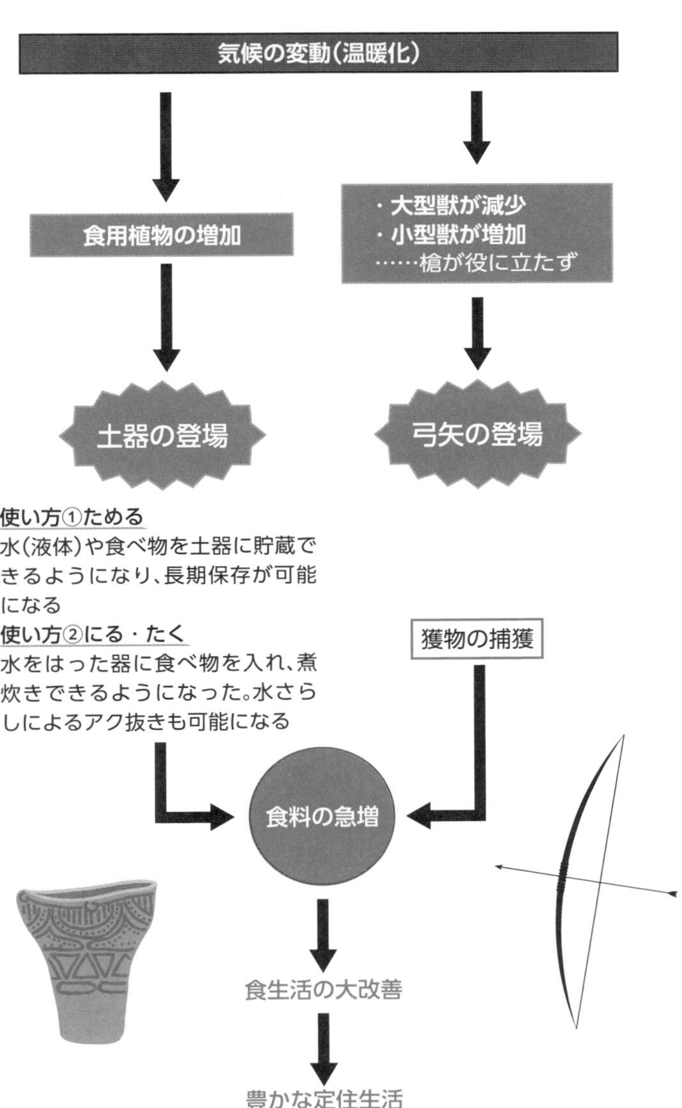

▶ 二つの道具の登場によって、縄文時代における日本の人口は増加していった。

前期の遺跡から見つかっており、アワやヒエ、エゴマや豆類の原初的農耕がおこなわれていたこともわかっている。

こうした食生活がわかるのは、縄文時代のゴミ捨て場である貝塚のおかげだ。貝類が層になったなかに、食べ物のカスが残存しているのだ。ちなみに日本で初めて貝塚を発見したのは、明治時代に来日したアメリカの動物学者モースである。

縄文時代の通過儀礼と埋葬

縄文人の風習は、現在とはかなり異なっている。

縄文人のなかには意図的に抜歯したり、歯をフォークのように変形させる叉状研歯を持つ人びとがいた。抜歯は、当時の通過儀礼だと思われるが、叉状研歯を有するのは副葬品の多さから指導者的地位にあった者らしい。とはいえ、弥生時代に比べると、身分の差はあまり見られず、平等な社会だった。

埋葬は、体を折り曲げて葬る屈葬が一般的だった。これは、死者の霊が悪さをしないためだというのが有力な説だが、胎児の姿をかたどったとか、大きな穴を掘るのがめんどうくさいので、折り曲げて入れたという説もある。

この頃つくられたと見られる土偶（土でかたどった人形）もよく出土するが、ほとんどは妊娠した女性の姿をしていて、獲物の増加や子孫の繁栄を祈ったのだとされる。

いずれにせよ、いまから1万3000年前に始まった縄文時代は、温暖な気候のなかで食物も多く、人びとは戦争もせず、比較的豊かな生活を送っていたようだ。

Go back

では土器を発明する前の時代に日本列島に住んでいた人びとは、どのような暮らしをしていたのだろう？

09 土器が発明される前、人びとはどのような暮らしをしていたか？

打ち欠いた石器のみを用いて、少数で移動しながらの狩猟採集をしていた

人類の祖先は新人

土器の発明によって、日本に暮らしている人びとの生活は大きく変わったと、前項で解説した。では、土器が登場する前は、どんな暮らしをしていたのか。そもそも日本列島には、いつから人間が暮らしていたのだろうか。また地球上には、いつから人類が存在したのだろうか？

現段階で最古の人類とされるのは、アフリカ中部のチャドで発見された化石人骨・サヘラントロプス・チャデンシス（トゥーマイ）だ。およそ700万年前のことである。ただ、サヘラントロプス・チャデンシスは、私たちの直接の祖先ではない。猿人という種だ。

その後、人類は原人、旧人、新人の順に現れるが、人類の祖先にあたる新人が登場するのはおよそ10万年前（異説あり）と考えられている。とはいえ、旧人と新人はしばらく共生していた。たとえば、旧人のネアンデルタール人は3万年前まで生息しており、新人との混血も判明している。

さて、日本列島に人類が住み始めた時期だが、戦前までは縄文時代からと考えられていた。けれど1946年、相沢忠洋氏により岩宿（いわじゅく）遺跡（群馬県）が発見されたことで、列島における旧石器時代人の存在が明らかになる。

その後、その起源は年々古くなり、一時は60万年前の旧石器遺跡も存在したが、これら古い遺跡はすべて1人の考古学者のねつ造と判明。旧石器時代の明石原人、葛生（くずう）人、三ヶ日人など化石人骨も調査され、その疑わしさから否定されるようになった。

現在、国内最古の旧石器遺跡として10万年前までさかのぼる可能性を持つものも存在するが、やはり確実なのは3万～4万年前の遺跡だろう。

化石人骨は、石灰岩が発達したアルカリ性土壌の沖縄県でそのほとんどが発見されている。一番古いのは、約3万2000年前と想定される山下町洞人（沖縄県那覇市山下町で発見）。子供の大腿骨（だいたいこつ）やあごの骨が出土している。完全な男女の人骨が出土しているのは約1万8000年前の港川人（沖縄県島尻郡具志頭村（ぐしかみそん）で発見）である。ただ近年、それよりさらに古い1万8000～2万7000年前のものとされる全身骨格が残った複数体の人骨が、沖縄県・石垣島の白保竿根田原（しらほさおねたばる）洞穴遺跡で発見され、DNAの抽出にも成功した。

旧石器時代人の暮らし

旧石器時代人は、まだ金属を用いておらず、打ち砕いただけの石器を用いて、10人程度の小集団でナウマンゾウやオオツノジカなどの獲物を求めて移動生活をしていたらしい。このため住居もテント式の簡素なものや洞穴を利用していた。

もちろん、毎日獲物が捕獲できるわけではないので、木の実や球根、葉物など植物性食料を採取したはず。ちなみに狩猟や採取には、打ち欠いただけの打製石器を用いていたが、用途によって大きく4種類ある。

まずは打製石斧（握槌（にぎりづち）・握斧（にぎりおの）・ハンドアックス）。打撃用の狩猟具だ。続いてナイフ形石器。イメージからわかるように、獲物の切断に用いたと考えられる。旧石器時代の後期に登場してきたものだ。

同じ時期に現れたのが尖頭器。先端部が鋭利で刺突機能があり、投げ槍の先にはめ込んで使用されたと思われる。そして最後が細石器。3～4センチの小さく鋭い石器で、木や骨でつくった槍先の両側にはめ込んで用いたらしい。旧石器時代の後期末に登場した。このように、打製石器の種類から時期を特定できるのである。

この時期は寒冷な気候であり、**日本列島は中国大陸とつながっており、人間は陸路で中国から日本列島にやってきたと考えられている。**

旧石器時代の遺跡・遺物

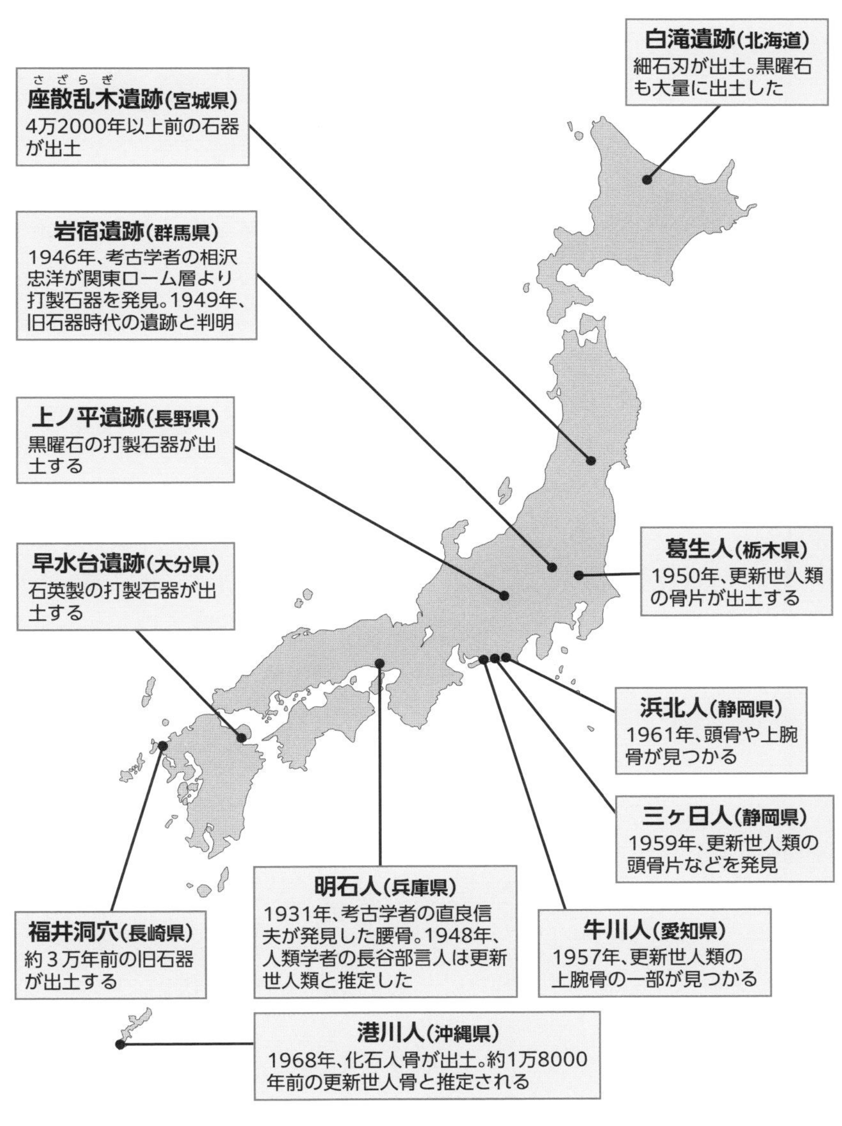

▶北は北海道から南は沖縄県まで、旧石器時代の遺跡・遺物が見つかっている。

17 テーマ史

古代の外交

大和政権という統一国家が成立する前から、日本人は中国と外交関係を結んできた。最古の記録は『漢書』地理志だ。紀元前1世紀の弥生時代、倭（日本）は小国に分立していたが、なかには漢の植民地・楽浪郡に使者を派遣し、自国の立場を高めようとする国もあった。3世紀になると邪馬台国の女王・卑弥呼が魏へ遣使している。

4世紀、日本を平定した大和政権は鉄資源を求めて、朝鮮半島南部の加耶諸国へ進出する。半島南部には、この他、百済や新羅という国家が成立していた。一方、中国東北部から興った高句麗は楽浪郡を滅ぼし、半島北部へ勢力を広げた。このため、利害関係が対立する日本は、高句麗とたびたび戦うようになった。そこで5世紀に5人の天皇が、高句麗を牽制するため中国の南朝に朝貢している。朝貢とは、中国皇帝に貢ぎ物を持って謁見すること。彼らは中国の史書では讃・珍・済・興・武と呼ばれた。済・興・

朝鮮半島の情勢と倭の五王

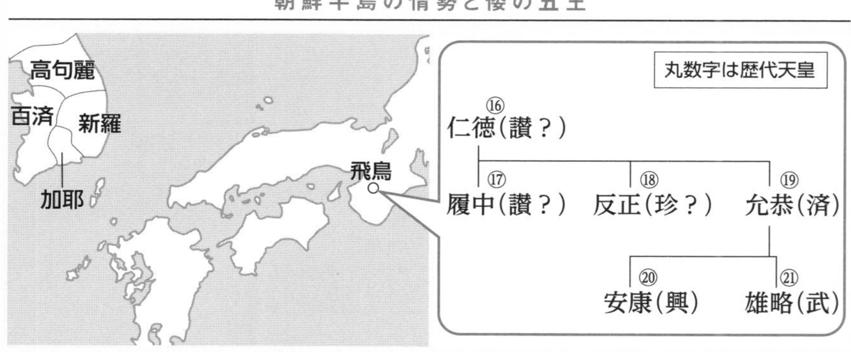

▶加耶をめぐって、朝鮮半島南部の国々と敵対関係にあった。

武はそれぞれ、允恭（いんぎょう）・安康（あんこう）・雄略天皇（ゆうりゃく）に比定されている。

朝貢外交を転換したのは推古天皇だ。600年、推古は遣隋使を派遣したが、うまく国交が結べなかった。そこで冠位十二階、憲法十七条など国家制度を整えたうえで607年、小野妹子を隋の煬帝のもとに再び派遣した。その国書には「日出づる処の天子、書を日没する処の天子に致す」と記し、対等外交を表明したのだ。煬帝は激怒したが、高句麗遠征を予定していたこともあり、日本と友好関係を保つ必要があり、仕方なく国書を受け取り、答礼使を遣わした。

ちなみに翌年、妹子は再び隋に赴き、留学生の高向玄理（たかむこのげんり）、南淵請安（みなぶちのしょうあん）、僧旻（みん）が同行。彼らは帰国後、大化の改新で重要な役割を果たした。

隋が滅んで唐に代わってからも大陸の進んだ技術や知識・制度を取り入れるため、大和政権（朝廷）は遣唐使を派遣し続けた。630年に犬上御田鍬（いぬかみのみたすき）が最初に渡海してから894年に菅原道真の建白で中止されるまで、遣唐使は20回近くにわたって遣わされ、国家制度の発展や文化の発達に多大な貢献をした。

その後、朝廷が中国へ使者を送る正式な国交はなくなったが、宋の商人が交易のため博多に来日したり、日本の僧侶が渡海するなど、民間交流は盛んだった。

遣唐使の航路

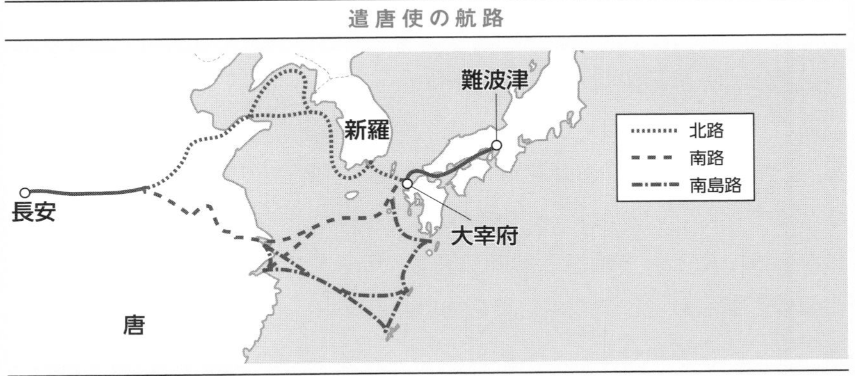

▶新羅と敵対関係にあったときは、新羅を経由する航路が機能しなかった。

テーマ史 18　古代の文化

縄文文化、弥生文化、古墳文化など、各時代に独特な文化が花開くが、7世紀前半に開花した初の仏教文化が飛鳥文化である。これ以後、古代の文化は仏教の影響が絶大だ。

飛鳥文化の代表作のうち、釈迦三尊像、百済観音像、玉虫厨子は法隆寺の所蔵。中宮寺や広隆寺にある半跏思惟像の古拙な笑みも魅力的だ。

初唐文化の影響を受け、7世紀後半に起こったのが白鳳文化。若々しく活気に満ちあふれているのが特色。なかでも薬師寺東塔の均整美は素晴らしく、高松塚古墳に描かれた極彩色の壁画は華麗だ。残念ながら法隆寺金堂壁画は戦後に焼損してしまった。薬師寺金堂薬師三尊像は、現存する最古級の金銅像である。

8世紀半ばの天平文化は、聖武天皇の鎮護国家としての仏教振興策により花開いた。盛唐の影響を受けた高度な貴族的な文化であり、東大寺の巨大な盧舎那仏がその象徴といえる。国際色も豊かで、鳥毛立女屏風や螺鈿紫檀五絃琵琶など正倉院に所蔵される宝物には遠く西アジアやインド、ペルシアの影響が見られる。

弘仁・貞観文化は、桓武天皇が平安京に遷都し、現仏教に飽き足らぬ最澄や空海が唐より密教を導入した影響で、新時代開拓の力強さを感じさせる文化だ。彫刻では、一本の大木で仏像を彫り抜いた一木造が盛んで、代表的な仏像として神護寺薬師如来像、元興寺薬師如来像がある。また、密教の影響もあり、仏教の世界を描いた曼荼羅や加持祈禱に用いられる不動明王が多く描かれた。

続く国風文化は、藤原氏の摂関政治が恒常化する10世紀後半に花開いたので、別名を藤原文化ともいう。遣唐使によって伝来した中国文化を消化したうえで、日本独自の洗練された文化が開花したのだ。

漢字を崩した**仮名文字**が広く使用されるのもこの時期。代表的なものに**平等院鳳凰堂**、『**源氏物語**』や『**枕草子**』がある。貴族の間で浄土信仰がはやり、法界寺阿弥陀如来像など数多くの阿弥陀如来がつくられた。

11世紀後半、**阿弥陀信仰**は全国へ広まり、中尊寺金色堂や白水阿弥陀堂のような壮麗な阿弥陀堂が、地方豪族の手によって次々創建された。中央の貴族文化が初めて地方へ波及したのだ。ちょうど時期が院政期と重なっているので、**院政期文化**と呼ぶこともある。

古代における5つの文化

文化名	特徴	代表的なもの	
飛鳥文化	都があった飛鳥を中心として花開いた文化	＜建築・彫刻＞ 飛鳥寺（法興寺）　四天王寺 法隆寺　中宮寺 釈迦三尊像　半跏思惟像	＜工芸＞ 玉虫厨子　天寿国繍帳
白鳳文化	律令国家としての形成期に興った若々しい文化	＜建築・彫刻＞ 薬師寺東塔　山田寺仏頭 ＜工芸＞ 薬師寺金堂薬師三尊像 興福寺仏頭	＜絵画＞ 高松塚古墳壁画 キトラ古墳壁画
天平文化	貴族を中心とした壮大で華麗な仏教文化	＜文学＞ 『古事記』『日本書紀』『風土記』 『万葉集』『懐風藻』 ＜建築＞ 東大寺　正倉院　唐招提寺	＜彫刻＞ 東大寺盧舎那仏 ＜工芸＞ 鳥毛立女屏風 螺鈿紫檀五絃琵琶
弘仁・貞観文化	密教の影響が色濃く表れた文化	＜文学＞ 『凌雲集』『経国集』『日本霊異記』『三教指帰』 『十住心論』 ＜建築＞ 室生寺	
国風文化	大陸との交流が絶たれ、日本独自に培われた文化	＜文学＞ 『土佐日記』『源氏物語』 『竹取物語』『枕草子』 『倭名類聚抄』『古今和歌集』 『往生要集』	＜建築＞ 平等院鳳凰堂 ＜絵画＞ 信貴山縁起 鳥獣人物戯画甲乙巻

▶大陸から朝鮮半島を経由して伝わった文化が日本で育まれた。

テーマ史 19

仏教の変遷

インドで起こった仏教は、67年に中国の後漢に伝来、384年に朝鮮の百済へ伝わり、538年（552年説あり）に百済の聖明王によって欽明天皇の時代に日本にもたらされた。ただ、すでに渡来人の間では、私的に崇拝がされていたようだ。

公伝の際、仏教の受容をめぐって対立があった。大臣の蘇我稲目は崇仏を主張し、大連の物部尾輿は「国つ神（祖先神）の怒りをまねく」と排仏を訴えた（崇仏論争）。欽明天皇は公的な崇拝は認めないが、蘇我氏の私的崇拝は許可した。やがて蘇我稲目の息子・馬子が物部守屋を滅ぼすと、仏教は朝廷で公認される。推古朝では聖徳太子（しょうとくたいし）が仏法を奨励、奈良時代には鎮護国家（国を守護する）の宗教として国教化され、僧侶の地位は飛躍的に向上する。

しかし、やがて僧侶は政治家と癒着し、ついには皇位を狙う道鏡のような人物が出てくる。そこで桓武天皇は、腐敗した仏教勢力を断つべく長岡京、さらに平安京への遷都を強行し、僧を政治から排除して天皇親政を始めた。

続く嵯峨天皇は最澄（天台宗の開祖）と空海（真言宗（しんごん）の開祖）を重用して仏教を刷新した。空海は、唐（中国）から加持祈禱（かじきとう）による現世利益を説く密教を持ち込み、これが貴族の間で爆発的に流行した。その後、伝染病の流行や天変地異が続いたこともあり、念仏（南無阿弥陀仏）を唱え、極楽浄土を願う浄土教（阿弥陀信仰）が流行。摂関政治の全盛期を築いた藤原道長も、阿弥陀如来の手からたらした糸を握りしめて死んだという。

院政期の白河・鳥羽・後白河の3上皇は、仏教の聖地である熊野や高野を幾度も詣でるなど仏教を崇敬し、出家して法皇になった。だが、延暦寺や興福寺などの大寺院は武装化させた僧兵を大挙して都へ乱入させ、上皇らの信仰心を盾に無理な要求を受け入れさせた。上皇や貴族は仏罰を恐れ、多くの要求を受け入れた。

だが、やがて神仏を恐れない人びとが登場する。武士である。彼らは戦うことが宿命なので、殺生もやむを得ないと考え、朝廷の命令で僧兵とも戦い、殺害することもあった。こうした階層の登場により、仏教に縛られた古代は終わりを告げ、武士を主人公とする中世が始まるのである。

天皇家ゆかりの寺院などの所在

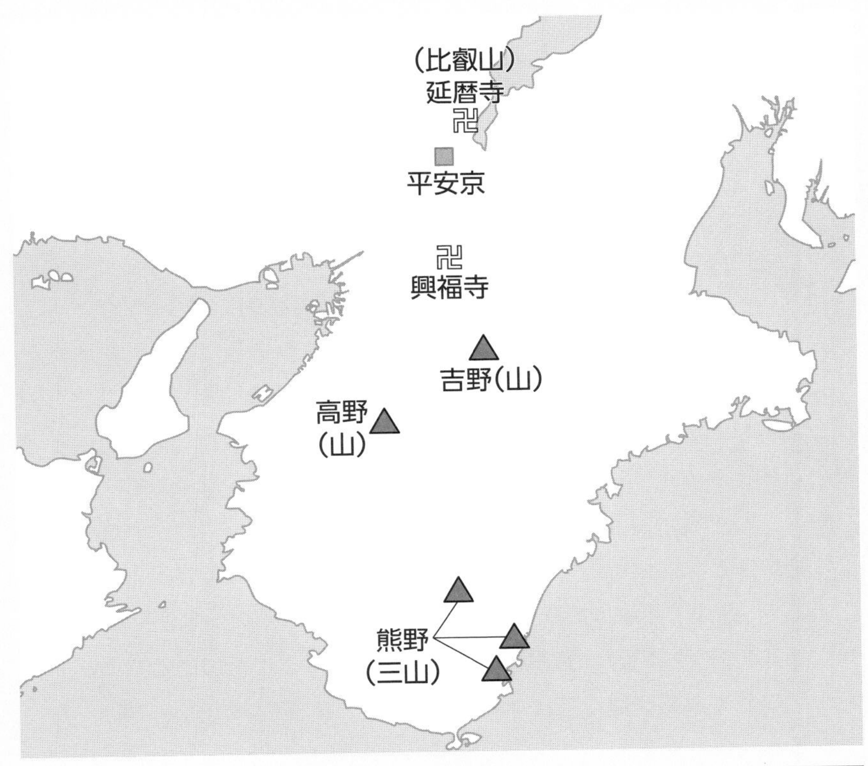

▶平安京の周辺には、強大な寺院勢力が存在していた。

20 テーマ史 古代の税制度

古代の税制度は、701年に制定された**大宝律令**で確立した。

一般の人びとは、戸主を代表者とする**戸**（25人程度で構成）に所属するかたちで、**戸籍**や**計帳**（調・庸などを課すため、毎年作成される基本台帳）に登録された。

戸籍は6年ごとに新たに作成され、これにもとづいて満6歳以上の男女に**口分田**が与えられた。そして死去すると、6年に1度の班年を待って返還させた。この制度を**班田収授法**と呼ぶ。口分田からは、1段につき2束2把の稲（収穫の3％程度）を徴収した。この税を**租**と呼ぶ。

女性の税は、この租だけだったが、男性は驚くほどの重税が課せられた。

絹・糸・綿・布など郷土の産物のうち、1種類を一定量差し出させる税があり、これを**調**といった。さらに都での労役（歳役）を10日間つとめる代わりに、布（麻布）2丈6尺（約7.8メートル）を徴収された。これが**庸**だ。

租が地方財源であったのに対し、調と庸は中央財源であり、農民たちははるばる都まで税を運んでいかねばならなかった。この役目をつとめる農民を**運脚**と呼ぶが、帰途食糧が尽き、のたれ死ぬ人も少なくなかった。

税はこれで終わらない。地方において国衙（現在でいえば県庁）の雑用や土木工事など、60日以下の**雑徭**と称する労役をつとめなくてはならなかった。また、かつて朝廷は飢饉の際、種籾（たねもみ）まで食べてしまった農民のために、春に稲（正税）や粟を貸し付けていたが、やがてこれが強制となり、秋に利子をつけて返還しなくてはならなかった。これを**出挙**（すいこ）（正税出挙・公出挙）という。

とくに過酷だったのは兵役だ。成人男性（21～60歳）の3人に1人の割合で徴発された。該当者は諸国の軍団に属して訓練を受け、国内の治安維持にあたるが、なかには北九州を防備する防人（さきもり）、京を警備する衛士（えじ）として派遣される者もあった。

こうしたことから、郷里から逃亡する農民が続出したり、税を逃れるため勝手に出家する者（私度僧）が激増した。また、男なのに女と戸籍を偽って税を免除される偽籍も流行、この税制度は8世紀半ばに崩れ、9世紀に破綻してしまったのである。

庶民に課せられた各税

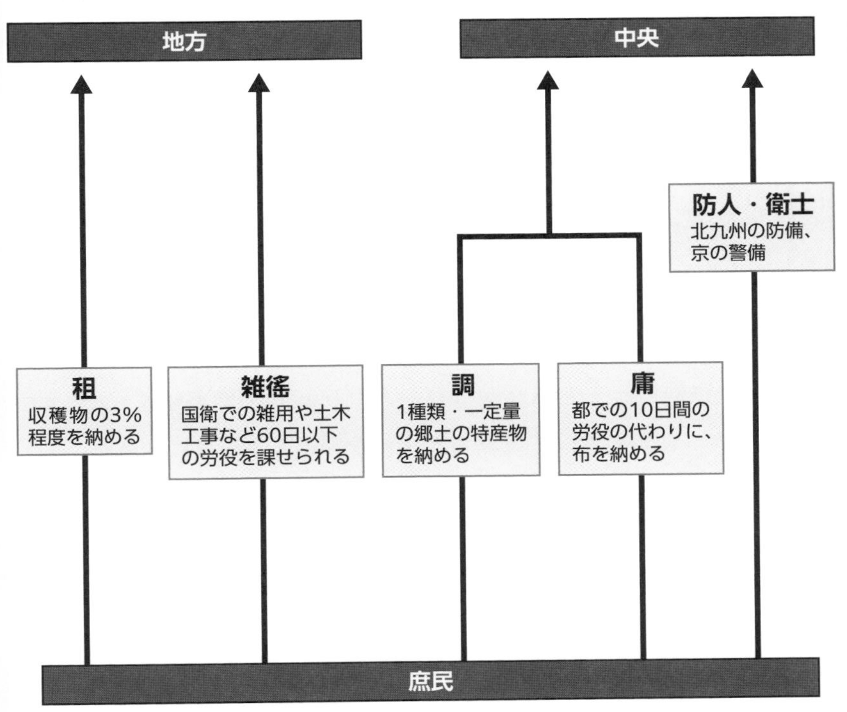

▶各種産物を納めるだけでなく、兵役といった負担に庶民は苦しめられる。

21 テーマ史 土地制度の変遷

大和政権が成立した4世紀から7世紀半ばまでは、各豪族は田荘（たどころ）と称する土地を所有し、部曲（かきべ）という私有民に耕作させていた。

だが、646年に改新の詔が出され、すべての土地を国家の所有とする公地公民制の方針が示された。672年の壬申の乱で政権を握った天武天皇、続く持統天皇のもとで、土地の公有化が進み、701年の大宝律令によって原則すべての土地は国家のものとなり、農民に口分田として支給された。だが、重税によって農民たちの逃亡が相次いだこともあり、朝廷は再び私有地を認める方向へ土地政策を転換する。

こうして743年、墾田永年私財法が発せられ、新たに切り開いた田畑は私有してよいことになったのである。初めに土地の開墾に乗り出したのは、財力を有する寺社や貴族などで、彼らによって開墾された土地を初期荘園と呼ぶ。

けれど10世紀以降、初期荘園は衰退し、代わって開発領主（有力農民）が作人（農民）や下人（農奴）を使って土地を開拓するようになった。

国司（各地方の役人。いまでいえば県知事のような立場）は、こうした荘園に役人を派遣して厳しく税を取り立て、介入するようになった。そこで開発領主やその子孫たちは、中央の貴族や大寺社に荘園を寄進し、彼らを本家や本所と仰ぐようになった。ただ、寄進というのはあくまで名目的なもので、開発領主やその子孫たちは、本家などから荘官（荘園の管理人）に任じられ、実質的に荘園の支配を続けた。

つまり、寄進することで中央貴族や大寺社の権威を利用し、国司の圧力や租税を免れようとしたのである。やがて荘園のなかには、役人の立ち入りを拒否したり（不入の権）、租税が免除されたり（不輸の権）する荘園も増えていった。

なお、荘園の開発領主やその子孫たちは、自分の荘園を守るため、武装していく。それが武士の発祥だという説がある。

土地制度の移り変わり（4～8世紀）

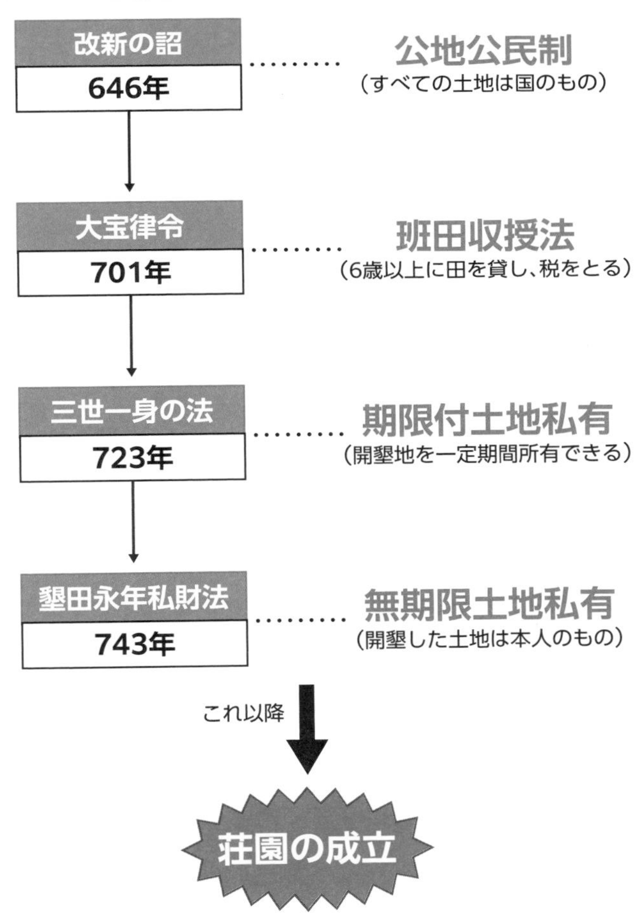

▶開墾者にその土地の所有を認めたことで、荘園が成立するようになる。

第4章
平安時代～旧石器時代

テーマ史 22　大宝律令と律令国家

701年、大宝律令が制定されたことで、日本は名実共に律令国家となる。

律はいまでいえば刑法にあたり、令は政治に関するさまざまな法律、つまり行政法といえるだろう。

中央組織は太政官と神祇官があったが、太政官が行政全般を司る最高政庁（組織）である。太政官には太政大臣・左大臣・右大臣・大納言といった公卿（三位以上の貴族）がいて、彼らの合議で政権が運営された。太政官のもとで政務を分担するのが八省である。主な仕事は、以下のとおりだ。

〈中務省（なかつかさ）〉詔勅の作成・最重要の省／〈式部省〉文官の人事・大学の管理

〈治部省〉外交・仏事・宮廷音楽／〈民部省〉民政一般・戸籍・租税・財政

〈兵部省（ひょうぶ）〉軍事・武官の人事／〈刑部省（ぎょうぶ）〉裁判・刑罰／〈宮内省〉宮中の事務

〈大蔵省〉国庫の出納・管理、貨幣の管理、度量衡・朝廷行事の設営

太政官内で公卿の合議で決定した事項は、天皇の許可を得て、天皇の命令（意思）として詔や勅という文書形式で発布された。太政官が下級の役所や諸国にあてて出す命令文書は太政官符と呼び、これにもとづいて政策が実施された。

行政区画は都周辺の5つの国を畿内とし、その他を東山道・東海道・北陸道・山陽道・山陰道・南海道・西海道の七道に分けた。

さらに全国には国・郡・里がおかれ、国司・郡司・里長が任命された。

国司には中央の貴族が派遣され、国府（役所）を拠点にその国内を統治した。6年（のち4年）が任期で、その職務は国内の治安維持、戸籍・計帳の作成、班田収授、兵士徴発など。郡司は終身官で、地方豪族や有力者が任じられ、民政や裁判を担当した。里長は住民から選ばれ、税の徴収が主

な職務だ。

刑罰には五刑（笞・杖・徒・流・死）があり、笞・杖は鞭や棒で体をたたく刑、徒というのは懲役、流は流罪、死は死刑だ。ただ、謀反・謀大逆・謀叛・悪逆・不道・大不敬・不孝・不義の罪は、八虐（八逆）といって国家・天皇・尊属に対する重罪とされ、有位者でも罪を免れなかった。

大宝律令にもとづく政治組織

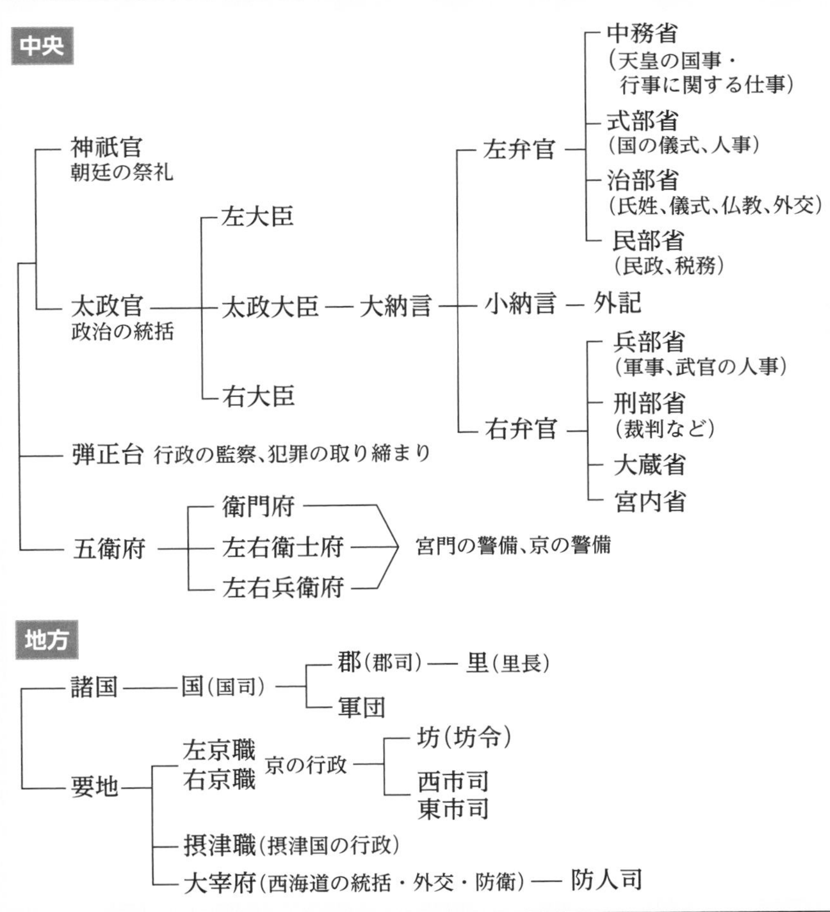

▶中国の律令をモデルに、二官という官職と八省という役所が設置された。

平安時代〜旧石器時代

年代	天皇	出来事
1017年	後一条	藤原道長が太政大臣となる
969年	冷泉	安和の変が起こる
939年	朱雀	平将門の乱、藤原純友の乱が始まる
887年	光孝	藤原基経が初めて関白となる
866年	清和	応天門の変が起こる
842年	仁明	承和の変が起こる
794年	桓武	平安京に遷都する
743年	聖武	墾田永年私財法を発布
710年	元明	平城京に遷都する
701年	文武	大宝律令が完成する
672年	弘文	壬申の乱が起こる
663年	天智	白村江の戦いが起こる
645年	孝徳	乙巳の変が起こる
630年	舒明	初めて唐に使者が派遣される(遣唐使)
607年	推古	使者を隋に派遣する(遣隋使)
5世紀	倭の五王	中国の南朝に使者を派遣する
3世紀	—	邪馬台国の女王・卑弥呼が魏に使者を派遣する
2世紀	—	倭国の王・帥升らが後漢に使者を派遣する

巻末付録

現代

古代

令制国

大宝律令の制定によって、各地は「国（旧国）」という単位で区分されるようになる。これを「令制国（律令国）」といい、廃藩置県まで使われていた。

旧国名	都道府県
❶ 蝦夷地	北海道※
❷ 陸奥	青森県 岩手県 宮城県 福島県
❸ 出羽	秋田県 山形県
❹ 越後	新潟県
❺ 佐渡	
❻ 上野	群馬県
❼ 下野	栃木県
❽ 常陸	茨城県
❾ 下総	
❿ 上総	千葉県
⓫ 安房	

旧国名	都道府県
⓬ 武蔵	埼玉県 東京都
⓭ 相模	神奈川県
⓮ 甲斐	山梨県
⓯ 信濃	長野県
⓰ 伊豆	静岡県
⓱ 駿河	
⓲ 遠江	
⓳ 三河	愛知県
⓴ 尾張	
㉑ 美濃	岐阜県
㉒ 飛騨	
㉓ 越中	富山県
㉔ 能登	石川県
㉕ 加賀	

※蝦夷地（北海道）は明治時代初期に正式に日本の領地とされ、律令制のもとの行政区分がそれまでの五畿七道から五畿八道となった

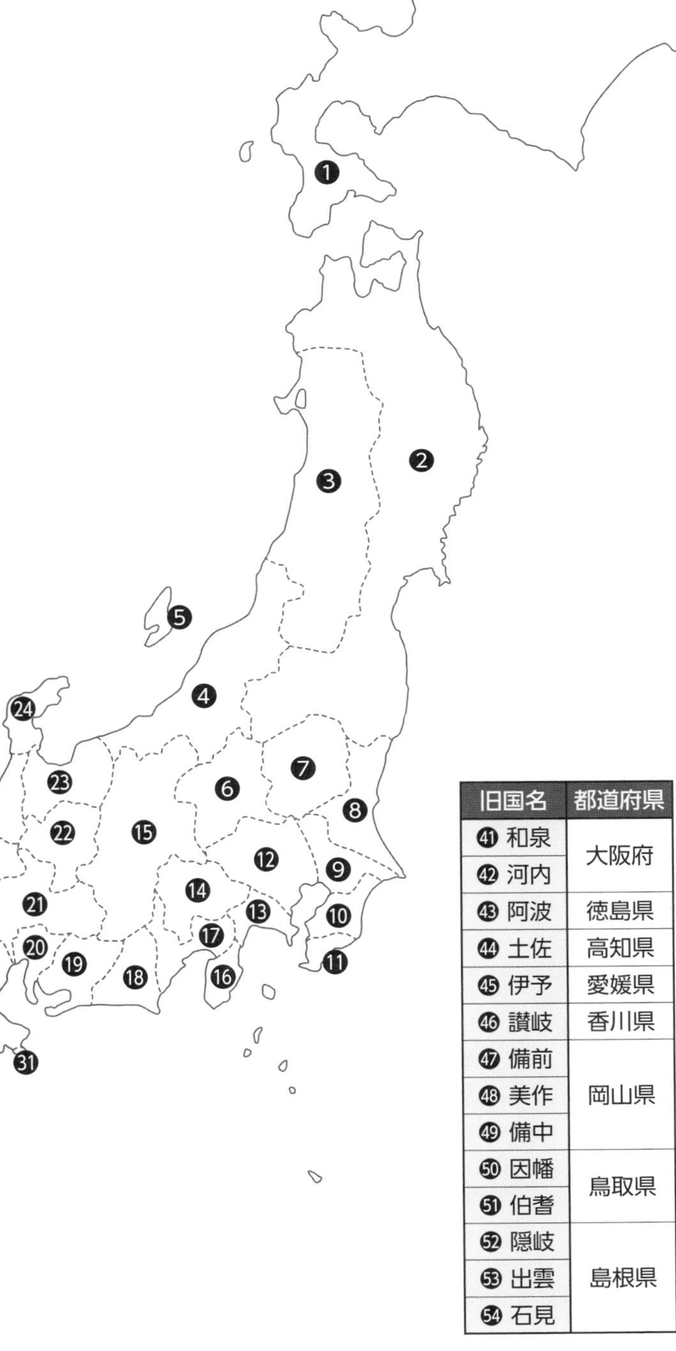

旧国名	都道府県
26 越前	福井県
27 若狭	
28 近江	滋賀県
29 伊勢	三重県
30 伊賀	
31 志摩	
32 紀伊	和歌山県
33 大和	奈良県
34 山城	京都府
35 丹後	
36 丹波	
37 但馬	兵庫県
38 淡路	
39 播磨	
40 摂津	大阪府

旧国名	都道府県
41 和泉	大阪府
42 河内	
43 阿波	徳島県
44 土佐	高知県
45 伊予	愛媛県
46 讃岐	香川県
47 備前	岡山県
48 美作	
49 備中	
50 因幡	鳥取県
51 伯耆	
52 隠岐	島根県
53 出雲	
54 石見	

旧国名	都道府県
55 備後	広島県
56 安芸	
57 周防	山口県
58 長門	
59 筑前	福岡県
60 筑後	
61 豊前	
62 豊後	大分県
63 日向	宮崎県
64 大隅	鹿児島県
65 薩摩	
66 肥後	熊本県
67 壱岐	長崎県
68 対馬	
69 肥前	佐賀県

重要語［50音順さくいん］

あ行

か行

さ行

た行

な行

は行

ま行

や行

ら行

わ行

重要人物［50音順さくいん］

あ行

か行

さ行

た行

な行

は行

ま行

や行

わ行

天皇・将軍さかのぼり年表

<table>
<tr><th>時代</th><th>代</th><th>天皇
（在位期間）</th><th>代</th><th>征夷大将軍
（在職期間）</th></tr>
<tr><td>明治／江戸</td><td>122</td><td>明治
（1867 〜 1912）</td><td colspan="2">※将軍職廃止</td></tr>
<tr><td rowspan="12">江戸</td><td rowspan="4">121</td><td rowspan="4">孝明
（1846 〜 1866）</td><td>15</td><td>徳川慶喜
（1866 〜 1867）</td></tr>
<tr><td>14</td><td>徳川家茂
（1858 〜 1866）</td></tr>
<tr><td>13</td><td>徳川家定
（1853 〜 1858）</td></tr>
<tr><td>12</td><td>徳川家慶
（1837 〜 1853）</td></tr>
<tr><td>120</td><td>仁孝
（1817 〜 1846）</td><td rowspan="2">11</td><td rowspan="2">徳川家斉
（1787 〜 1837）</td></tr>
<tr><td>119</td><td>光格
（1779 〜 1817）</td></tr>
<tr><td>118</td><td>後桃園
（1770 〜 1779）</td><td rowspan="2">10</td><td rowspan="2">徳川家治
（1760 〜 1786）</td></tr>
<tr><td>117</td><td>後桜町
（1762 〜 1770）</td></tr>
<tr><td>116</td><td>桃園
（1747 〜 1762）</td><td>9</td><td>徳川家重
（1745 〜 1760）</td></tr>
<tr><td>115</td><td>桜町
（1735 〜 1747）</td><td>8</td><td>徳川吉宗
（1716 〜 1745）</td></tr>
<tr><td rowspan="2">114</td><td rowspan="2">中御門
（1709 〜 1735）</td><td>7</td><td>徳川家継
（1713 〜 1716）</td></tr>
<tr><td>6</td><td>徳川家宣
（1709 〜 1712）</td></tr>
</table>

江戸	114	中御門 (1709 〜 1735)
江戸	113	東山 (1687 〜 1709)
江戸	112	霊元 (1663 〜 1687)
江戸	111	後西 (1654 〜 1663)
江戸	110	後光明 (1643 〜 1654)
江戸	109	明正 (1629 〜 1643)
江戸	108	後水尾 (1611 〜 1629)
江戸／安土桃山	107	後陽成 (1586 〜 1611)
安土桃山／室町	106	正親町 (1557 〜 1586)
室町(戦国〜南北朝)	105	後奈良 (1526 〜 1557)
室町(戦国〜南北朝)	104	後柏原 (1500 〜 1526)
室町(戦国〜南北朝)	103	後土御門

6	徳川家宣 (1709 〜 1712)
5	徳川綱吉 (1680 〜 1709)
4	徳川家綱 (1651 〜 1680)
3	徳川家光 (1623 〜 1651)
2	徳川秀忠 (1605 〜 1623)
1	徳川家康 (1603 〜 1605)
※在職者なし	
15	足利義昭 (1568 〜 1573)
14	足利義栄 (1568)
13	足利義輝 (1546 〜 1565)
12	足利義晴 (1521 〜 1546)
10	足利義稙 (1508 〜 1521)
11	足利義澄 (1494 〜 1508)

<table>
<tr><th>時代</th><th>代</th><th>天皇
（在位期間）</th><th>代</th><th>征夷大将軍
（在職期間）</th></tr>
<tr><td rowspan="12">室町
（戦国～南北朝）</td><td rowspan="4">103</td><td rowspan="4">後土御門
（1464 ～ 1500）</td><td>11</td><td>足利義澄
（1494 ～ 1508）</td></tr>
<tr><td>10</td><td>足利義稙
（1490 ～ 1493）</td></tr>
<tr><td>9</td><td>足利義尚
（1473 ～ 1489）</td></tr>
<tr><td>8</td><td>足利義政
（1449 ～ 1473）</td></tr>
<tr><td rowspan="4">102</td><td rowspan="4">後花園
（1428 ～ 1464）</td><td colspan="2">※在職者なし</td></tr>
<tr><td>7</td><td>足利義勝
（1442 ～ 1443）</td></tr>
<tr><td>6</td><td>足利義教
（1429 ～ 1441）</td></tr>
<tr><td colspan="2">※在職者なし</td></tr>
<tr><td>101</td><td>称光
（1412 ～ 1428）</td><td>5</td><td>足利義量
（1423 ～ 1425）</td></tr>
<tr><td>100</td><td>後小松
（1382 ～ 1412）</td><td>4</td><td>足利義持
（1394 ～ 1423）</td></tr>
<tr><td>99</td><td>後亀山
（1383 ～ 1392）</td><td rowspan="2">3</td><td rowspan="2">足利義満
（1368 ～ 1394）</td></tr>
<tr><td>98</td><td>長慶
（1368 ～ 1383）</td></tr>
</table>

<table>
<tr><td rowspan="2">室町
(戦国〜南北朝)</td><td rowspan="2">97</td><td rowspan="2">後村上
(1339 〜 1368)</td><td>2</td><td>足利義詮
(1358 〜 1367)</td></tr>
<tr><td>1</td><td>足利尊氏
(1338 〜 1358)</td></tr>
<tr><td rowspan="4">室町／
建武／鎌倉</td><td rowspan="3">96</td><td rowspan="3">後醍醐
(1318 〜 1339)</td><td colspan="2">成良親王
(1335 年 -1336 年)</td></tr>
<tr><td colspan="2">護良親王
(1333 年)</td></tr>
<tr><td rowspan="3">9</td><td rowspan="3">守邦親王
(1308 〜 1333)</td></tr>
<tr><td rowspan="2">95</td><td rowspan="2">花園
(1308 〜 1318)</td></tr>
<tr><td rowspan="11">鎌倉</td></tr>
<tr><td>94</td><td>後二条
(1301 〜 1308)</td><td rowspan="3">8</td><td rowspan="3">久明親王
(1289 〜 1308)</td></tr>
<tr><td>93</td><td>後伏見
(1298 〜 1301)</td></tr>
<tr><td rowspan="2">92</td><td rowspan="2">伏見
(1287 〜 1298)</td></tr>
<tr><td rowspan="3">7</td><td rowspan="3">惟康親王
(1266 〜 1289)</td></tr>
<tr><td>91</td><td>後宇多
(1274 〜 1287)</td></tr>
<tr><td rowspan="2">90</td><td rowspan="2">亀山
(1259 〜 1274)</td></tr>
<tr><td rowspan="2">6</td><td rowspan="2">宗尊親王
(1252 〜 1266)</td></tr>
<tr><td rowspan="2">89</td><td rowspan="2">後深草
(1246 〜 1259)</td></tr>
<tr><td rowspan="2">5</td><td rowspan="2">藤原(九条)頼嗣
(1244 〜 1252)</td></tr>
<tr><td>88</td><td>後嵯峨</td></tr>
</table>

<table>
<tr><th>時代</th><th>代</th><th>天皇
（在位期間）</th><th>代</th><th>征夷大将軍
（在職期間）</th></tr>
<tr><td rowspan="10">鎌倉</td><td rowspan="2">88</td><td rowspan="2">後嵯峨
（1242 〜 1246）</td><td>5</td><td>藤原（九条）頼嗣
（1244 〜 1252）</td></tr>
<tr><td rowspan="5">4</td><td rowspan="5">藤原（九条）頼経
（1219 〜 1244）</td></tr>
<tr><td>87</td><td>四条
（1232 〜 1242）</td></tr>
<tr><td>86</td><td>後堀河
（1221 〜 1232）</td></tr>
<tr><td>85</td><td>仲恭
（1221）</td></tr>
<tr><td rowspan="2">84</td><td rowspan="2">順徳
（1210 〜 1221）</td></tr>
<tr><td rowspan="2">3</td><td rowspan="2">源実朝
（1203 〜 1219）</td></tr>
<tr><td rowspan="3">83</td><td rowspan="3">土御門
（1198 〜 1210）</td></tr>
<tr><td>2</td><td>源頼家
（1202 〜 1203）</td></tr>
<tr><td colspan="2">※在職者なし</td></tr>
<tr><td>鎌倉／
平安</td><td>82</td><td>後鳥羽
（1183 〜 1198）</td><td>1</td><td>源頼朝
（1192 〜 1199）</td></tr>
</table>

※征夷大将軍という官職は奈良時代から存在していたが、征夷大将軍となった人物が中心となり政治を主導するようになったのは、源頼朝が幕府を開いて以降のこと。

＜スタッフクレジット＞
編集協力・DTP ／造事務所
本文イラスト／髙柳浩太郎
ブックデザイン／西垂水敦・市川さつき（krran）

図解版　日本史は逆から学べ

2021年 2 月28日　初版第 1 刷発行

著者　河合 敦
発行者　田邉浩司
発行所　株式会社　光文社
〒112-8011　東京都文京区音羽 1-16-6
電話　編集部 03-5395-8172　書籍販売部 03-5395-8116　業務部 03-5395-8125
メール　non@kobunsha.com
落丁本・乱丁本は業務部へご連絡くだされば、お取り替えいたします。

組版　萩原印刷
印刷所　萩原印刷
製本所　国宝社

ISBN978-4-334-95226-6